はじめに

わが国は「災害列島」と呼ばれるように、地震や津波、洪水、噴火、さらには竜巻、豪雨などがもたらす自然災害の脅威と常に隣り合わせである。ただし、注意しなければならないのは、過去に日本列島で発生した地震の被害分布図をみると、その発生は同一地点においては約一〇〇年以上の間隔でしか発生していない。また、内陸直下型の地震では、その発生間隔は任意の活断層において約一〇〇〇年とされている。それゆえ、大地震の被災体験を同世代と共有することは頻繁に行われているものの、次世代へその体験を継承されることは意外と少ないといえよう。

近年、ようやく幕末期の安政年間（一八五四～一八六〇年）に日本列島で大地震が連続して発生していたことが広くれるようになったと思う。安政元年（一八五四）安政東海地震と安政南海地震、安政二年の安政江戸地震、さら安政五年の安政飛越地震と続発し、甚大な被害をもたらしたのである。当時、こうした大地震の被災体験を後世けて留めておこうとする人びとによって「地震誌」などの記録が数多くつくられた。しかしながら、そうした過記録から抽出される災害教訓は、今日において研究者間で認識・共有されているとはいえ、一般のレベルまで十浸透し、継承されているとは言いがたいのである。

て富山県は、自然災害とりわけ地震災害の少ない県とされている。高岡伏木で気象庁の震度観測が始まった二三年（大正十二）以降、富山県では震度五強以上の揺れを記録したことがない。全国で二〇〇〇本以上あるとされる活断層が富山県内では三三本程度であり、年間の有感地震の発生回数も決して多くはない。

とはいえ、富山県は決して無地震地帯ではないことを、はじめに押さえておく必要がある。史資料をひもとくと、推定マグニチュード七〜八クラスの大地震が過去に襲いかかっており、少なくとも天正十三年十一月（新暦一五八六年一月）に発生した天正地震、先に述べた安政五年の安政飛越地震がそれに相当する。

安政飛越地震は、安政五年二月二十六日（新暦一八五八年四月九日）未明、跡津川断層の活動（右横ずれ）が原因で発生した内陸直下型の大地震である。越中と飛驒に甚大な被害をもたらしたので、学術的名称として「飛越地震」が用いられている。本書では、先に述べたように、「飛越地震」が安政年間に日本列島で発生した連続地震の一つであると捉えられることから、安政飛越地震と表記することにしたい。

安政飛越地震では、震源に近い飛驒北部、越中のみならず加賀・越前にまで地震被害が拡大した。それらの地域では人的被害および家屋倒壊等の物的被害だけでなく、液状化現象にともなう土地隆起・沈降、山崩れなどの甚大な被害にも見舞われている。飛驒北部などの山地では大規模な崩壊や地すべりが多発し、数多くの家屋の埋没や死者が出ている。

今日、富山県にあっては、激震によって常願寺川奥山の大鳶山・小鳶山が山体崩壊したことが、本地震の特色として語られている。その崩壊は「立山鳶崩れ（大鳶崩れ）」と呼ばれ、日本三大崩れの一つとされる。「立山鳶崩れ」が発生した立山カルデラの地質は、火山堆積物の風化や化学的作用などのため脆弱である。そのため、浸食と崩壊が幾度もくり返されて巨大な窪地を形成している。

常願寺川上流部では「立山鳶崩れ」によって大量の崩壊土砂が真川と湯川へ流れ込み、河流をせきとめ、いくつかの大きな溜水（河道閉塞）ができた。そして、安政五年三月十日、小地震によってそのせきとめ部が決壊し、溜水が大土石流となって常願寺川右岸域に押しよせ、村々の家屋や田畑を蹂躪した。続いて、一ケ月後の四月二十六日、再び大洪水が常願寺川右岸域および左岸域一帯に襲いかかり、流域下の村々で多数の死者をもたらし、大惨事となったのである。その人的・物的被害の数字は、越中新川郡を支配していた加賀藩の公的記録によれば、損毛高二万五七九八石一斗九升九合、被災町村一四〇所、流失・潰家一六一二軒、倒壊土蔵・納屋八八六戸、溺死者一四〇人、溺死馬九疋と記されたものが多い。富山県史上で最大の被害をもたらした自然災害とされるゆえんである。こうした地震と洪水による「複合災害」の脅威は、常願寺川流域の古老によって今なお語り継がれている。

安政飛越地震を引き起こした跡津川断層帯は、富山県と岐阜県の県境にまたがり、全体の長さが約六〇キロメートル、右横ずれを主体とする断層帯である。地震調査研究推進本部（所管は文部科学省）の活動評価によれば、平均活動間隔は約二三〇〇〜二七〇〇年と推定され、今後三〇年以内に同断層帯が地震を発生させる確率はほぼゼロパーセントとされている。したがって、今日、地震対策において同断層帯の緊急性は小さいといえる。東京大学宇宙線研究所は、スーパーカミオカンデでニュートリノ観測を行う場所に飛騨神岡鉱山周辺を選んだ。そのひとつの理由は、地下空間の掘削に鉱山が適していたことはよく知られるが、今ひとつの理由として跡津川断層帯の活動周期が綿密な調査・研究でほぼ明確になっており、ある程度の安全性が担保されていたことも挙げられよう。

さて、本書が問題としたいのは、自然災害が少ない地域にあっては、災害体験が風化し、地域住民の防災・減災に対する意識が維持しにくいということである。なかでも、地震の場合は、発生間隔の問題も重なるため、被災者がその記憶を伝承し続けるのが困難である。それゆえ、先人が残した記録を伝承することが、その解決の鍵となるのである。史資料のなかにあるメッセージを丹念に読みとることで、将来起こりうる災害の有効な対策を立てることもできる。災害体験が風化しやすい地域で重要となるのは、過去の災害履歴を分析し、そこから導き出される教訓を次世代へ正しく伝承するという継続的な実践であるといえよう。

本書は、筆者がこれまでに歴史学の立場で書いた安政飛越地震に関する論文をまとめたものである。本書の構成と論旨は次のとおりである。

第一章「安政飛越地震の史資料」には、今日まで残存している主な古文書や古絵図を紹介した。先行研究書においてすでに紹介されており新規資料の紹介ではないが、災害が少ない地域にあっては災害の記憶が風化しやすい傾向がある。したがって過去の災害記録などを含む史資料の保存と管理を維持し、さらなる整理・解読作業や公開と共有化を進めていく必要がある。

第二章「安政飛越地震の災害像―震害を中心に―」では、「魚津御用言上留」の記載を中心に被害データベースを作成し、地震被害の範囲をミクロな視点で追究した。今日、安政飛越地震は、地震と洪水による「複合災害」との認識でそのアウトラインが中心に語られることが多い。他方で被害の範囲や状況の具体像についてあまり注視されてこなかったように思われる。当時の公権力が災害の原因を知る努力をし、その成果が「複合災害」という災害像を把握し得たことについては評価するべきである。しかし、史資料に記録された詳細な情報は単にアウトラインを把握するために書かれたものではない。そうした問題意識で地震被害のみを抽出して取り上げ、殊に富山平野部における地震被害の実態について明らかにした。なお、本章では安政飛越地震における液状化と土砂移動の被害状況についてはあまり触れていないが、どちらの災害履歴も将来の防災・減災対策に欠くことのできない教訓を含んでいる。地震による液状化とその範囲については、近藤浩二「安政大地震（飛越地震）における液状化被害の再検討―『魚津御用言上留』を中心に―」（『災害・復興と資料』第一号、新潟大学災害・復興科学研究所危機管理・災害復興分野、二〇一二年）、地震による土砂災害については、井上公夫・藤井昭二「大規模土砂災害」（内閣府中央防災会議災害教訓の継承に関する専門委員会『1858飛越地震報告書』第二章第二節、二〇〇九年）等に詳しいので参照されたい。

第三章「災害情報の伝播と受容」には、幕末期における災害情報がいかにして収集されたのかを加賀藩領・富山藩領・幕府直轄領（飛騨）に分けて整理した。さらに、災害絵図の作製目的と時期を検討したうえで災害情報としての絵図がいかなる役割を果たしたのかを推考した。安政飛越地震の災害絵図の事例では、被害が一段落してから村役人が上部機関への報告のために絵図を作製しているだけでなく、町方や村方でも多くの写図が作製され、その情報が共有されている点を指摘した。近世社会では災害情報の伝播と受容を通して「災害の終焉」が達成され、次の段階である復旧事業に向かっていくのではないかと論じた。

第四章「富山藩の災害対応」には、富山藩領の被害状況と災害対応について管見される史資料で再検討した。個人レベルで書かれた「地震誌」では富山町での倒壊被害の記述は少なく、激しい本震とくり返される余震、それによって生じた地割れと水・砂の噴出（液状化現象）が未曾有の体験として強調されている。そうした町方の震害を被害の基準として藩上層部は積極的な災害対応に乗り出していない。当時の政治的姿勢が公記録の少なさにも反映されているのではないかと仮定した。四月二十六日の二度目の洪水では、富山町鼬川沿いの家屋計八四〇軒程度が流失・半潰・浸水し、村方では計三三〜三六村で変地高一万四〇〇〜一万五〇〇石程度であったことを明らかにした。地震被害への藩の対応では、土蔵の破損が著しかった町方で緊急措置として上納金四分の一が免除された。村方では西加賀沢村で藩の救米が出され、年貢が免除されている。山抜けで不通となった飛騨街道では、代替道（八尾—角川）が整備され、早急に街道普請が着手されている。常願寺川流域での洪水被害の対応では、十二月まで二〇〇〇石程度の救米（当初一日五合、六月下旬から一日三合宛）が困窮者へ支給され、年貢一万石が免除された。太田用水の復旧事業に延べ人夫五万八六〇〇人以上、一四〇〇両の修復金を要した。八月上旬には、御扶持人十村がようやく田畑の変地箇所を見分し、平夫が田畑の砂泥の除去作業を開始している。安政期富山藩では、財政的事情を主因として領内の救済と復旧事業を網羅できず、限定的な災害対応に終始していることを明らかにした。さらに、安政期には藩運営の主体をめぐる内部対立を発端に本藩加賀藩の政治的介入が始まり、藩上層部はその動向に主たる関心が注がれていた。そうした状況のもとで富山藩主や家臣団の災害対応に対する意識は相当低かったものと捉えられた。近代国家に見られる法に基づく一律対応とは異なり、幕末期においては藩主や上層部の災害に対する意識に「温度差」があり、それが災害対応の在り方にかなり影響を及ぼす社会であったことを富山藩の事例で検証した。

第五章「加賀藩の災害対応」では、加賀藩の救済と復旧事業を時系列で整理し、それに対して地域社会がどのように対応したのかを検討した。議論の前提として、これまで安政大洪水では、安政五年における二度の洪水災害の被害数字が中心に語られてきたが、復旧事業という観点で被害数字を捉えるならば、安政六年洪水の被害数字も視野に入れる必要性を提起した。洪水後の加賀藩における応急の救済内容をみていくと、仮住居の確保が優先され、救米と貸米による日常生活のための食糧の手当、貸付銀による家屋再建の手当が行われる。その後、諸役銀の免除や収納方の償渡（補充）、屋敷替と転地などが徐々に行われる。藩の救済内容があくまで物的救済（籾・銀）に留まる点は近世における災害救済の特性と理解される。また、藩の一貫した負担軽減策として日数の経過とともに支給額の査定が行われている。復旧事業は、洪水後に用水普請が優先され、約二ケ月が経過して変地起返と川除普請が本格化する。後者の事業は一斉に開始されたため、当初は圧倒的に人手が足りないだけでなく、流失した大石が人足の手に負えず普請が進展しなかったが、他郡からの人足の補助要請が出され、多くの人夫が稼ぎ方を求めてきたため、かえって復旧事業がスムーズに進展した。災害後の復旧事業においてこうした地域間の相互扶助ネットワークが速やかに機能していることを確認した。さらに、新川郡十村杉木家の「杉木文書」には復旧事業の経理書類が一括して収められており、そこから六年間の復旧事業の内実を明らかにした。文久三年（一八六三）に復旧事業が藩の一方的な政治的判断で打ち切られ、最終的には藩の経済的援助による復旧事業は完了されていないことが推察された。復旧事業はできる限り元の状態に戻すことを指すが、藩はそれを被災者の雇用創出の一環として捉えており、被災地域の「復興」という視点は見受けられなかった。そのため自然災害からの「復興」は、個の努力はもとより、地域同士が互いに不可欠な存在として強く結びつくことによって、公権力の恩恵を享受しながらも最終的にはそれに依存しない「地域社会の結束力」が介在しているとひとまず想定した。近代への視座をもちながら、幕末期には地域間の強固な結びつきが成立していたことを災害対応の観点で解明しようと試みた。

以上のように、本書は飛騨北部・越中で甚大な被害をもたらした安政飛越地震を取り上げ、幕末期における越中史の一齣を描くものである。

その目的は、安政飛越地震において越中の先人が残した生の記録を基軸として、そこから災害教訓を引き出すことにある。筆者は、それらの知見を広く共有し、富山県における各地域の「災害環境」を正しく理解することで減災のための心構えと備えに寄与できると考えている。

ここでいう「災害環境」とは、自然災害が発生した後に立ち上がる環境のことではない。日本各地域の平野・河川流域・山地・沿岸域・都市圏等の地形・地盤条件、その形成過程で生み出された自然・社会環境に、自然災害の履歴や強度・頻度などを重ね合わせることで導かれる環境のことである。すなわち「災害環境」は、地域の歴史となりたちによって大きく異なる。当然ながら「災害環境」が異なれば、防災・減災対策も異なるはずである。今日のマニュアル化された防災・減災対策を否定するわけではないが、「災害環境」の正しい理解に立って対策が策定され、それらを地域住民が十分理解することが重要である。減災の実現のためには、避難行動や緊急対応の応用力も必要で、地域住民が主体的に自然災害に備えておくことがその前提となる。

また、一般的に、災害史という用語を聞くと、いかにも「負の歴史」であると捉えようとする傾向が強く、とかく敬遠されがちである。その理解は大きな間違いであることも指摘しておきたい。確かに、過去の自然災害による被害の全体像（アウトライン）を語るのみでは、その印象はぬぐえないであろう。しかしながら、災害後の地域社会の取り組みに着目すれば、人知を超えた大災害に直面し、そこから地域社会がいかにして逞しく立ち上がってきたのかという「正の歴史」がはっきりとみえてくる。安政飛越地震の史資料のなかに先人の生の声として封印されているメッセージを丁寧に読み解き、越中幕末史の「正の歴史」を描くことが本書に与えられた課題である。

歴史とは決して過去のものではない。本書を一読いただければ、これまで大切に保管されてきた古文書や古絵図などの史資料が「災害環境」に立脚した防災・減災対策において、いかに有効であるかということを改めて感じてもらえるだろう。

目次

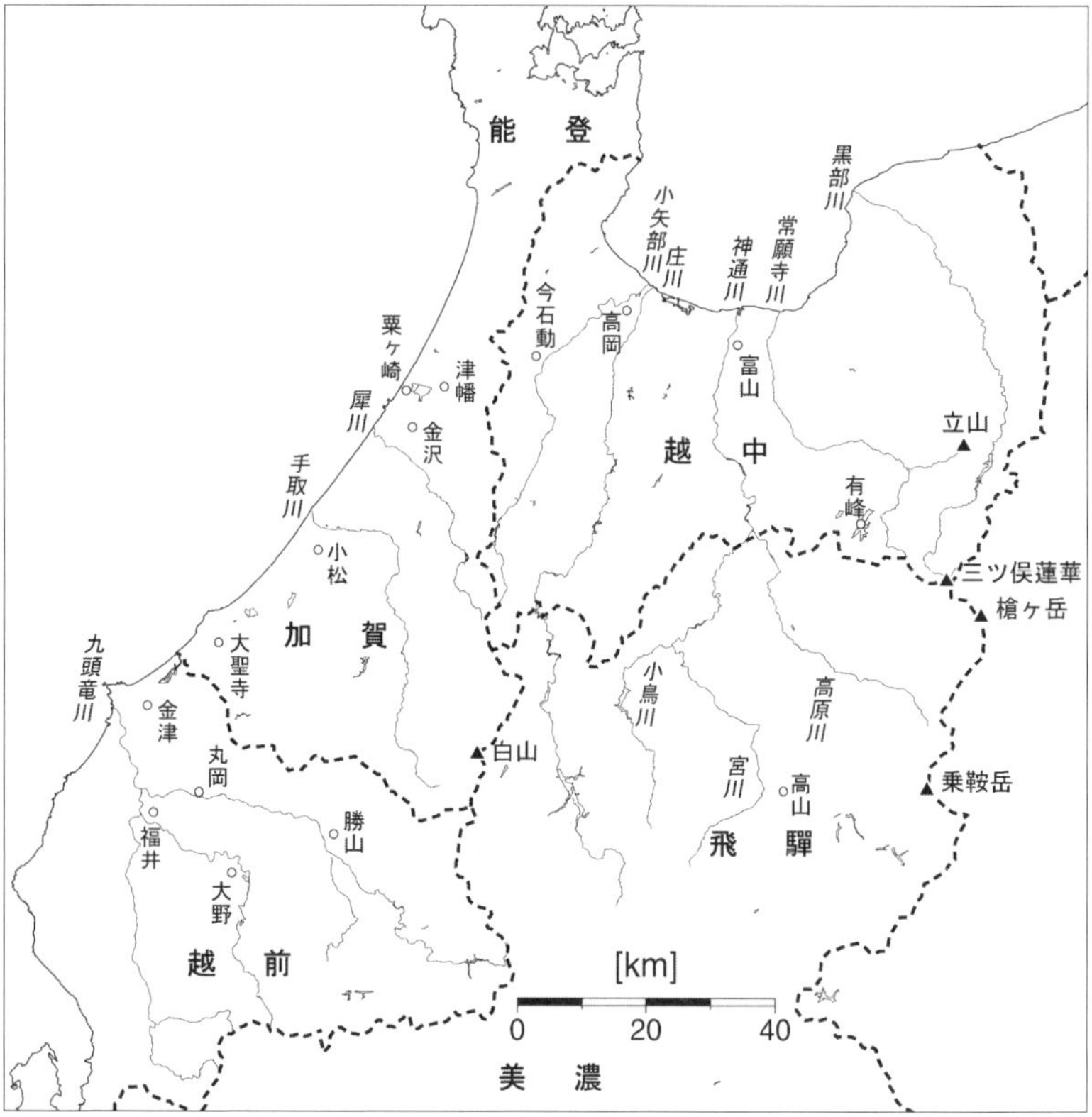

飛越周辺における河川要図

第一章　安政飛越地震の史資料

はじめに

安政飛越地震に関する史資料は、今日まで数多く残されている。それらは、①文献史料（古文書等）、②絵画資料（絵図等）、③記念碑や碑文などの構造物、④後世における伝承、聞き取りなどの記録、⑤現在まで残されている災害の痕跡（考古資料）に大別される。①文献史料は、その性格として藩や代官所で収集・記録された公的文書、地元の村役人などが役所へ報告した公的文書の控、被災地の人びとが個人的に書き残した冊子類、他地域へ伝達された文書など多岐にわたる。②絵画資料は、被害の広がりを描いた絵図が中心である。富山県内ばかりでなく、石川県や岐阜県などにも残存している。

とりわけ地震災害及び土砂災害に見舞われた、常願寺川流域の被害等を記録した史資料は豊富である。これらの史資料は、主に加賀藩が調査したものであり、そのため加賀藩が調査した被害数字が安政飛越地震の被害の全体像として語られてきたという経緯がある。また、地域毎に報告内容や被害数字が異なっている。かような災害記録の曖昧性は、近世の災害記録の特色でもあるが、かえってこの地震が当時の人びとをいかに混乱に陥れたかを物語っているともいえよう。

いずれにせよ、こうした今日まで収集・保存されてきた貴重な史資料に基づいて、被害の範囲や規模、あるいは救済・復旧状況等を把握し、そこから導かれる教訓を後世に継承することができるのである。

本章では、これらの史資料のうち、①文献史料（古文書等）、②絵画資料（絵図等）を取り上げ、その一端をひとまず紹介しておこう。

第一節　文献史料（古文書等）

一　一次史料

1「地水見聞録」（昇平堂寿楽斎著、富山県立図書館蔵）

本史料の著者は、昇平堂寿楽斎の名で記されているが、富山藩の禄高八〇〇石の上級藩士であった滝川海寿一瓢であると考えられている。滝川家は戦国武将・滝川一益の子孫で、藩政時代には前田家に仕えた由緒ある家柄である。滝川一瓢は富山城下の千石町南部に居住し、幹部として藩に仕えたが、地震当時すでに隠居しており、子・主税が跡を継いでいた。

滝川が前書きで「厳しき地震のありしを、前代未聞の珍事にて、其見る所きく所驚かざるはなしとて、永く孫彦までニも志らしめ、且後の心得とも為させんがため」と述べているように、この惨事を子孫まで伝え、将来の備えとする目的で書かれたものである。

本史料は、著者の体験談をもとに、伝聞情報を加味して筆録されたものである。富山城、富山町の災害状況、地震後の藩内における避難行動、さらには当時の社会背景や生活様式も垣間見ることのできる貴重な記録である。「地水」とは地震・洪水のことであると思われるが、地震の記述が中心で、呉羽山への避難にまで書き及んでいるが、その後の大水害には書き及んでいない。地震発生時、富山城下町の上空は異常現象を呈して火事のように赤く染まり、人びとの叫び騒ぐ声と相まって不気味であったと記されている。地震後は、「さながら野陣の構えをなし」とあり、敷地内に仮の避難場所を設け、「火の用心」が厳守されている。村方では、下野村、島ノ内の徳兵衛家の被害を伝聞している。立山山中の状況も書き及び、富山町がパニック状態に陥った様子にも触れている。

また、滝川は、安政江戸地震を記録した「安政見聞録」にみえる大小玉附を参考にして、大小白黒の星で一五日間にわたる昼夜の余震を克明に記録している。当時では科学的な記録の一つであり、旧藩士滝川が優れた見識の持ち主であったことが看取されよう。

最後に「立岳（立山）崩れ落ち、多湖の海も平地とならん事なきにしもあらじ。それにつけても人たる者は貴きも賤しきも慎みこそ大切なれ」等と処世訓を述べて結びとしている。木村雅経（立嶽）によって描かれた絵が含まれているが、これは第二節で紹介する。

なお、本史料は、古書店で村上清造氏（故人）が偶然発見し入手したもので、富山県立図書館に寄贈されてはじめてその存在が知られた稀書である。

2「地震見聞録」（野村宮内著、富山県立図書館蔵）

本史料の著者である野村宮内は、富山藩の禄高五〇〇石の中堅藩士であり、後に家老職を勤めている人物である。滝川の「地水見聞録」と同様に富山藩士による私的記録である。

内容は、富山町における地震体験とその災害状況が主であるが、野村が現役で年も若かったことから（当時二九歳）、城内や市中の新川原町や立像寺等を実際に出歩いて確認した状況が具体的に記述されている。「地水見聞録」に触れられていない部分もあり、両書を読み合わせることで、富山城下町の災害状況をかなり具体的に把握することができる。

本史料の記述によれば、地震発生時、地面は東西に揺れ動いていたが、上下は強く感じなかったとし、冷静に震動の様子を観察している。家屋周辺には、白砂混じりの水が噴き出し、土蔵や家屋の壁が割れて、剥落した様子が強調されている。その後、見舞い方々急ぎ近親の家々に赴き、触状により登城して富山城下の様子を見分している。翌日には菩提寺をはじめとして町方全体を見分し、被害状況を詳しく記している。

野村は、立山山中の状況やその後の大土石流については言及していないが、最後に粟原村（現立山町）の深美六郎右衛門家において地震前日の昼間に雀の群集が大騒ぎしていた奇事を載せており、地震予兆を意識したものか、興味深いものがある。また、野村自身の筆によるとみられる絵六枚が添えられ、富山町から立山弥陀ヶ原を遠望した際、黒々と猛煙を噴き上げた「山焼き」の光景などは迫真の筆である。

本史料は、旧富山市立図書館に所蔵されていた写本で、現在は富山県立図書館所蔵である。一九〇八年（明治四一）に『越中史料』第二巻に初めて収録されたものである。ただし、字句に多少の差異があることから、『越中史料』は別写本に拠ったものとみられている。

3　「越中立山変事録」（富山県立図書館蔵「前田文書」所収）

本史料は「越中立山変事録」と一般的には称されているが、正式表題は「安政五午年二月廿六日夜大地震越中立山変事録」であり、十万石富山藩主家に残された「前田文書」の中の一冊である。「地水見聞録」や「地震見聞録」が藩士個人による体験記録であるのに対し、この史料は表題が示すとおり、立山山中の大異変に関する富山藩の公式記録である。

内容は、地震後の町奉行所からの注進書、立山山中の状況の聞書、三月洪水後の新堀村朽木双水（兵三郎）による状況報告、五月の加賀藩の触書などが次々と書きとめられており、地震後の経過がよくわかる。とくに、地震後に加賀藩の人足一二人が鍬崎山へ向かい実地見分しているが、鳶山の崩壊と立山下温泉の埋没に関する最初の報告である。立山山中の災異状況の記録が詳細であり、富山藩の町奉行がその点に注視していたことがうかがえる。

三月の泥洪水による下之村からの災害報告及び新堀村の朽木兵三郎からの報告では、常願寺川右岸にある集落の流失状況、洪水ルートなどがきわめて詳細に記されている。三月十七日に桑（鍬）崎山への再調査を行い、奥山の土砂災害の様子を地名とともに詳細に記している点も貴重である。

ただし、三月の洪水状況の報告の後、いきなり五月の「洪水による危険がない」との加賀藩新川郡奉行からの触書へと書き及び、四月の大土石流の報告が欠落している。

4「安政五年大地震山突波泥洪水一件」（富山県立図書館蔵「杉木文書」所収）

「安政五年大地震山突波泥洪水一件」は、主として朽木兵三郎義通による記録を写したもので、加賀藩新川郡十村であった杉木家が所蔵していた史料である。現在は富山県立図書館蔵「杉木文書」（目録番号△△ホ－5－1「両度大泥水一件手帳等」のうち）に収められている。「杉木文書」には、この他、災害絵図や災害からの復旧に関する「御用留帳」などの膨大な史資料が含まれており、安政飛越地震の研究には不可欠なものとなっている。

内容は、地震後の立山山中の状況、富山町における避難の様子、地震による加賀藩新川郡の被害概況、三月の洪水災害の報告と続き、村役人による一連の災害状況の確認事項が記録されている。二月二十八日の村役人による緊急の奥山調査や、三月の泥洪水後のパニック状態の中で、三月十四日〜十七日に杣人らが命がけで登山したことが記され、村レベルでの奥山の情報収集がどのように行われたかを詳しく知ることができる。三月と四月の洪水による変地村数と変地高数、流失家・土蔵、溺死人、四歳以上の救難救助人数、救小屋数を記録している。

また、「火災地震記録四種」（金沢市立玉川図書館近世史料館蔵）にも採録されている「西水橋役人報告書」が含まれている。このなかには、常願寺川河口付近で川が渦巻く中、鯨のような巨大な怪物が現れたと不気味な報告もある。

これら一件の末尾に杉木家一九代当主・杉木弥八郎による総括文があり、これは明治時代に書かれたものである。

5「安政五年大地震大洪水記録」（立山町野村地区区有文書）

立山町野村地区に伝来する無署名の災害記録で、郷土史家女川米次郎氏が「安政五年大地震大洪水記録」と名付けたものである。著者は不明であるが、富山城下町の地震後の災害状況に加えて、神通川上流の幕府直轄領を含む村々の状況が記録され、飛騨・越中における地震被害の全体像が意識されている点に筆者の力量をうかがうことができることから、おそらく加賀藩の村役人レベルの人物が書いたものではないかと推察される。

地震後、海辺での津波の騒ぎ、さらに神通川上流部の山抜けの状況を具体的に記し、越中と飛騨を結ぶ街道が寸断され、物資交易に支障をきたしたことが強調されている。さらに、三月の常願寺川流域での泥洪水（「土五分、木二分、雪一分、水二分」と記す）では、右岸側の流失家、死者数にも書き及んでいる。四月の洪水では、右岸側だけでなく左岸側の被害状況について具体的な村名を挙げており、二度の洪水による被害村の全体像を把握することができる。

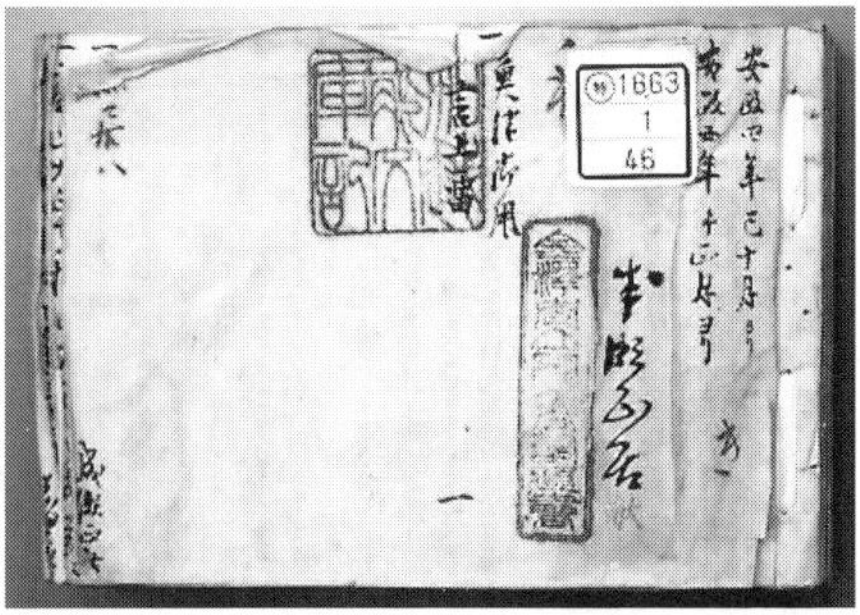

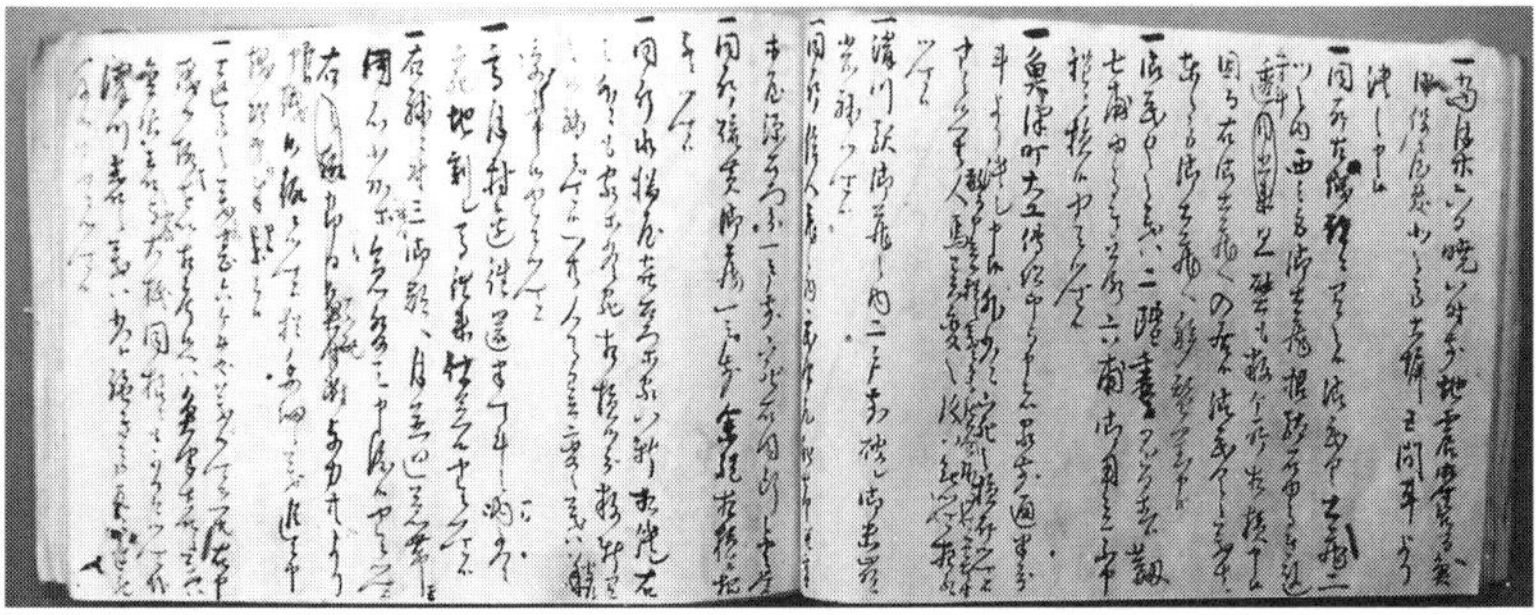

魚津御用言上留（金沢市立玉川図書館近世史料館蔵）

また、四月の洪水時に「犀・すっぽん・赤い蛇、その他化け物」が多数現れたとの怪奇現象を伝えている。

6「魚津御用言上留」（成瀬主税正居手記、金沢市立玉川図書館近世史料館蔵「加越能文庫」所収）

金沢市立玉川図書館近世史料館蔵「加越能文庫」所収の史料で、第一冊から第五冊があり、そのうち安政飛越地震について記したものは第一冊と第四冊である。

このうち、第一冊が安政四年十月から安政五年十二月二十七日までに加賀藩へ上申した控となっており、経年に従って書き込まれている。また、第四冊は朱書で「四」と記されていないことから、本来別帳であったとみられるもので、表紙には「及言上候与力同心調理書留　御用部屋迄達候分も留置　成瀬正居」とある。すなわち、第四冊は配下の与力・同心から魚津在住役へ上申された調理書の控であり、新川郡・射水郡・砺波郡毎の被害数字と富山藩の被害数字などが書き込まれている。

記録者の成瀬主税正居は、人持組二五〇〇石の中堅級加賀藩士で、安政五年には加賀藩魚津在住役を勤めていた。本史料は、成瀬が近習頭中へ言上（上申）した内容を控えたものであり、現在知られる限りでは、越中加賀藩領における地震被害について最も詳細な記録となっている。地元村役人による災害情報収集の傍ら、その真実性を確認するための作業が魚津在住役により広範囲に行われていたことがわかる。当時の越中加賀藩領における災害情報収集において魚津在住役とその配下が果たした役割を再評価する必要があろう。

なお、成瀬には、この他に「魚津在住御用方日記」、「魚津御用雑記」、「御用番等より被相渡候付札物等之留抜書」などがあり、いずれも魚津在住役に関するものである。また、「魚津在住言上抄」は、明治年間に前田家編輯方が安政飛越地震による被害状況を中心に、言上留等の成瀬の手記から採録・編集したものである。


7「飛驒郡代高山陣屋文書」（岐阜県歴史資料館蔵）

本史料群は、飛驒高山陣屋に残された、元禄期から明治期の飛驒山林関係資料約二万四〇〇〇点の文書群であり、現在は岐阜県歴史資料館で保存・公開されている。幕府直轄領における山林関係研究のみならず、政治的社会的研究を行うための基礎的資料となっている。

安政飛越地震に関する主な史料としては、被災村々からの届書、役所から江戸表への上申書などをまとめた「飛州村々地震一件」がある。さらに、震災御用留、証文留、御用場関係文書、地震による損木関係文書、吉城郡における往還道の切開仕様・出来形帳、川押切埋堀割仕様帳、口留番所などの修復関係文書、普請関係絵図などが豊富に含まれ、幕府直轄領における地震後の対応と復旧事業の実務的内容を知るための格好の史料である。

地震発生時、飛騨郡代は第二二代福王三郎兵衛であったが、三月二十三日からは第二三代増田作右衛門が着任（高山陣屋への赴任は四月二十一日）している。その在任期間における飛騨地方の地震被害及び救済、復旧事業に関する膨大かつ詳細な記録が含まれている。山崩れによる河川と道路の復旧事業は、早急の課題として捉えられ、幕府の援助と高山町人の寄付により進められており、災害時における幕府直轄領の素早い対応がうかがえる。

二　二次史料

1「安政五年二月大地震記」（森田平次著、金沢市立玉川図書館近世史料館蔵「加越能文庫」所収）

「安政五年二月大地震記」と名付けられた史料は、加賀藩の学者・森田平次（良見・柿園）の筆録による「北国地震記」の中に収められたものである。「越中立山変事録」が富山藩の公式記録であるのに対して、この史料は領内において鳶山の大崩壊に端を発する二度の洪水災害で甚大な被害をうけた加賀藩の公式記録をまとめたものである。内容は、岩峅寺衆徒をはじめとして新川郡十村から藩役所へ次々と急報されてくる注進書を、後に森田が収集・整理し、そのなかから取捨選択のうえで筆録したものである。

立山山中の異変の状況、常願寺川流域での洪水災害の三月と四月の比較など、現地からの生々しい急報にはすこぶる臨場感が漂っている。はじめに常願寺川流域の岩峅寺及び島組裁許十村から立山山中の状況が注進されている。三月の洪水では、岩峅寺で九つの宿坊が押し流され、三つの坊が半潰れとなり、藩費での修理を寺社奉行に訴えている。四月の洪水では、右岸の高野組、弓庄組、左岸の大田組、島組から用水や田畑の変損状況が具体的に報告され、十村が情報収集に奔走している様相が看取される。さらに、洪水後の加賀藩の災害対応にまで詳しく書き及んでおり、四月の洪水被害を最も詳細に記録している史料である。

2「安政五年二月二十六日暁大地震にて立山大破損届聞取書」（前田家編輯方、金沢市立玉川図書館近世史料館蔵「加越能文庫」所収、明治年間）

表紙には「安政五年二月廿六日暁大地震ニ而立山大破損届聞取書　外ニ絵図相添」とあり、立山山中の災害絵図が一枚綴じられている。加賀藩で起きた四つの大災害をまとめた「火災地震記録四種」の中に含まれている。明治年間に前田家編輯方が、地震による立山山中での土砂災害により下流部の洪水災害に至った経緯をまとめる目的で編集したものである。

内容は、二月二十九日の新川御郡所への上申からはじまり、四月二十八日の川方出役・嶋九郎兵衛による注進の紙面写までをまとめたものである。題名が示すように、地震による立山山中やその周辺の破損状況の記録が中心である。土砂崩れによる溜水の大きさ、山崩れが生じた地点の詳細な報告、さらに飛騨街道の調査報告も含まれ、加賀藩の山間部での被害状況を詳しく知ることができる。さらに、三月と四月の洪水に関する注進書も含まれており、二度の洪水の被害状況の相違点を知るのに格好の史料である。

3「安政五年大地震史料補遺」（山沢金五郎編、一九三二（昭和七）年）

本史料は、昭和七年に岐阜県高山測候所長であった山沢金五郎が、幕府直轄領における口留番所（関所）役人より高山陣屋へ宛てた状況報告書をまとめ、「安政五年大地震史料補遺」と題して発表したものである。

地震後、荒田口番人山内直右衛門、中山口番人土屋勘左衛門、小豆沢番人大坪益平から生々しい被害状況が急報されている。その内容を御役所の大池織衛門が書き留めたものであり、日付から見て御役所へ最初にもたらされた山間部の被害情報である。さらに、口留番所の破損だけでなく周辺の村々や往還道の状況、山崩れの状況などが具体的に記載された貴重な記録である。

4『新収日本地震史料』第五巻別巻四（一九八六（昭和六一）年）、続補遺別巻（一九九四（平成六）年）（東京大学地震研究所編）

本書は、東京大学地震研究所によって編集された安政飛越地震関係の史料で、県史、市町村史などに収められた史料が網羅的に再録されている。二冊からなり、総七一八頁に及ぶ労作である。

富山県では、金沢市立玉川図書館蔵「加越能文庫」所収「安政地震山崩一件」、富山大学附属図書館蔵「川合文書」、「菊池文書」の該当部分、富山県立図書館蔵「伊東家御用留」、「伊東家御用触留」の該当部分、五十嵐政雄手稿による「天災其他覚書」、高田家文書「覚書」などの翻刻文が採録されている。

岐阜県では、「飛州村々地震一件」、「日記年寄詰所」、「角竹飛驒郷土史料文庫」の関係文書、岐阜県歴史資料館蔵「飛驒郡代高山陣屋文書」の関係文書などの翻刻文が採録されている。

石川県では、『加賀藩史料藩末編上』の他、「御家老方等諸事留廿八」、羽咋市歴史民俗資料館蔵「加藤家文書」の関係文書などの翻刻文がある。

福井県では、福井県立図書館蔵「越前世譜」の該当部分などの翻刻文が採録されている。その他の地域では、新潟、山梨、長野、静岡、神奈川、東京、愛知、滋賀、京都、大阪、鳥取、岡山県などの日記史料が収められている。

なお、これらの日記史料から地震動が広範囲に及んだことがうかがえ、その範囲から地震規模をある程度推定することができる。

第二節　絵画資料（絵図等）

一　加賀藩・富山藩の資料

1「地水見聞録」挿絵（木村雅経（立嶽）画、富山県立図書館蔵）

「地水見聞録」に含まれる彩色された六枚からなる直筆絵で、著者の滝川一瓢が富山藩お抱え絵師であった木村雅経（立嶽）に描かせたものである。富山城、富山町の災害状況、突然の地震に恐怖でおののく町人の姿、被災者の生活情景が実にリアルに描かれ、ビジュアルな資料として多く引用されている。

木村は、富山藩一〇代藩主、前田利保の命で江戸木挽町の狩野家に入門して絵の修業に励み、江戸と富山とを行き来しながら富山藩のお抱え絵師を務めた人物である。

六枚の絵の内容は次のようである。

①「御城辺之略図」では二階御門の石垣が崩れ、松杉大樹が倒れ、土橋は地割れとともに窪んでいる。本丸への土橋の柵が倒れ、鉄御門（正門）の石垣は「大崩レ」とある。

②「市中破裂略図」「大震動ノ砌逃退ク図」「土蔵破損ノ疎図」「大地ヨリ水ヲ吹上ル図」では、着のみ着のまま、あ

るいは素裸で子供を抱いて逃げまどう町人の姿、大地が裂けて水が噴き上がる状況を描いている。崩壊した土蔵が瓦葺、家屋が板葺であり、市中の建物の様子もうかがえる。おそらくこれは覚中町の状況を描いたものと推定される。

③「大地裂ケ水ヲ吹上ル疎図」「震動ノ砌河水高波トナル図」「地裂所へ逃退タル男女踏落タル疎図」では地面に人間が入るほどの大きな亀裂が入り、水を含んだ軟弱な地盤が揺すられ、液状化現象が発生している。背後は神通

①御城辺之略図

②市中破裂略図

③大地裂ケ水ヲ吹上ル疎図

地水見聞録挿絵（富山県立図書館蔵）

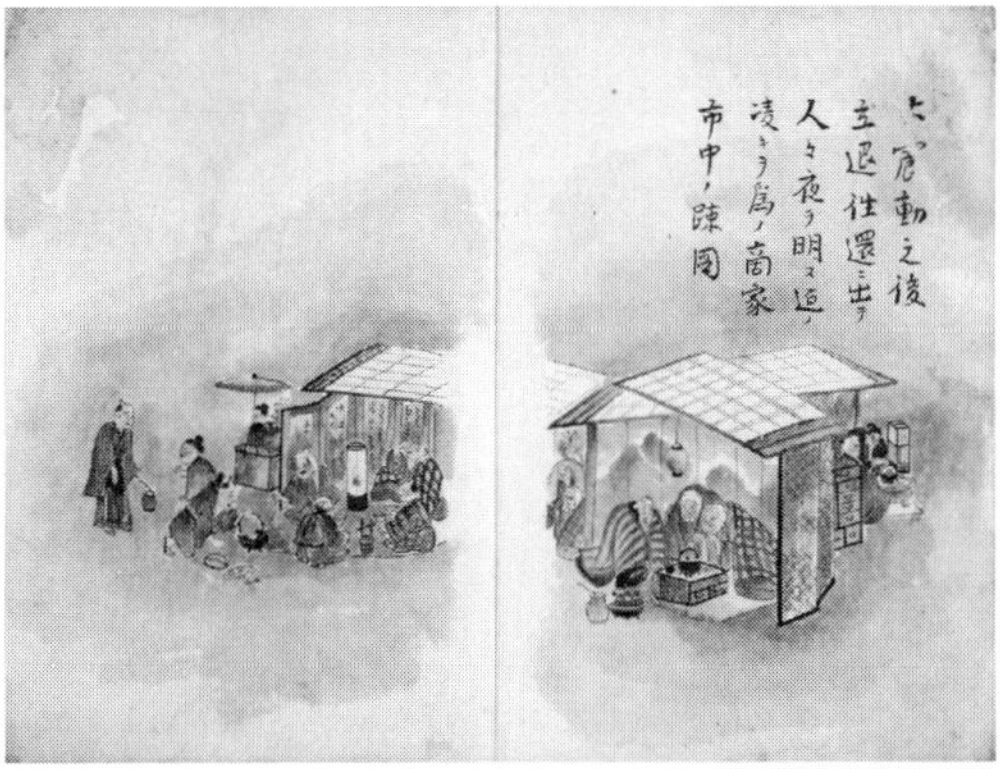

④大震動之後立退往還ニ出テ人々夜ヲ明ス迄ノ凌キヲ為ノ商家市中ノ疎図

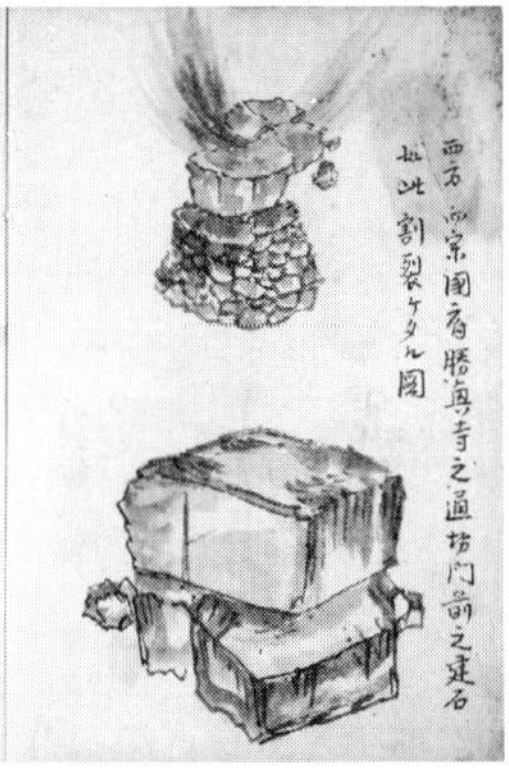

⑤西方一向宗国府勝興寺之通坊門前之建石如此割裂ケタル図

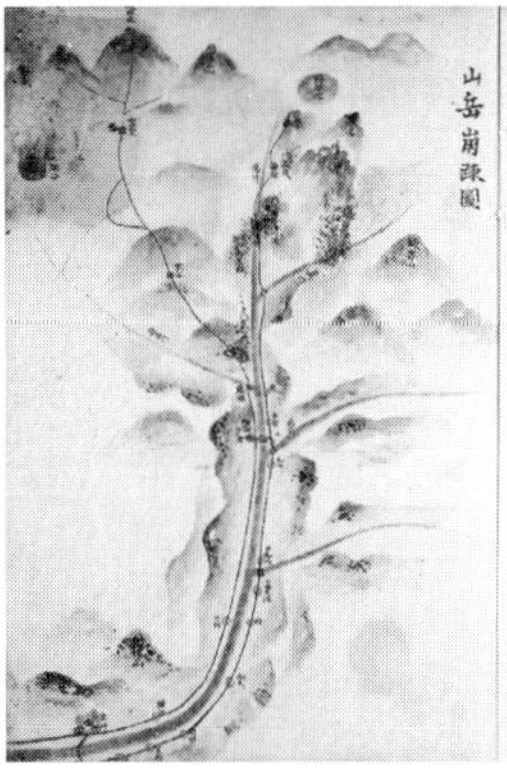

⑥山岳崩疎図

川とみられ、その位置から諏訪川原町付近の状況を描いたものと推定される。

④「大震動之後立退往還ニ出テ人々夜ヲ明ス迄ノ凌キヲ為ノ商家市中ノ疎図」では町人が往還道へ箪笥、長持を運び出し、屏風を立てて囲み、戸障子を屋根にして夜露を凌いでいる。

⑤「西方一向宗国府勝興寺之通坊門前之建石如此割裂ケタル図」は射水郡伏木にある勝興寺の門前立石が割れたことを伝聞に基づいて描いたものである。

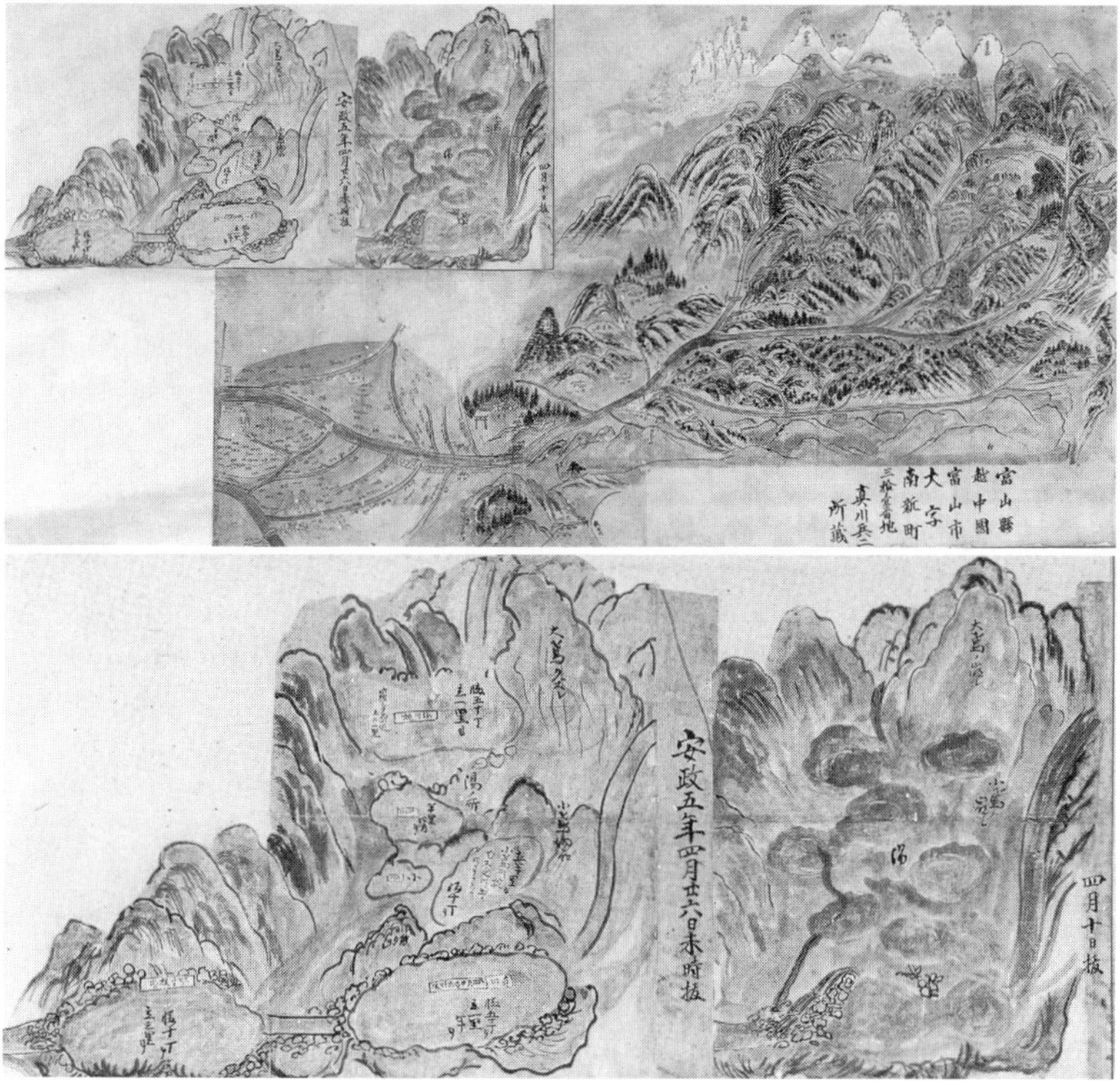

立山大鳶山抜けの図　上：全体図　下：左上部分（富山県立図書館蔵）

⑥「山岳崩疎図」では立山山中の状況が端的に描かれており、大鳶山・小鳶山の崩壊に加え、土砂崩壊による湯川と真川のせきとめによる溜水を「海ノ如シ」と記し、狩込池付近に「燃上ル」と記す。これも伝聞に基づくものであるが、小見村の藤（棚）橋や真川上流の大橋が描かれ、安政期における立山道とその周辺路の状況を窺知できることから、交通史にかかる資料としても貴重である。

2「立山大鳶山抜けの図」（真川兵二製作、富山県立図書館蔵）

「立山絵図」（九四×一六二センチメートル）、「四月十日抜状況図」（四五×三六センチメートル）、「四月二十六日抜状況図」（四五×六〇センチメートル）の三枚の絵図を、真川兵二氏（故人）が貼り合わせて一軸に仕立てたものである。現在のところ安政飛越地震に関する災害絵図のうちで最も雄大な図である。ただし、四月十日は誤記で、正しくは三月十日とあるべきである。

絵図の原図を描いた人物は特定できないが、過去に富山市街で起きた大災害の教訓を子供達に伝えるため、教材として真川家から富山市旧五番町小学校へ寄託されたことから、真川氏が写図を製作したものと考えられる。後に旧富山市立図書館へ寄贈され、現在は富山県立図書館が所蔵している。

この絵図の特色は、下流部を襲った二度の土石流が、立山カルデラ内の溜水の水抜けにより発生した事実を明確に示している点である。さらに、溜水の大きさと変化が詳細に描かれ、「四月十日抜状況図」と「四月二十六日抜状況図」を並立させ、比較しやすい構成となっている。

また、三月十日水抜け時、溜水は湯川に大小含めて六ケ所ある。他の大鳶崩れに関する災害絵図でも同様に六ケ所が描かれており、その数が一致している。真川では一ケ所のみであるが、細長い溜水が描かれている。

続いて四月二十六日の水抜け時、湯川では溜水が四ケ所に減少し、真川では同じく一ケ所であるが、出合下流に一ケ所新たに出来ており、それぞれの大きさ（里丁数）が詳しく記されている。

3「安政五年常願寺川非常洪水山里変地之模様見取図」（滑川市立博物館蔵「岩城文書」所収）

本絵図は、岩城庄之丈家が所蔵していたもので、現在は滑川市立博物館で「岩城文書」として所蔵されている。各法量二八×四〇センチメートルの「山方図」と「里方図」の二枚からなる。常願寺川奥山と下流平野部の災害の様子をそれぞれ表す。両絵図にある赤色の「山里合印」で合わせると、上流から下流までを一望することができ、常願寺川流域で起きた複合災害の全体像を把握できる絵図である。

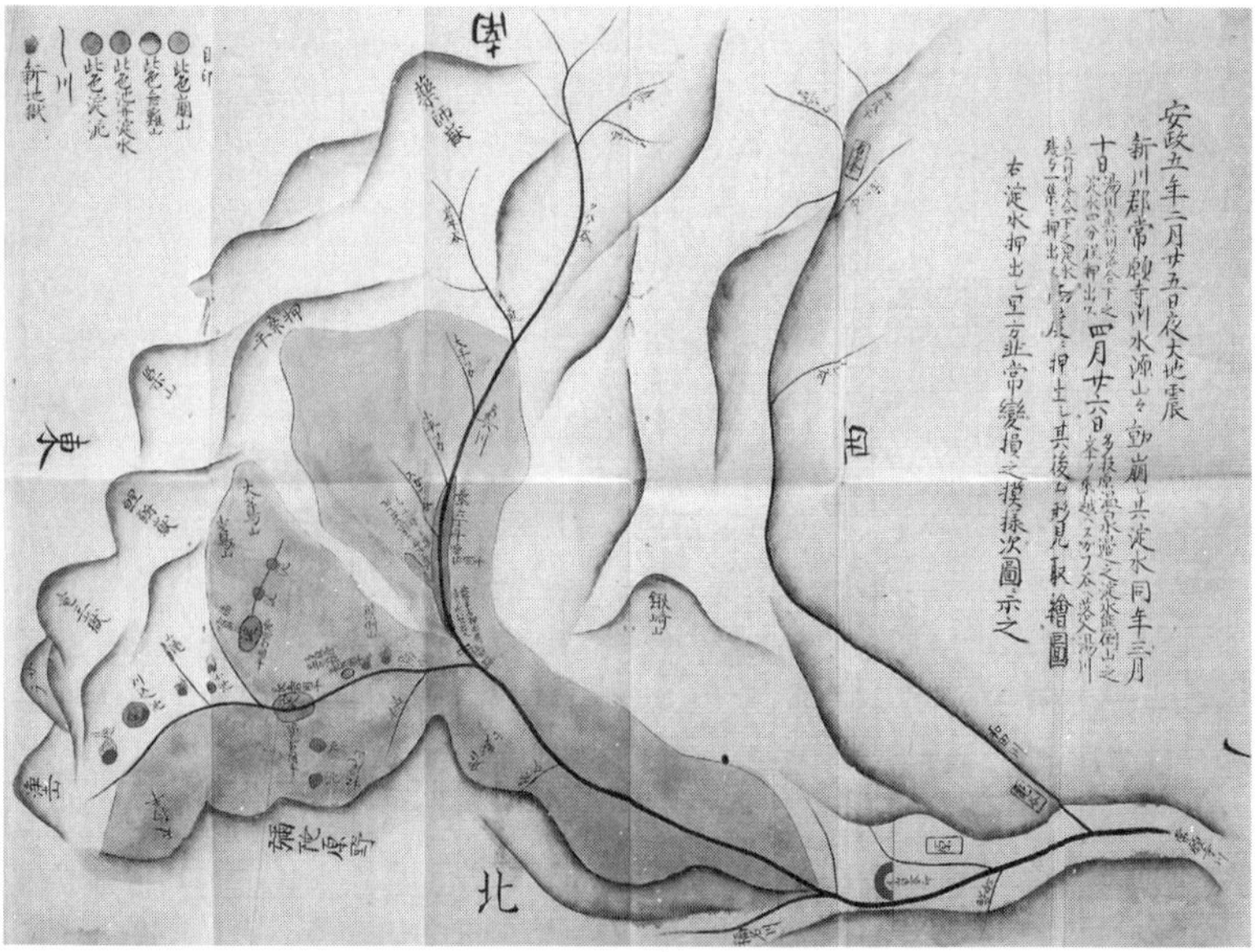

山方図

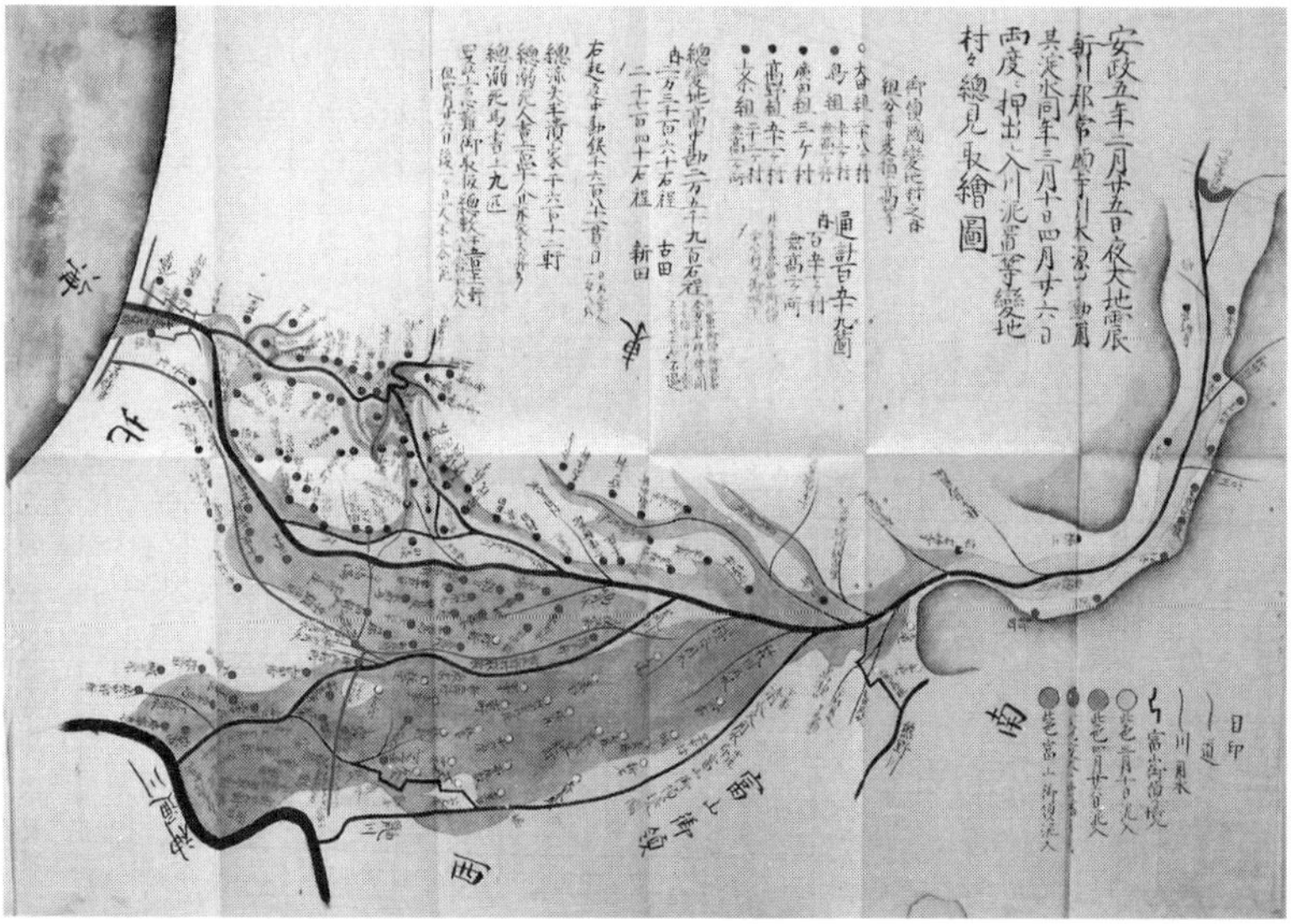

里方図

安政五年常願寺川非常洪水山里変地之模様見取図（滑川市立博物館蔵）

①「山方図」は、山廻役等が実際に見分した報告である。湯川と真川の溜水の大きさから判断して、その原図は五月の奥山見分の際に描かれたものと推断される。

「三月十日湯川真川落合下之淀水四分程押出ス、四月廿六日多枝原温泉辺之淀水熊倒山之峯ヲ乗越ヘスガウ谷へ落入湯川真川落合下之淀水両度ニ押出シ」と記され、二回目の大土石流は、水量が一回目より多かったのであるが、その理由を山廻役が湯川・真川落合下淀水の影響であるとしている。

②「里方図」は三月十日と四月二十六日の洪水による泥入れの状況を、それぞれ黄色と橙色で色分けして描いているが、一部色が重複している部分もある。原図は、おそらく五月に村役人が改作所へ提出した調理図とみられる。

内題に「泥置等変地村々総見取絵図」とあるように、二度の土石流による常願寺川流域の変地村数、変損高数が詳細に記されている。「御領国変地村之内組分並変損高数等」は大田組二八村、島組五三村・無高一村、廣田組三村、高野組五一村、上条組二二村・無高一村、通計一五九ケ村、外ニ富山御領二八村外御城下、総変地高中勘二万五九〇〇石、外ニ富山藩領一万七〇〇〇石（七〇〇〇〇石とも）、流失半潰家一六一二軒、溺死人一四〇人（其他察スル所多）、溺死馬九匹である。

さて、村方の災害絵図は、主に十村が作製を手がけている。その作製目的は、上部機関からの指示に対する報告手段としてである。しかしながら、本絵図は十村から郡奉行・改作奉行への単なる調理報告に留まらず、組毎の被害数字を添え、丁寧に作製されており、被災村の救方を藩上層部に願い上げる意図が看取される。

本図の構図とほぼ同じものが、羽咋市歴史民俗資料館蔵「加藤家文書」所収の「大地震非常変損之図」である。これは「源作改製」とあることから下砂子坂村源作（久世源作）が加賀藩への報告のため全体図として改製したものと

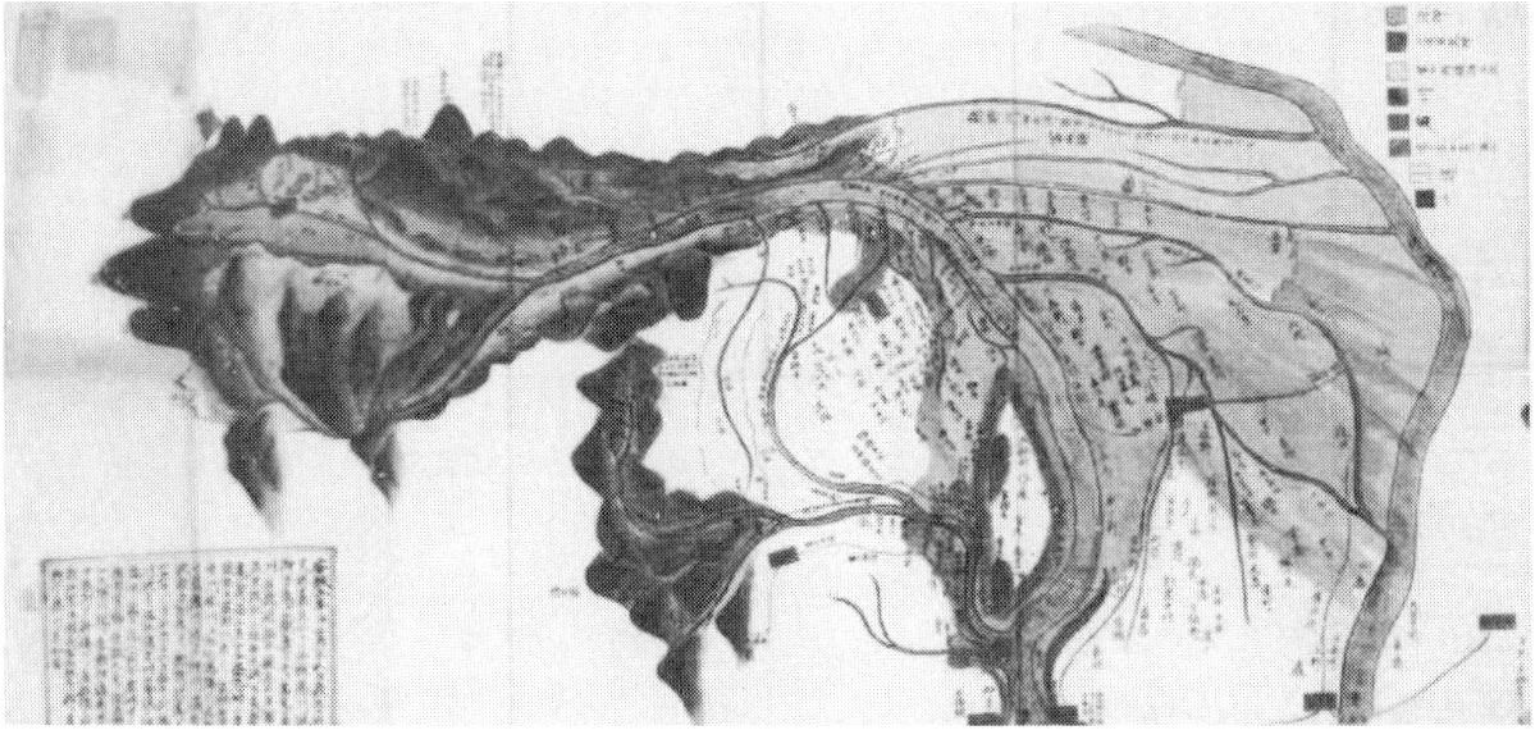

安政大地震ニテ常願寺川流域欠壊之図（金沢市立玉川図書館近世史料館蔵）

みられる。おそらく山廻役が「山方図」の原図を作製し、十村と源作が「里方図」の原図を作製したのであるが、本来別々に作製された絵図をさらに源作が改製して結合可能な全体図がつくられ、上部機関への報告の添付資料にされたと考えられる。

したがって、災害絵図作製の展開として、まず在地レベルで部分図が作製され、上部機関への報告を目的として全体図の作製へと発展していくことが想定されよう。

4 「安政大地震ニテ常願寺川流域欠壊之図」（金沢市立玉川図書館近世史料館蔵「加越能文庫」所収）

金沢市立玉川図書館近世史料館蔵「加越能文庫」に収められている、四〇×八四センチメートルの絵図である。常願寺川上流域（水源地）から下流域までの全ての地域を掲載しており、大鳶山・小鳶山の山体崩壊と二度の大土石流による被災状況がこの一枚で把握できる。したがって、加賀藩が二度目の洪水後、すなわち安政五年四月二十六日以降に、新川郡における災害の全体像を検討するために作製されたものであると考えられる。

本絵図には「安政五年午二月二十五日夜九ツ時大地震、立山下山抜、湯川泥押出、鬼ケ城辺ニ止リ、為是真川逆流致、満水鍬先山半腹ニ及、其除水千垣弁天島並藤掛亀岩ニ留、三月十日昼九ツ時一度流出、日置村川原ヨリ高野無量寺門前川江切込、馬場川落合、其後湯川泥ニテ埋川消失、池数多出来タリ、然所地震ヨリ六十一日ニシテ四月廿六日昼午ノ刻湯川池ヨリ満水流出、川筋泥々押流、水ノ高サ凡八間余、岩峅寺ノ現堂縁ニ乗懸、大釜ヲ流、馬瀬口大場川堰ヲ乗越押流、其末中島村ニテ神通川ニ落、破損之村数加賀藩領分百六拾三ケ村ニ及猶今湯川辺如図」とあり、地震発生からの一連の流れを端的に報告している。さらに、一回目の土石流の原因を、真川のせきとめ部の決壊であるとし、二回目の大洪水の原因を湯川のせきとめ部の決壊であると結論している。加賀藩の公式記録にはこの結論が多く見られるが、この点については今後、科学的検証が必要であろう。

本絵図の構図と近似したものが、京都大学総合博物館蔵「安政五年地震ニテ山崩ケ所絵図」（二一六×七六センチメートル）（第三章図k）及び金沢市立玉川図書館近世史料館蔵「安政大地震立山廻り崩山絵図」（六九×一一九センチメートル）（第三章図j）である。前者は佐藤北翁による写図、後者は磯部屋による写図となっている。

5「新川郡高原野等江常願寺川筋自変地所引越村々截分等大略之図」（富山県立図書館蔵）

杉木有一が万延元年（一八六〇）に作製した大絵図「萬延元年新川郡高原野等御引揚之地元、常願寺川筋自変地所引越村々等截分々間絵図」（六〇×一四〇センチメートル）の縮尺図（四三×九五センチメートル）である。安政六年の洪水後、常願寺川流域の被災村々が高原野へ移転した状況を示すものである。イロハの符号によって「御返歩渡村分」を表し、一六色の色分けによって「引越村々等」を表している。

原図作製者の石割村（現富山市）杉木有一は、万延元年から高原野開方主附、常願寺川堤防普請方棟取に任命され、災害後の常願寺川流域における復旧作業の陣頭指揮を取っていた人物であり、後に御扶持人十村（藩から扶持米をもら

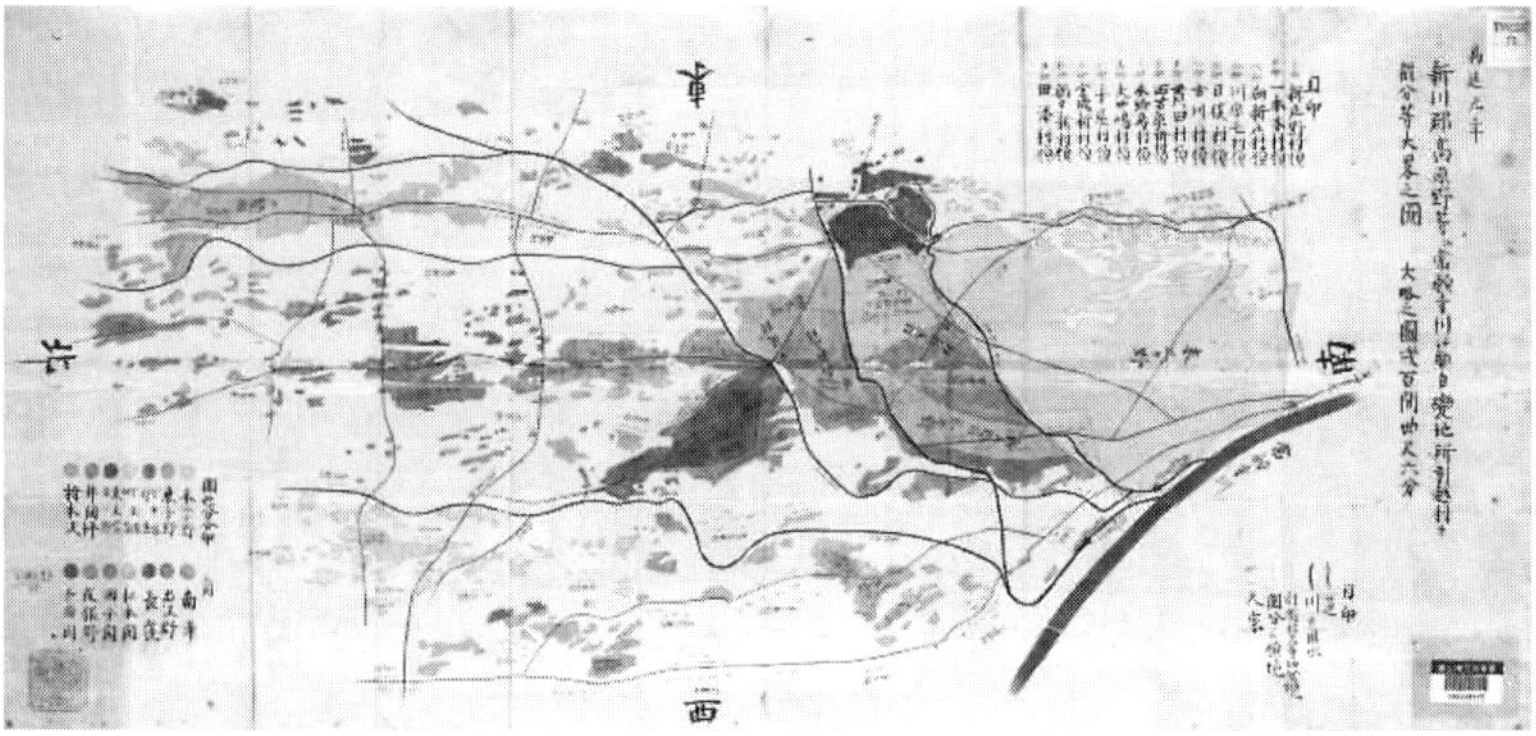

新川郡高原野等江常願寺川筋自変地所引越村々截分等大略之図（富山県立図書館蔵）

い平十村を指導する）に昇進している。そのため杉木家には多くの普請関係文書および絵図を残しており、現在は富山県立図書館が所蔵している。

加賀藩は安政六年十月、大洪水により被災した村々のうち、一四村二五〇戸余を復旧不可能と判断し、易地草高七〇〇〇石を与えて常願寺川右岸の「高原野」という原野への移住を勧奨した。高原野は、水利の便が悪く開墾が遅れていた場所で、文化十一年（一八一四）、新堀村朽木兵左衛門が加賀藩の許可を得て、草高五〇〇石の開墾に着手し、天保八年（一八三七）「松本開」（現立山町五百石）として町立てが許可された。この不毛の地であった原野が安政五年の大洪水で自然に流水客土され、移住開拓の条件が整い、引越人により開墾されて引越村が誕生した。引越人には、引越前の草高を保障し、そのうち二割を「返歩」として従来の持主の郷方へ与える措置を取った。さらに鍬立米籾三石、銀札二〇〇目などが特別に支給された。

当初、それらの引越村は元村と区別するために、例えば手屋村から移住した村を「引越手屋村」と称したが、大正二年に「引越」を取ったため、現在は単に手屋となっている。

二　幕府直轄領（飛驒）の資料

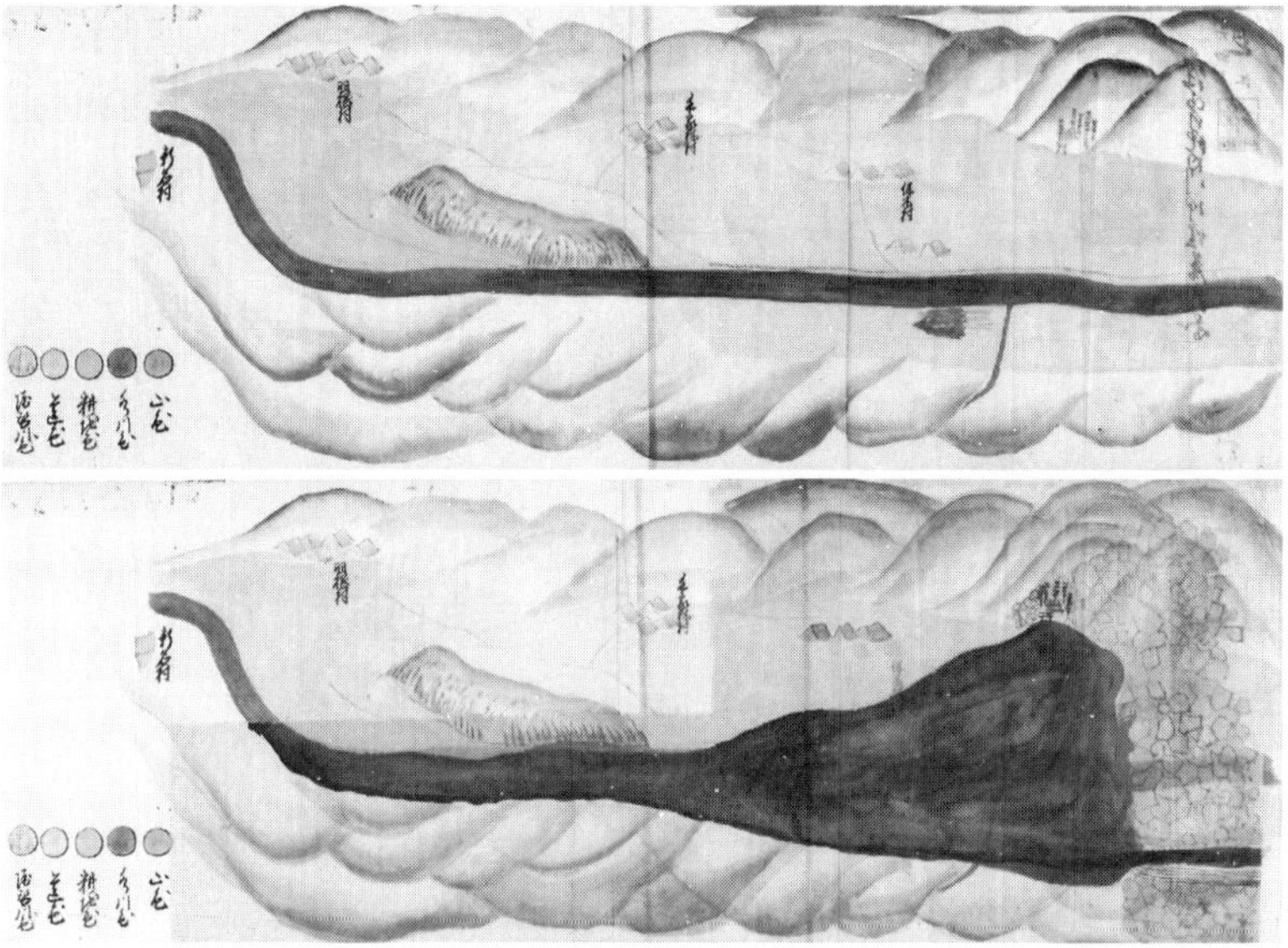

小鳥川突埋切割一件　保木村地内川押埋麁絵図（岐阜県歴史資料館蔵）

1「小鳥川突埋切割一件　保木村地内川押埋麁絵図」（岐阜県歴史資料館蔵「飛騨郡代高山陣屋文書」所収）

「飛騨郡代高山陣屋文書」に収められている、二八×八一センチメートルの絵図で、安政五年の山崩れによる小鳥川の切割工事を行う際に作製された現場見取図である。飛騨側の普請絵図であるが、地震前と地震後の状況を比較できる貴重な資料であるため紹介しておきたい。

飛騨国吉城郡保木村、有家林村、羽根村、新名村周辺において、下流部の保木村字柴野（現飛騨市河合町保木林）が地震により崩壊し、小鳥川がせきとめられ、溜水で田畑が水中に没した様子が描かれている。当時の保木村には家屋が一〇軒あったが、うち九軒が全壊し一軒が半壊した。また、村民七一人のうち、三人が即死で二人が怪我を負ったとの記録がある。

安政五年五月から吉城郡保木村では小鳥川の突埋切割工事を早急に行うべく入札を行った。その結果、越中国砺波郡金屋村の黒鍬市三郎、永太郎が請負人となった。この工事は一旦完了したが、山崩れで再び埋まり、さらに七月二十七～二十八日の大雨で突埋場所が抜け、田畑に泥入した。そこで、引き続いて泥除け工事を願い出て九月六日にようやく完成した。「小鳥川突埋切割一件」には、その一連の仕様帳、請負証文、出来形帳（工事完了報告書）が収められている。

地震後、飛騨国の復旧工事は多くが請負入札で行われ、越中国の請負人も多く含まれている。また、河川のせきとめ部の切割工事は土砂崩れを伴う危険度の高い工事であり、相応の技術を有する黒鍬大工が請け負ったとみられる。

2「小鳥川筋角川村外五ケ村往還損所出来方絵図」（岐阜県歴史資料館蔵「飛騨郡代高山陣屋文書」所収）

「飛騨郡代高山陣屋文書」に含まれる、二八×一八六センチメートルの普請絵図で、安政飛越地震における飛騨北部の土砂災害の様子をビジュアルに、生々しく伝える貴重な絵図である。

飛騨街道は、地震による山崩れで通行不能となり、越中と飛騨の物資運搬に支障をきたした。そのため八尾・大長谷・切詰番所から楢峠を越えて、飛騨二ツ屋番所を経由する代替道が利用された。飛騨街道は、地役人らの見分後、早急に復旧工事のための入札が行われ、越中国の請負人も多数含まれていた。街道復旧事業において、越中国と飛騨国との国境を超えた地域間ネットワークが十分に機能していたことを示す一例である。

小鷹利郷角川村は、宮川と小鳥川の合流部に所在し、全半壊家屋七六軒、死者二三人という甚大な被害に見舞われた。そのため飛騨側では、安政飛越地震を「角川地震」と称している。小鳥川沿いにある中沢上村・保木村などでも山崩れが各所で起こり、街道の付け替え等の工事が行われた。街道普請の世話方には、角川村徳兵衛、新名村久次、弥右衛門、二本木村仲右衛門の四名が選任され、周辺村から人足延べ七〇〇人余が出され、自普請により安政六年三月にようやく完成した。

本絵図は、普請完成後、世話方が高山御役所への報告書の一部として描いたとみられるものである。「吉城郡小鷹利郷角川村・中沢上村・保木村往還損所道附替并取繕等普請出来方麁絵図」と「吉城郡小鷹利郷元田村・天生村・月ケ瀬村往還損所道附替并取繕等普請出来方麁絵図」の二枚から成る。山崩れの位置や小鳥川沿いの新たな街道（赤線で記載）を知ることができる。

「飛驒郡代高山陣屋文書」には、この他に災害後の普請関係絵図として「坂本峠新道附替一件絵図」がある。

おわりに

富山県では全国のなかでも比較的早くから、郷土史家によって歴史地震に関する史資料について着目されている。文献史料は、『越中史料』第三巻（一九〇八年）をはじめとして、『東水橋町郷土小史』（一九二八年）、『五百石地方郷土史要』（一九三五年）、『新庄町史』（一九四三年）などの史誌として公刊されている。

絵画資料は、『越中安政大地震見聞録―立山大鳶崩れの記』（ＫＮＢ興産出版部、一九七六年）が出版され、主な文献や絵図を紹介している。廣瀬誠氏は富山県立図書館所蔵の古絵図の解説書（一九八〇年）を手がけ、災害絵図を含めた県内の絵図を網羅している。

富山県［立山博物館］は『地震を視る―古記録からＣＧまで』（一九九三年）を刊行し、安政飛越地震を科学的、視覚的に紹介する企画展を開催した。続いて、立山カルデラ砂防博物館は『越中立山大鳶崩れ―安政五年大地震大洪水の古絵図集成』（一九九八年）を刊行し、地震だけでなくその後の土石流災害、災害復旧に関する古絵図を網羅して紹介する企画展を開催した。

また、富山市郷土博物館は『地震・大水・火事―富山』（一九九九年）を刊行し、富山県（市）の主な歴史災害を史資料で紹介した。国立歴史民俗博物館は『ドキュメント災害史―地震・噴火・津波、そして復興』（二〇〇三年）を刊行し、そのなかで安政飛越地震の災害絵図を数点紹介した。さらに、岐阜県歴史資料館は、『飛騨・美濃の古地図と史料―飛騨郡代高山陣屋文書・美濃郡代笠松陣屋堤方役所文書』（二〇〇八年）を刊行し、飛騨北部の災害復旧に関する古絵図を紹介した。

もとより現存する安政飛越地震の史資料は、飛騨北部・越中だけでもすべての地域が網羅されているわけではない。災害絵図も常願寺川流域の洪水被害のものが多数を占めており、絵図の存在しない地域は、文字あるいは伝承だけの情報となり、情報量は少なくなる。むろん、史資料の存在しない地域に被害がなかったというのは早計であり、考古学的手法によって史資料の空白地帯を埋めていく必要がある。さらには、絵図には古文書には無い情報も書き込まれており、古文書や古絵図などの史資料を組み合わせることが史実を読み解くうえで必要不可欠である。

安政飛越地震の史資料は、個人で所蔵されているものもあるが、その多くが図書館、公文書館、博物館、資料館などの公的施設で整理・保管され、公開されている。ただし、原資料の中にはかなり損傷しているものもあり、富山県立図書館、富山県立山カルデラ砂防博物館、滑川市立博物館などが古文書・古絵図のデジタルデータ化に取り組み、常願寺川流域の災害絵図の複製作業をすすめるなど、史資料の保存と共有化を進めている。とりわけ富山県立図書館のホームページでは古絵図の高詳細デジタル画像を閲覧することができる。

こうした状況下、未発掘の史資料が埋もれている可能性は十分あることから、今後もさらなる調査・研究をすすめていく必要があることは言うまでもない。

第二章　安政飛越地震の災害像

――震害を中心に――

はじめに

富山県は全国のなかで地震が少ない県とされているが、歴史的にみると推定マグニチュード七以上の大地震が襲いかかっている。先述した通り、天正十三年（新暦一五八六年一月）の天正地震[1]、安政五年（一八五八）の安政飛越地震[2]がそれに相当する。

後者の安政飛越地震は安政五年二月二十六日（新暦四月九日）未明に発生した、跡津川断層の活動（右横ずれ）が原因とされる内陸直下型地震である[3]。地震被害は震源から離れた加賀、越前までの広範囲に及んでおり、家屋や納屋の倒壊等が発生した。加賀藩では「六十年目此方之事[4]」と称され、今日まで数多の古文書、地震誌、絵図類が残されている[5]。

さて、安政飛越地震では、地震被害もさることながらその後の洪水被害が甚大であったため、「常願寺川流域における歴史災害」という認識に終始する傾向が顕著であるように思う[6]。地震を契機として、常願寺川では上流部の崩壊土砂が流れ込み、河床が上昇して洪水被害が頻発するようになったこともその要因の一つであろう。確かにその歴史認識は大事ではあるが、洪水被害は二次災害であり、地震そのものによる一次災害が如何なる範囲に影響を与えたのかを忘れがちである。

そこで本章では、安政飛越地震の地震被害を地域毎にデータベース化[7]し、地震そのものによる被害を再検討し、その災害像を描くことを目的とする。とくに物的被害である家屋・土蔵等の倒壊及び人的被害に着目し、できる限り具体的数値を示しながら実態を明らかにしたいと思う。

なお、地震被害のデータベース化に当たっては、史料により相違があるため、現時点において地震被害を最も克明に記録していると判断される「魚津御用言上留」(8)を基本史料とした。さらに、他の史料も援用しながら富山県だけではなく、飛騨北部などの周辺地域の被害もなるべく押さえるようにした。

第一節　地震被害の概要

本節では、付表の地震被害データベース（四八〜六三頁）を中心に他史料の記載も加えつつ、安政飛越地震の震害の概要について述べたい（図1）。元富山藩士の滝川一瓢が「大小玉附」を用いて一五日間の余震を記録しているが(9)、余震の日数及び被害数字は判然としないため、本震の被害のみをデータとして抽出した。震害は主として家屋、土蔵・納屋、寺院等の倒壊や破損であり、被災範囲は飛騨北部、越中にとどまらず西側の加賀、越前までの広範囲に及んでいる。

加賀藩の金沢城下では、被害は比較的軽微であり、半壊の家屋が一一四軒、半壊の土蔵が四〇戸であり、金沢城の石垣や土塀は少し破損した程度で死者は記録されていない。小立野では崖崩れにより民家が倒落し、郊外の宮ノ腰（金石）では完成したばかりの冬瓜橋が流失した。また、石川郡割出村で三人が家の下敷となり死亡し、同郡粟ケ崎村では、全壊・半壊の家屋が五六軒を数える。

大聖寺藩では、城下で全壊・半壊の家屋が約一〇〇軒、全壊の土蔵が六〇戸、死者が一人という惨事となっており、地盤の弱さに加えて加賀南部地方における地震動の激しさを物語っている。

福井藩では、城下での被害が比較的少なかったものの、金津町では全壊・半壊の家屋三〇軒を数える。また、丸岡藩丸岡町では全壊・半壊の家屋が一六〇軒、全壊・半壊の土蔵・納屋が七〇戸を数えている。丸岡城では石垣や土塀が大破し、地割れや液状化現象も記録されている。勝山藩勝山町では本丸の石垣が崩れ、家屋の壁崩れが記録されている。

幕府直轄地の飛騨北部七〇村では、総家屋数一二二七軒のうち全半壊家屋数は七〇九軒にのぼり、総数の約六割近くが被害を受けたことになる。殊に跡津川断層沿いの高原郷佐古村や小鷹利郷中沢上村、森安村では全家屋が倒壊した。また人的被害については総人口八四五六人のうち死者二〇三人、怪我人四五人を出した。

富山藩では、富山城で鉄御門前の石垣などが崩落、松杉木が倒落したうえ土橋も破損した。二ノ丸の二階御門（櫓御門）でも土塀や石垣が崩れ、周辺では地割れが生じたが、城内の破損は些少であった。藩主邸宅である千歳御殿は概ね無事であったが、千歳御門が少し傾き、その周辺でも地割れが生じた。富山城周辺では藩士宅の土塀の倒壊が相次ぎ、諏訪川原町では裏通りの地面が裂け、藩士宅一〇軒余が大破した。城下では五軒の町家が倒壊したほか、土蔵の破損が顕著であり、町家の持蔵の過半数が壁崩れなどの被害にあったと推定される。さらに、富山城南側に位置する平吹町、千石町、大工町、南田町（蓮照寺前）等で地割れが生じ、泥・砂や水が噴き上げて多くの家屋が水浸しになった。

沿岸部の四方や西岩瀬では、藩の塩蔵をはじめとして土蔵が幾つか大破したものの、家屋の倒壊被害は少なかっ

図１　古文書にみる安政飛越地震における震害箇所

作図は丹保俊哉氏（富山県立山カルデラ砂防博物館主任学芸員）による。出典は、「菊池文書」（富山大学附属図書館蔵）、「魚津御用言上留」、「安政地震山崩一件」（金沢市立玉川図書館近世史料館蔵「加越能文庫」）、「地水見聞録」（富山県立図書館蔵）、「橋本家文書」（富山市猪谷関所館蔵）、「飛州村々地震一件」（岐阜県歴史資料館蔵「飛騨高山陣屋文書」）ほか。

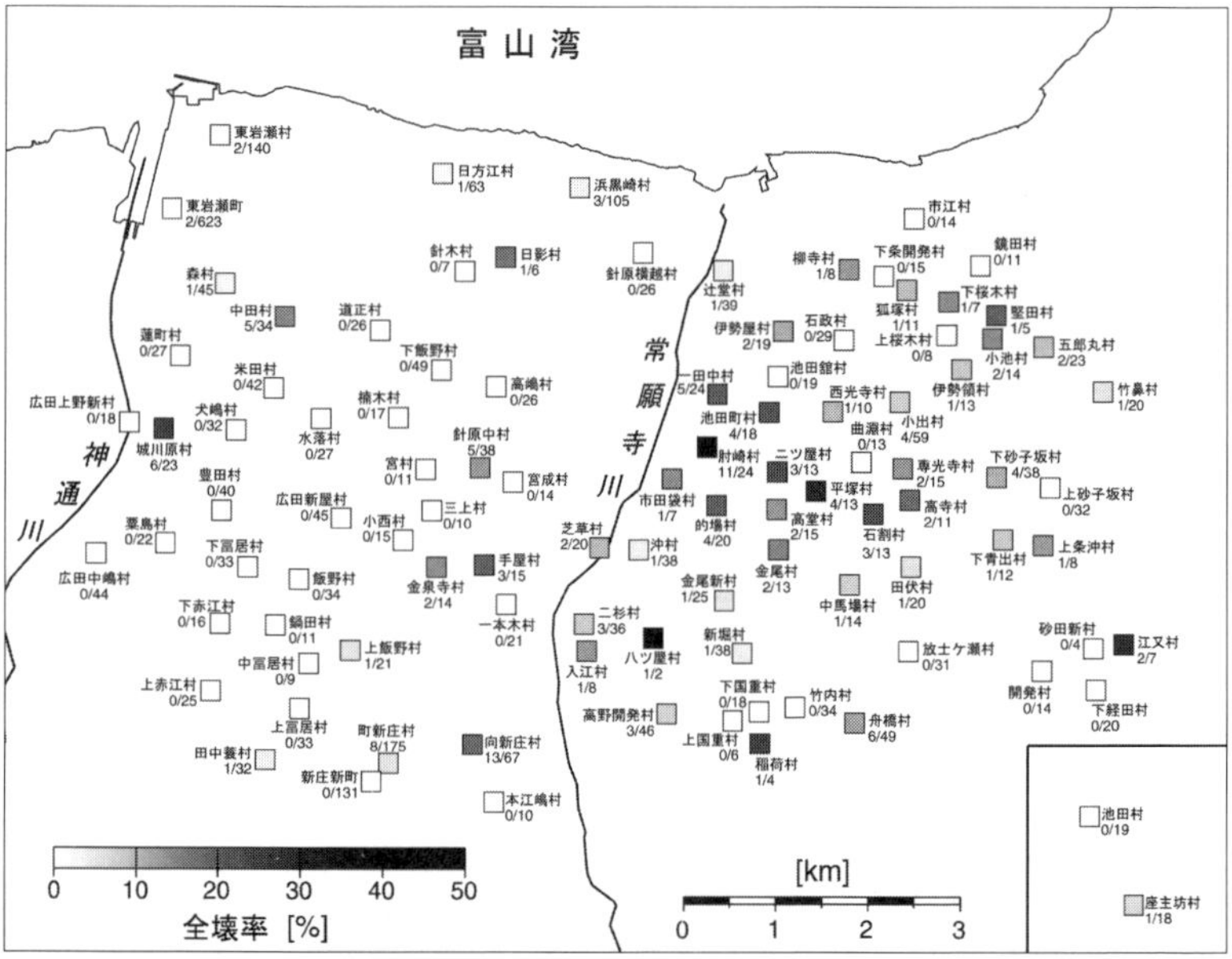

図２　常願寺川流域周辺における家屋全壊率（町村名に付随する数値は、全壊戸数／全戸数を示す）

図２・図３の全戸数については、「嘉永元年下条組高免等懐中録」（富山県立図書館蔵）、「嘉永六年大田組高免等手帳」（富山県立図書館蔵）、「嘉永四年上条組高免等手帳」（富山県立図書館蔵）、「安政三年七月島組手帳」（富山県立図書館蔵）及び『角川日本地名大辞典16富山県』による。

た。四方では、漁網一二流失、漁船六艘が大破した。下流部の地域では、地割れと液状化現象が被害の主たるものであった。

神通川流域の人的被害をみると、富山町で圧死者が二人、八尾で一人、上流部の野積谷で一人が死亡し、下流部の四方、西岩瀬では猟師が四人、避難途中で三人が神通川の増水により生じたとみられる高波に飲まれて死亡している。地震発生時に神通川で鱒漁をしていた漁舟が転覆して死者も出たようである。

神通川流域の宿方で、とりわけ被害が大きかったのは跡津川断層に近い八尾周辺である。全壊・半壊の家屋が約一二〇軒、全壊・半壊の土蔵・納屋が一〇〇戸、壁崩れの土蔵が二七〇戸程を数え、丸山焼の焼物蔵と窯場も全壊した。

富山藩の郡方（婦負郡）では、下野村で

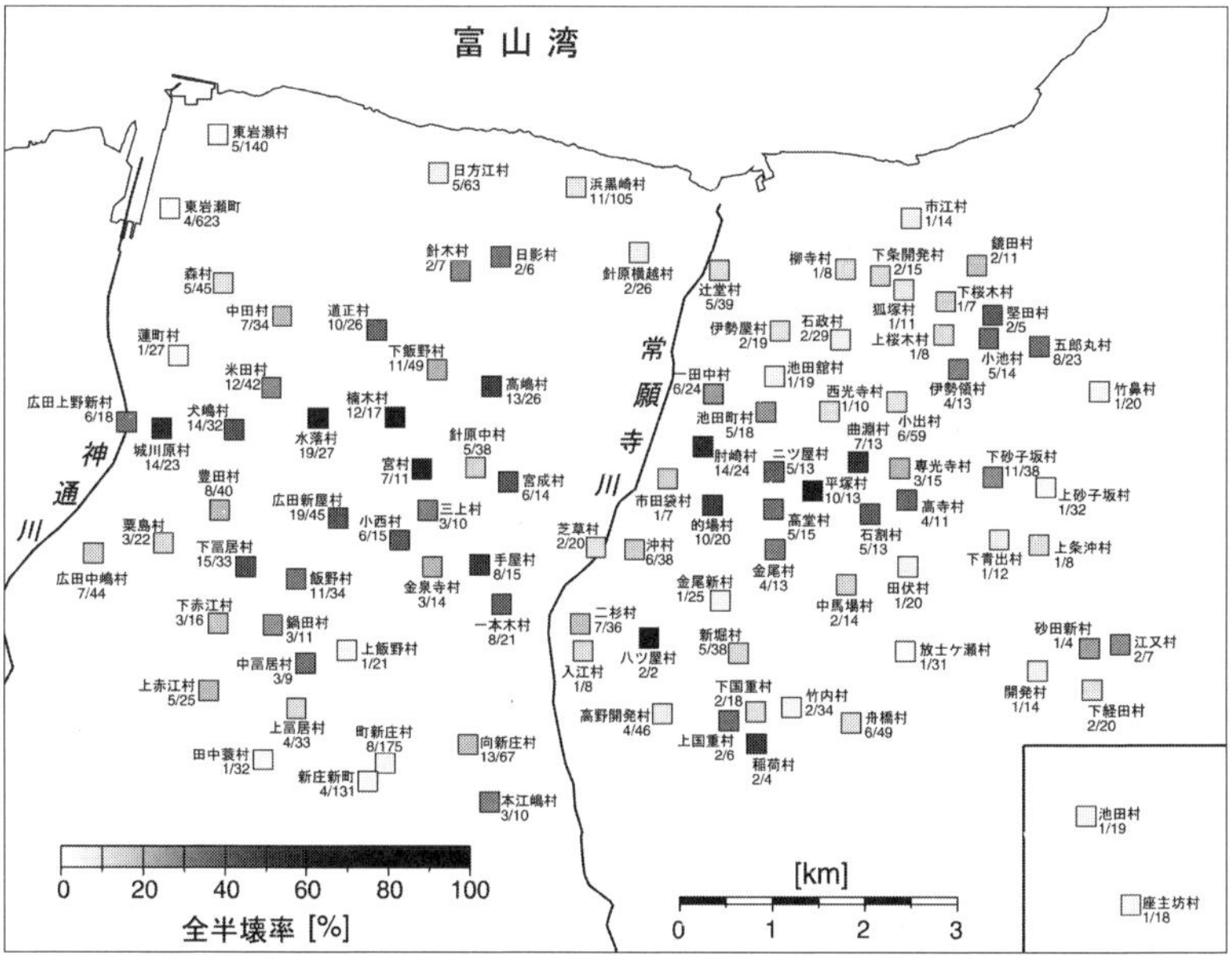

図３　常願寺川流域周辺における家屋全半壊率（町村名に付随する数値は、全半壊戸数／全戸数を示す）

図２・図３の作図は、丹保俊哉氏（富山県立山カルデラ砂防博物館主任学芸員）による。
図２・図３の被害数字は、地震による１次被害のみを「魚津御用言上留」（金沢市立玉川図書館近世史料館蔵）から数えたものであり、洪水災害などの２次被害及び地震の余震被害は含まない。

大部分の家屋が倒壊するなど、町方に比べて被害が大きかったものとみられるが、記録が少ないため不明な部分が多い。「魚津御用言上留」には、郡方三四ケ村で全壊・半壊の家屋が一二三軒、さらに七七村で地割れと泥水などの噴き出しが記録されている。この数字を見る限り、富山城下町に比して郡方での倒壊被害が大きかったものとみられる。神通川上流部の西加賀沢村では、山崩れで田畑が変地となり、飛騨往来も山崩れで通行不能となった[10]。

さて、次に越中加賀藩領新川郡に目を移すと、新川郡全体で全壊・半壊の家屋が約六二〇軒、全壊・半壊の蔵・納屋が約一七〇戸を数える。

殊に、常願寺川流域における平野部の家屋等の倒壊が激しく、全壊・半壊の家屋が約六〇〇軒、全壊・半壊の蔵・納屋が約一二〇戸を数える。これは新川郡における倒壊被害の九割以上に相当する。さらに地震動で両岸の灌漑用水の取入口や堰、川除が破損し、多くの田畑で地割れやそれに伴う段差も生じている。すなわち、常願寺川流域では地震動が相当激しかったものとみられ、倒壊被害に加え、地割れによる変地被害が重なるという厳しい状況であったと推断されよう。

左岸域では家屋等の全壊に加えて半壊が激しく、島組（組裁許岩城七郎兵衛、杉木弥五郎）に属した村々で半壊被害が圧倒的であり、島組だけで全壊・半壊した家屋が三四九軒を数えている。これはおそらく本震・余震に液状化現象が重なった状況が想定され、左岸域は旧河道における氾濫地域であり、それ故に地盤が弱いことも指摘されうる。また、扇状地先端部から沿岸までの沖積平野において倒壊被害が認められ、隣村とはいえ被害の様相が同一でないこともうかがえる（図2・図3）。

さて、常願寺川流域での地震による人的被害を正確に求めることは難しいが、史料には平野部の家屋倒壊による七人の圧死者と一人の病死者が記録されている。

史料1(11)（句読点は筆者による、以下同じ）

一、石割村十村弥五郎方ニ一季居下人肘崎村久五郎与申者歳六十六之由。
一、同村又次郎三男藤次郎与申者十五歳之由。
一、同郡金尾村久五郎母ふよ六十三歳之由。
一、同一田中村清吉悴千次郎十一歳之由。
一、同ニツ屋村清兵衛妻ちよ四十一歳之由。

一、同人三男春松四歳之由。
一、同村善次郎娘りよ十六歳之由。
右七人之者共、前段大地震ニ而家潰材木等之下ニ相成相果候躰、夫々手先十村等見届候上死骸葬方申談候躰ニ御座候。
一、同郡黒川村三郎右衛門祖母山腹ニ相果候旨勇助及注進候ニ付指向承合候処、右祖母儀常々ニ癪気持病ニ而右地震ニ恐癪気相募り二日相立病死仕候躰ニ相聞得申候。

常願寺川上流部では大鳶山・小鳶山の山体崩壊をはじめとして多くの山崩れが発生し、立山温泉に入っていた木樵・狩人三六人が岩屑なだれに呑み込まれ、中地山村では熊狩に出ていた狩人が一一人、芦峅寺村では付近の山で炭焼きをしていた二人が崩壊土砂に巻き込まれ死亡した。

その他の新川郡では、滑川町の被害が比較的大きく全壊・半壊の家屋が二二軒を数える。さらに周辺の集落でも家屋が倒壊し、黒川村では一人が死亡したとの記録がある。多くの田畑で地割れとともに主に砂が噴出した。山間部では山崩れが多く生じたが、幸い人的被害は無かった。滑川町以東の地域では、魚津町で倒壊家屋一軒をはじめとして若干の家屋や土蔵が破損したが、倒壊被害等は少なかったものとみられる。

一方で越中西部の平野部の中心地である高岡町では、家屋一八五軒が半壊したものの倒壊には至らず、瑞龍寺境内の石燈篭や前田利長廟の石柵などが倒れて破損したが、建物や石塔は無事であったという。高岡古城の石垣が富山城と同様にいくつかが崩落し、大木も濠に倒落した。また、御旅屋通りから下関までの地面が大きく割れ、下河原町や小矢部川下流の伏木村でも地割れが生じて水や砂が噴出した。

射水郡では、全壊・半壊の家屋が約二一〇軒を数えており、殊に片口村での倒壊被害が大きかった。さらに、水戸田村をはじめとして約四〇村で地割れと砂の噴き出しが記録されており、全般的に噴砂現象が激しかったものとみてよい。

砺波郡では、今石動町で全壊・半壊の家屋が四七軒（九二軒とも）、全壊・半壊の土蔵・納屋が五六戸を数え、往還道沿いの松木が五〇本近く倒れ、城山の土居が崩れ落ちた。城端町では、全壊・半壊の家屋が三四軒、全壊・半壊の土蔵・納屋が四四戸を数える。死者は城端町で一人、岩木村で二人を数えるが、人的被害は少なかったといえる。

小矢部川の上流部では、袴腰山・臼中山の一部が崩壊するなど、各所で山崩れが発生した。小矢部川下流二三村の人びとが夜通し土砂を切り崩し、上流部の排水に成功したようである。

庄川の上流部でも各所で山崩れが起こり、五箇山では家屋の倒壊が少なかったが、幕府直轄領の大野郡白川郷では先述した通り、家屋の倒壊が激しく、荻町村や飯嶋村などで約一四〇軒が潰れた。

以上のように、史料からうかがえる家屋の全壊・半壊は全体で二七〇〇軒余であったと推定され、被害規模は決して小さくないといえる。その他、土蔵の壁や植木場等の破損は夥しいものがあり、田畑や道路の地割れと液状化現象も各所で顕著である。(12) むろんこれらは現時点での史料から導き出された被害データであり、今後の史料精査で被害箇所及び被害数字がさらに増加する可能性があることを付言しておきたい。

第二節　被災者への救済

地震被害に対する各藩の救済策は如何なるものであったのであろうか。ここでは先述した災害像の傍証として越中を支配していた加賀藩、支藩の富山藩及び飛騨北部の幕府直轄領における救済策について言及したい。

まず越中加賀藩領新川郡では、上条組裁許杉木弥五郎が地震発生後、速やかに倒壊（丸潰）した家屋を調査し、該当する三六軒に家再建のための借用金を一軒につき金二歩宛、計一八両を御郡所へ請願した[13]。

この請願は受届となり、満額が貸し渡された。おそらく藩定式の手当であり、潰家の再建を最優先することが義務づけられていたのであろう。さらに、弓庄組裁許結城甚助が新川郡の丸潰・半潰家数を取りまとめ、被災者への貸米一五五石二斗を安政六年（一八五九）から無利息一五ケ年賦で御郡所へ請願した。

史料2[14]

島組等村々、当二月之地震ニ而潰家等ニ相成候者共江御貸米百五拾五石弐斗相願及相達候処、来年ゟ拾五ケ年賦返上之趣を以御聞届之旨達江守殿ゟ被仰渡候条得其意、右之趣申渡、来年ゟ年賦通取立可致返上候。右ニ付、御米切手受取可相渡候条、組々受取高振分御蔵向寄書早速可指出候。承知之印名判いたし先々早速相廻落着分可相返候、以上。

午　六月廿一日　　　　金谷与十郎　印

島組　広田組　高野組　上条組

下条組　　西加積組　　中加積組

右組々才許十村中等

この請願は受届となったが、地震から三ケ月以上経過した六月になってようやく算用場からの切手が届き、岩瀬・水橋・滑川御蔵から潰家一軒三斗五升、半潰家一軒一斗七升五合として貸米が七月までに渡された。組毎の内訳をみると、島組七八石、広田組一一石、高野組一七石、上条組一七石、下条組七石等となっており、島組への貸米高が圧倒的に多く、先述した地震の被害程度と一致していることがわかる。

このように加賀藩における地震後の救済は、家再建費用と当座の食糧の貸付であり、住居損失の有無が救済における最優先事項になっている。村々を統括した十村が被害を丁寧に調査したうえで上部機関に報告し、救済に奔走した状況が浮かび上がってくる。とはいえ、特例で一五ケ年賦（通常は五ケ年賦）として返済の配慮は成されているが、あくまで定式の貸付で対処されており、貸渡も地震が発生してかなりの日数を要している。安政期の加賀藩は財政状況がきわめて逼迫し、加えて「外患」の早急な対応に迫られていた。[15] したがって藩の災害救済策は最小限に留まり、地域社会ではかような藩の救済策を受容せざるをえなかったのである。そのため十村は自己犠牲的に救方を補充し、被災者に対して食糧等の手当を講じていたようである。

加賀藩支藩の富山藩では、富山町方において地震による土蔵等の破損[16]が著しく、修理費用が必要となったため、緊急措置として上納金百両につき四分の一が用捨（免除）された。土蔵等の修復に関する藩の救済金は無く、当事者の自己負担で行われたとみられる。

史料3[17]

一、富山御領宿在且御家中共五万両之御見込を以上納金被御渡置候へ共、前々之上納金ニ而一統難渋之趣願方仕居候へとも御聞届無御座候処、同月廿五日之地震ニ而宿在共余程損候躰ニ付、今度格別之趣を以、以前件上納金百両ニ付四ケ一御用捨被仰付候躰。

一、当十月迄百両ニ付三ノ二御取立御座候躰ニ候へ共、人々騒ケ敷申立候程之義ハ無之躰、併近年世上不融通之時

柄ニ而、何茂迷惑仕候得共、成限り才覚を以、上納仕候躰相聞得申候。

右同心横目田中義六郎ゟ申越候。（後略）

また、神通川上流域の郡方では、地震発生から一〇日後に地震損所が郡役人により実地見分され、水除と見込林伐採の対策を指示された。山抜けにより家屋が全壊した西加賀沢村では救米が一人五石宛で計四五石が支給された。また用水が崩壊土砂で埋まり、草高五四石のうち三九石四斗が変地となったため肝煎七平が十村役に対して年季高の見直しを請願したが、一ケ月後にようやく御扶持人十村奥田傳兵衛らが実地見分し受届となった。[18]

史料が少なく全体像は明瞭ではないが、富山藩の救済策は藩内すべてを網羅できておらず、甚大な被害を被った加賀沢村等の救済策に留まっており、きわめて限定的であったとみられる。[19]安政期の富山藩では藩政運営の主体をめぐっての政治的対立が表面化しており、恒常的な財政難と相まって地震後の災害対応に遅れを生じていることがうかがえる。[20]

一方で、幕府直轄領であった飛驒北部では如何なる対策がとられたのであろうか。地震発生時に飛驒郡代の福王三郎兵衛は交代のため江戸へ向かう道中であった。後任の増田作右衛門が正式に任命されたのは三月二十三日であり、増田は着任予定を早めて四月二十一日に高山へ到着し、被災地の救済と復旧事業を精力的にこなした。すなわち地震発生時、郡代不在という非常事態のなかで御役所では対応を迫られたことになる。[21]深刻な地震被害の風聞が御役所に届くなかで手附・手代、地役人が取り急ぎ翌二十九日から被災地域に赴き、同時に当座の食糧と救済金を支給するこ

とを決定した。救米は二月二十七日から五日分、一人につき一日二合五勺を五七七三人へ配給した。さらに五日分の救米が新たに一二三八人を加えた、計七〇一一人へ支給された。これらは凶作に備えて郷蔵に貯蔵されていた「御囲米」で対応された。

高山町では二月二十八日に御役所より金・米・塩・味噌・日用品などを差し出すよう沙汰が出され、金三〇〇両永五二文余、銀二〇〇目余、銭八一貫余、米一〇俵余、味噌・塩・漬菜が集まり、御役所にて「奇特之儀ニ付受取置」された。金銀銭は用水・往還の修繕費用として渡され、米・味噌等は「夫食差支候村々」へ渡された。

また、益田・大野・吉城郡からも有志による救済金が集まり、金一四二両二分永二四二文余が上納された。郡内では救済金が人別平等割で課せられ、被災者へ渡された。こうした民間の支援体制に加えて御役所から「非常御手当御貸附利金」として金一一五両三分永七四文余が貸し出された。

史料4(22)　飛驒國村々震災ニ付手当金相渡候御届書

覚

一、金百拾五両三分永七拾四文四分

右は拙者元御代官所飛驒國大野、吉城郡村々今般地震災害之内、極難必至難取続、村方え書面之通同国非常御手当御貸附利金当時右高不残相渡、急難為凌申候、依之御届申上候以上。

午四月　　　　福王三郎兵衛　印

御取箇方

御勘定所

（下ヶ札）

「本文非常御手当御貸附利金渡高御届之儀御殿御勝手方え可差出分ハ、一村限割渡、仕訳書相添候義にて未取調出来不致、最早跡支配え地震一件書類引渡可申候間、跡支配ニて取調差出候様可申送候積ニ御座候、已上。

午四月　　　高山御役所

江戸御役所」

救米の配給と共に小屋掛（仮小屋建設）も進められた。被災村は全半壊率が六割近くに及んだため、村役人は小屋掛のための木材使用許可を御役所に多数請願した。驚くべきは、御役所が即日御免状を出している点である。最終的には三一一軒が小屋掛され、さらに小屋掛料として一軒につき三分を貸し付けた。

総じて、幕府直轄領では救米の支給、手当金や小屋掛金の貸付が成されており、救い方は財政上の理由から徐々に指省（縮小）となっていくものの他藩に比して手厚い救済策が成されている。御役所の判断もきわめて迅速であり、民間の支援体制が機能しており、これは日常における災害への備えが整備されていたことを示している。

その意味において、近世後期には領主及び上級役人の意識により災害救済の仕方にかなりの差異が生じる社会であったといえよう。[23]

おわりに

富山県では安政飛越地震が立山山中での大鳶山・小鳶山の崩壊をもたらし、二度にわたる大洪水を引き起こした「複合災害」という見方が趨勢を占めている。確かにそうした歴史認識は適切であろうが、常願寺川流域のみに災害教訓を残すことは有効ではない。

本章では、一次被害である地震の被害に着目すべく、あえて震害のみを史料から抽出してそのデータベース化を試みた。そこから導き出される災害像とは、震源に近い飛騨だけでなく越中および周辺地域においても激しい震動があり、平野部でも広範囲で家屋や納屋の倒壊被害が認められるということである。ここから富山県が無地震地では無いことが改めて認識される。本データベースが将来の地震に対する備えの一助となれば幸いである。

ところで、筆者は地震後に発生した常願寺川の大洪水を軽視しているわけではない(24)。安政五年の大洪水は記録に残るだけでも溺死者一四〇人、流失家屋一六〇〇軒余、変地高二万五〇〇〇石余といった甚大な被害をもたらした。その被害は年貢米収納の減少と復旧経費の増大を招き、算用場奉行が詮議を要する重大な案件(25)としているように、幕末期加賀藩の財政難に拍車をかけたことは疑う余地がない。災害復旧において実務的な処理を担当した高柳村弥三郎が著した「宝田正楽伝(26)」には「安政五年ニ起リ、文久三年ニ焉ル、六年間ノ大業ナリ」とあり、変地復旧のために六年間もの時間を費やしている。地震後、常願寺川では洪水が恒常化し、川除普請（堤防修理等）が延々と続けられ、や

がて明治維新を迎えることになる。(27)

こうした安政五年以降の常願寺川流域における洪水との闘いの歴史は、富山県の歴史を語る上で欠くことができないものである。そこで第四章・第五章においてその問題の一端を検討しよう。

註

（1）天正地震の発生日はなお定説をえていない。天正十三年十一月二十七日、二十九日、藩政期の「菅君雑録」（金沢市立玉川図書館蔵）は二十七日から三日間激しく震動したと記している。地震規模は、安達正雄「白山大地震により埋没した帰雲城と木舟城」第一報〜六報（『日本海学会誌』一〜三号、一九七七〜一九七九年、『金沢大学日本海域研究所報告』八〜一〇号、一九七六〜一九七八年）によれば、推定マグニチュード七・八〜八・〇とされる。

（2）従来の推定マグニチュードは七〜七・一とされてきたが、中央防災会議災害教訓の継承に関する専門調査会編『1858飛越地震報告書』（二〇〇九年）等において被害分布などの再検討により七・三〜七・六との新見解が出されている。

（3）註（2）によれば、安政飛越地震では二つの地震が相次いで発生したと推定されており、「子刻」と「丑刻」という近接した時刻である。

（4）「上賃屋日家栄帳」（『加賀藩史料』藩末篇上巻所収）。

（5）古文書、地震誌については富山県郷土史会校注『越中安政大地震見聞録—立山大鳶崩れの記』（KNB興産、一九七六年）、藤井昭二・古田清三・廣瀬誠・高瀬保『古地震被害調査研究報告書その一』（藤井環境地質研究所、一九九六年）、藤井昭二・古田清三・廣瀬誠・保科斉彦『古地震被害調査研究報告書その二』（藤井環境地質研究所、一九九七年）等に集成されている。絵図については富山県［立山博物館］編『地震を視る—古記録からCGまで』（一九九三年）、立山カルデラ砂防博物館編『越中立山大鳶崩れ—安政五年大地震大洪水の古絵図集成』（一九九八年）、富山市郷土博物館編『地震・大水・火事—富山』（一九九九年）等に集成されている。

（6）被害数字は史料により相違があるが、杉木文書「安政五年大地震山突波泥洪水一件」（目録番号△△ホ－5－1、富山県立図書館蔵）では二度の洪水被害を合わせると損毛高二万五七九八石一斗九升九合、被災町村一四〇ケ所、流失・潰家一六一二軒、倒壊土蔵・納屋八八六戸、溺死者一四〇人、溺死馬九疋とあり、富山県内ではこうした洪水の被害数字のみが語られることが多い。
（7） 史料から地震被害をデータベース化する試みは既に地学、史学、情報学分野で学際的に取り組まれ多くの研究蓄積が成されている。その方法論は「地震史料の校訂とデータベース化―日本の古代・中世を中心に―」（『月刊地球』三一七号、二〇〇五年）等を参照。
（8） 成瀬主税正居手記「魚津御用言上留」（金沢市立玉川図書館蔵）。同史料の翻刻は前田一郎「安政の大災害関係史料（一）」（『立山カルデラ砂防博物館研究紀要』第七号、二〇〇六年）、「安政の大災害関係史料（二）」（『立山カルデラ砂防博物館研究紀要』第八号、二〇〇七年）、「安政の大災害関係史料（三）」（『立山カルデラ砂防博物館研究紀要』第一〇号、二〇一〇年）、「安政の大災害関係史料（四）」（『立山カルデラ砂防博物館研究紀要』第一二号、二〇一一年、「安政の大災害関係史料（五）」（『立山カルデラ砂防博物館研究紀要』第一三号、二〇一四年）。
（9） 昇平堂寿楽斎（滝川一瓢）「地水見聞録」（富山県立図書館蔵）。
（10） 橋本家文書「安政五年二月安政大地震被害留」（『細入村史』下巻所収）には「地震之後、当細入筋往来通路壱人も無之、仍而八尾通り大長谷桐詰御関所二つ合通り、角川江諸荷物相向申候事」とある。
（11） 註（8）に同じ。
（12） 液状化及び地形の変化については註（5）『古地震被害調査研究報告書』を参照。また、近年の研究では、近藤浩二「安政大地震（飛越地震）における液状化被害の再検討―『魚津御用言上留』を中心に―」（『災害・復興と資料』第一号、二〇一二年）がある。
（13） 「安政地震山崩一件　乾」（金沢市立玉川図書館近世史料館蔵）。
（14） 杉木文書「安政五年二月越中国大地震アリ同三月十日四月廿六日常願寺川大洪水御用留帳」（富山県立図書館蔵）。
（15） 水島茂「安政期の藩政―加賀藩―」（『越中史壇』二八号、一九六四年）。また安政期の加賀藩の諸政策を論じたものに倉田守「安政期の災害と加賀藩の政策」（『北陸史学』第三四号、一九八五年）、「加賀藩安政期の政治と海防政策」（『富山史壇』一三九号、二〇〇三年）がある。
（16） 土蔵破損の具体的数字は不明であるが、「御家老方等手記留」（『加賀藩史料』藩末篇上所収）には「富山辺土蔵計三百斗損じ」とある。

(17)「魚津在住言上抄」（金沢市立玉川図書館近世史料館蔵）。

(18) 橋本家文書「安政四年十二月西猪谷関所日記」（『細入村史』下巻所収）。

(19) 拙稿「富山藩の震災被害と対応―安政期―」（『立山カルデラ砂防博物館研究紀要』第九号、二〇〇八年）。

(20) 水島茂『加賀藩・富山藩の社会経済史研究』（文献出版、一九八二年）。

(21)「御用場諸雑見合日記」（岐阜県歴史資料館蔵）。なお飛騨国の災害対応については、田添好男「飛越地震の被害と救済・復旧に関する一考察―『飛騨郡代高山陣屋文書』にみる飛騨国側の実態を通して―」（『岐阜県歴史資料館報』第三二号、二〇〇九年）に詳しい。

(22) 飛騨郡代高山陣屋文書「飛州村々地震一件」（岐阜県歴史資料館蔵）。

(23) 災害記録の分析を通して災害認識の階層性について言及したものに北原糸子「災害絵図研究試論―一八世紀後半から一九世紀の日本における災害事例を中心に―」（『国立歴史民俗博物館研究報告』八一集、一九九九年、後に『近世災害情報論』（稿書房、二〇〇三年）再録）がある。

(24) 嶋本隆一・高野靖彦・前田一郎「安政大災害における加賀藩の災害情報と被災対応」（『立山カルデラ砂防博物館研究紀要』第九号、二〇〇八年）。

(25)「御用方手留」（『加賀藩史料』藩末篇上巻所収）。算用場奉行が財政運営上、詮議を必要とした四案件とは、江戸表の地震・大風等による公儀上納金や江戸屋敷の修復金、安政五年の地震による普請、常願寺川筋変損の取扱いによる収納米の不足、地震等による藩主家一門への振替金と外国奉行の入用、藩主家の官位昇進・婚礼の入用であり、「此節必至与御かね繰指詰居申候」としている。

(26) 宝田家文書「宝田正楽伝」（複写史料は滑川市立博物館蔵）。書誌については、浦田正吉「『宝田正楽伝』について」（『郷土の文化』第三三輯、二〇〇八年）を参照。

(27) 安政五年後の常願寺川洪水と川除普請については宮路金山家文書（立山町郷土資料館寄託）の「御用日記」等から実相が明らかにできる。同史料によれば、安政五年三月、四月及び同六年五月の洪水被害が大きく、その後明治に至るまでほぼ毎年出水し、その都度、川除修復を行っていることが歴然である。

付表　安政飛越地震　地震被害データベース

所領	郡名	組名	町・村名	石高	全戸数	死者数	家倒壊数	家半壊数	蔵・納屋倒壊数	蔵・納屋半壊数	その他（地変等）	出　典
加賀藩	新川郡	東加積組	魚津町	188.392			1					菊池
加賀藩	新川郡	中加積組	柴村	238							地割、砂吹出	魚言
加賀藩	新川郡	中加積組	上梅沢村	1,069				6			地割、砂吹出	魚言
加賀藩	新川郡	中加積組	上嶋村	582			1	9				魚言
加賀藩	新川郡	中加積組	高柳村	409			1	1				魚言
加賀藩	新川郡	西加積組	滑川町	648.883			8	14	4	1	寺１、硫黄蔵１	魚言
加賀藩	新川郡	西加積組	高月村	108							地割	魚言
加賀藩	新川郡	西加積組	領家村	226			1					魚言
加賀藩	新川郡	西加積組	堀江村	575			1	12	5	2	地割、泥砂吹出、地高低	魚言
加賀藩	新川郡	西加積組	大坪新村	94							地割、砂吹出	魚言
加賀藩	新川郡	西加積組	寺町村	416				1		1	地割、砂吹出	魚言
加賀藩	新川郡	西加積組	有山新村								地割、砂吹出	魚言
加賀藩	新川郡	西加積組	森尻新村	43							地割、砂吹出	魚言
加賀藩	新川郡	西加積組	赤浜村	317						3	地割、砂吹出	魚言
加賀藩	新川郡	西加積組	石仏村	391			1	4			地割、砂吹出	魚言
加賀藩	新川郡	西加積組	本江村	702						2	地割、砂吹出	魚言
加賀藩	新川郡	西加積組	東福寺村	241				2		1	地割、泥吹出、山抜	魚言
加賀藩	新川郡	西加積組	有金村	423				4			地割、砂吹出	魚言
加賀藩	新川郡	西加積組	黒川村	293.5		1	1			4	地割、山抜	魚言
加賀藩	新川郡	西加積組	安田村	631.433							地割、砂吹出	魚言
加賀藩	新川郡	西加積組	小森村	154				3		4	地割、砂吹出	魚言
加賀藩	新川郡	西加積組	貝谷村	36				1		5	地割、砂吹出	魚言
加賀藩	新川郡	西加積組	大門村	41							地割、砂吹出	魚言
加賀藩	新川郡	西加積組	大永田村	584			1	5	2	7	地割、泥砂吹出、地高低	魚言
加賀藩	新川郡	西加積組	寺家村	86			2		1			魚言
加賀藩	新川郡	西加積組	下梅沢村	848			1	4				魚言

加賀藩	新川郡	西加積組	常光寺村	128				1		2		魚言
加賀藩	新川郡	西加積組	五位尾村	51				3	1	3		魚言
加賀藩	新川郡	上条組	東水橋		728				1			魚言
加賀藩	新川郡	上条組	西水橋		351				3			魚言
加賀藩	新川郡	上条組	新清水村	72	1						地割、砂吹出、地高低	魚言
加賀藩	新川郡	上条組	平塚村	241	13		4	6	1		地割、砂吹出、地高低	魚言、山崩
加賀藩	新川郡	上条組	伊勢屋村	231	19		2		1		地割、砂吹出、地高低	魚言
加賀藩	新川郡	上条組	二ツ屋村	246	13	3	3	2	1		地割、砂吹出、地高低	魚言、山崩
加賀藩	新川郡	上条組	清水堂村	464.8	29						地割、砂吹出、地高低	魚言
加賀藩	新川郡	上条組	石政村	415	29			2	1		地割、砂吹出、地高低	魚言
加賀藩	新川郡	上条組	一田中村	8.7	24	1	5	1	2		地割、砂吹出、地高低	魚言、山崩
加賀藩	新川郡	上条組	池田町村	272.8	18		4	1	3		地割、地低	魚言
加賀藩	新川郡	上条組	西光寺村	104	10		1				地割、砂吹出、地高低	魚言、山崩
加賀藩	新川郡	上条組	池田村	71	19			1		2	地割、山抜	魚言
加賀藩	新川郡	上条組	池田舘村	182	19			1			地割、砂吹出、地高低	魚言
加賀藩	新川郡	上条組	高寺村	306	11		2	2	1		地割	魚言、山崩
加賀藩	新川郡	上条組	放士ケ瀬村	486	31			1			地割、砂吹出、地高低	魚言
加賀藩	新川郡	上条組	泉村	749	55				1		地割、砂吹出、地高低	魚言
加賀藩	新川郡	上条組	金尾村	287	13	1	2	2		1	地割、砂吹出、地高低	魚言、山崩
加賀藩	新川郡	上条組	中馬場村	250	14		1	1	1		地割、砂吹出	魚言、山崩
加賀藩	新川郡	上条組	曲淵村	211	13			7			地割、砂吹出、地高低	魚言
加賀藩	新川郡	上条組	小出村	982	59		4	2	6		地割、砂吹出、地高低	魚言、山崩
加賀藩	新川郡	上条組	下段村	174	19						地割	魚言
加賀藩	新川郡	上条組	専光寺村	387	15		2	1	1	1	地割、砂吹出	魚言、山崩
加賀藩	新川郡	上条組	高堂村	334	15		2	3			地割、砂吹出	魚言、山崩
加賀藩	新川郡	上条組	上末村	432	34						地割	魚言
加賀藩	新川郡	上条組	上川原村	30	1				1		地割、砂吹出、地高低	魚言
加賀藩	新川郡	上条組	金広村	211	12						地割	魚言
加賀藩	新川郡	上条組	小又村	31	8						地低	魚言
加賀藩	新川郡	上条組	座主坊村	33.5	18		1				地割	魚言

所領	郡名	組名	町・村名	石高	全戸数	死者数	家倒壊数	家半壊数	蔵・納屋倒壊数	蔵・納屋半壊数	その他（地変等）	出　典
加賀藩	新川郡	上条組	柳寺村	183.5	8		1					魚言、山崩
加賀藩	新川郡	上条組	下条開発村	284	15			2				魚言
加賀藩	新川郡	上条組	田伏村	414	20		1			1		魚言、山崩
加賀藩	新川郡	上条組	石割村	274	13	2	3	2	1			魚言、山崩
加賀藩	新川郡	上条組	上瀬戸村	52	11						竈4	魚言
加賀藩	新川郡	下条組	下砂子坂村	589	38		4	7				魚言、山崩
加賀藩	新川郡	下条組	小池村	315	14		2	3			地割	魚言、山崩
加賀藩	新川郡	下条組	市江村	292	14			1			地割、砂吹出	魚言、山崩
加賀藩	新川郡	下条組	魚躬村	486	23						地割、砂吹出、地高低	魚言
加賀藩	新川郡	下条組	鏡田村	189	11			2			地割、砂吹出	魚言、山崩
加賀藩	新川郡	下条組	堅田村	228	5		1	1	2		地割、砂吹出	魚言、山崩
加賀藩	新川郡	下条組	五郎丸村	230	23		2	6	2		地割、砂吹出	魚言、山崩
加賀藩	新川郡	下条組	竹鼻村	158	20		1				地割、砂吹出	魚言、山崩
加賀藩	新川郡	下条組	上砂子坂村	504	32			1			地割、砂吹出	魚言、山崩
加賀藩	新川郡	下条組	下青出村	286	12		1				地割、砂吹出	魚言、山崩
加賀藩	新川郡	下条組	砂田新村	63	4			1			地割、砂吹出	魚言、山崩
加賀藩	新川郡	下条組	小泉村	516	25						地割、砂吹出	魚言
加賀藩	新川郡	下条組	下経田村	380	20			2			地割、砂吹出	魚言、山崩
加賀藩	新川郡	下条組	森尻村	473.5	37						地割、砂吹出、地高低	魚言
加賀藩	新川郡	下条組	柿沢村	610.2	68						地割	魚言
加賀藩	新川郡	下条組	東種村	44.5	90						地割	魚言
加賀藩	新川郡	下条組	下桜木村	163	7		1					魚言、山崩
加賀藩	新川郡	下条組	狐塚村	431	11		1					魚言、山崩
加賀藩	新川郡	下条組	江又村	133	7		2					魚言、山崩
加賀藩	新川郡	下条組	開発村	245	14			1				魚言、山崩
加賀藩	新川郡	下条組	伊勢領村	230	13		1	3				魚言、山崩
加賀藩	新川郡	下条組	上条沖村	207	8		1					山崩

加賀藩	新川郡	下条組	下砂子坂新村	188	11			1				山崩
加賀藩	新川郡	下条組	上桜木村	182	8			1				山崩
加賀藩	新川郡	高野組	新堀村	505	38		1	4	1		地割、砂吹出	魚言
加賀藩	新川郡	高野組	常願寺村	109	21						地割、砂吹出、地高低	魚言
加賀藩	新川郡	高野組	高野開発村	542	46		3	1			地割	魚言
加賀藩	新川郡	高野組	浅生村	220	–			3			地割	魚言
加賀藩	新川郡	高野組	稲荷村	105	4		1	1		2	地割	魚言
加賀藩	新川郡	高野組	下国重村	246	18			2				魚言
加賀藩	新川郡	高野組	上国重村	176	6			2		1	地割、砂吹出	魚言
加賀藩	新川郡	高野組	竹内村	332	34			2			地割	魚言
加賀藩	新川郡	高野組	小嶋村	45	–			8	3		地割	魚言
加賀藩	新川郡	高野組	金尾新村	399	25		1					魚言
加賀藩	新川郡	高野組	八ツ屋村	61	2		1	1	1		地割、砂吹出	魚言
加賀藩	新川郡	高野組	肘崎村	604	24		11	3	2	3	地割、砂吹出	魚言
加賀藩	新川郡	高野組	市田袋村	176	7		1		1		地割、砂吹出	魚言
加賀藩	新川郡	高野組	小路村	492	28						地割、砂吹出	魚言
加賀藩	新川郡	高野組	沖村	589	38		1	5	2	3	地割、砂吹出	魚言
加賀藩	新川郡	高野組	的場村	328	20		4	6	3			魚言
加賀藩	新川郡	高野組	芝草村	264	20		2				地割、砂吹出	魚言
加賀藩	新川郡	高野組	二杉村	461	36		3	4			地割、砂吹出	魚言
加賀藩	新川郡	高野組	入江村	74	8		1				地割、砂吹出	魚言
加賀藩	新川郡	高野組	橋場新村	8	2						地割、砂吹出	魚言
加賀藩	新川郡	高野組	舟橋村	470	49		6				地高低	魚言
加賀藩	新川郡	高野組	塚越村	235	–			1			地割、砂吹出	魚言
加賀藩	新川郡	高野組	新吉嶋村	34.5	0						地割、砂吹出	魚言
加賀藩	新川郡	高野組	芦峅寺村	184	104	2						越古、火災
加賀藩	新川郡	広田組	野田村	84	4						地割、砂吹出	魚言
加賀藩	新川郡	広田組	日方江村	760	63		1	4	1		地割、砂吹出	魚言
加賀藩	新川郡	広田組	西宮村	306	59						地割、砂吹出	魚言

所領	郡名	組名	町・村名	石高	全戸数	死者数	家倒壊数	家半壊数	蔵・納屋倒壊数	蔵・納屋半壊数	その他（地変等）	出　典
加賀藩	新川郡	広田組	千原崎村	254	22						地割、砂吹出	魚言
加賀藩	新川郡	広田組	金山新村		−						地割、砂吹出	魚言
加賀藩	新川郡	広田組	日影村	95	6		1	1				魚言
加賀藩	新川郡	広田組	針木村	123	7			2			神社 1	岩城
加賀藩	新川郡	広田組	平榎村	559	28						地割、砂吹出	魚言
加賀藩	新川郡	広田組	新保村	113	8						地割、砂吹出	魚言
加賀藩	新川郡	広田組	中田村	729	34		5	2	1			岩城
加賀藩	新川郡	広田組	蓮町村	392	27			1			地割、砂吹出	魚言
加賀藩	新川郡	広田組	針原横越村	876	26			2		1		岩城
加賀藩	新川郡	広田組	草島村	842.804	97						地割、砂吹出	魚言
加賀藩	新川郡	広田組	大村	1,195	85				3			魚言
加賀藩	新川郡	広田組	浜黒崎村	1,641	105		3	8	2			岩城
加賀藩	新川郡	広田組	東岩瀬村	910.583	140		2	3				魚言
加賀藩	新川郡	広田組	辻堂村	945	39		1	4		1	地割、砂吹出	岩城
加賀藩	新川郡	広田組	畠等村	52	2						地割、砂吹出	魚言
加賀藩	新川郡	広田組	東岩瀬町		623		2	2	1		給人蔵 1	魚言、岩城
加賀藩	新川郡	広田組	田畑村				1	3			地割、砂水吹出	岩城
加賀藩	新川郡	広田組	森村		45		1	4				岩城
加賀藩	新川郡	島組	向新庄村	872	67		13				地割、泥砂水吹出	魚言
加賀藩	新川郡	島組	町新庄村	1,099	175		8		4			魚言
加賀藩	新川郡	島組	新庄新町		131			4				魚言
加賀藩	新川郡	島組	新庄野村		28						地割	魚言
加賀藩	新川郡	島組	本江嶋村	121.5	10			3			地割	魚言
加賀藩	新川郡	島組	犬嶋村	445	32			14			地割、砂吹出	魚言
加賀藩	新川郡	島組	宮成村	308	14			6			地割、砂吹出	魚言
加賀藩	新川郡	島組	中野新村	24	3						地割、砂吹出	魚言
加賀藩	新川郡	島組	一本木村	136	21			8			地割、砂吹出	魚言

加賀藩	新川郡	島組	手屋村	267	15		3	5			地割、砂吹出	魚言	
加賀藩	新川郡	島組	金泉寺村	290	14		2	1			地割、砂吹出	魚言	
加賀藩	新川郡	島組	粟島村	453	22			3			地割、砂吹出	魚言	
加賀藩	新川郡	島組	城川原村	451	23		6	8			地割、砂吹出	魚言	
加賀藩	新川郡	島組	牧村	104	13						泥押入、盛上	魚言	
加賀藩	新川郡	島組	小見村	49	29						泥押入、盛上	魚言	
加賀藩	新川郡	島組	本宮村	53	41						泥押入、盛上	魚言	
加賀藩	新川郡	島組	田中蓑村	461	32		1		2		地割	魚言	
加賀藩	新川郡	島組	上冨居村	622	33			4	1		地割	魚言	
加賀藩	新川郡	島組	上赤江村	388	25			5		2	地割	魚言	
加賀藩	新川郡	島組	広田中嶋村	801	44			7		5	地割	魚言	
加賀藩	新川郡	島組	広田上野新村	295	18			6		5	地割	魚言	
加賀藩	新川郡	島組	双代村	58.5	6						地割	魚言	
加賀藩	新川郡	島組	豊田村	812	40			8			地割	魚言	
加賀藩	新川郡	島組	米田村	1,056	42			12			地割	魚言	
加賀藩	新川郡	島組	上飯野村	424	21		1					魚言	
加賀藩	新川郡	島組	中冨居村	347	9			3	3			魚言	
加賀藩	新川郡	島組	鍋田村	293	11			3	2			魚言	
加賀藩	新川郡	島組	下赤江村	302.5	16			3			地割	魚言	
加賀藩	新川郡	島組	水落村	560	27			19	3			魚言	
加賀藩	新川郡	島組	楠木村	356	17			12	2			魚言	
加賀藩	新川郡	島組	下飯野村	1,134	49			11	2			魚言	
加賀藩	新川郡	島組	道正村	697	26			10				魚言	
加賀藩	新川郡	島組	高嶋村	529	26			13				魚言	
加賀藩	新川郡	島組	宮村	330	11			7	4			魚言	
加賀藩	新川郡	島組	針原中村	830	38		5					魚言	
加賀藩	新川郡	島組	町袋村	568.5	29			10				魚言	
加賀藩	新川郡	島組	三上村	190	10			3				魚言	
加賀藩	新川郡	島組	小西村	430	15			6	2			魚言	

所領	郡名	組名	町・村名	石高	全戸数	死者数	家倒壊数	家半壊数	蔵・納屋倒壊数	蔵・納屋半壊数	その他（地変等）	出　典
加賀藩	新川郡	島組	広田新屋村	916	45			19	6			魚言
加賀藩	新川郡	島組	飯野村	693	34			11	3			魚言
加賀藩	新川郡	島組	下冨居村	622	33			15				魚言
加賀藩	新川郡	島組	中地山村	26	16	11					山抜	魚言、火災
加賀藩	新川郡	弓庄組	日中村	631							竃２、地割、山抜	魚言
加賀藩	新川郡	弓庄組	下瀬戸村	35							竃２、地割	魚言
加賀藩	新川郡	弓庄組	下白岩村	61.5							地割、山抜	魚言
加賀藩	新川郡	弓庄組	上白岩村	177							地割、山抜	魚言
加賀藩	新川郡	弓庄組	六郎谷村	34							山抜	魚言
加賀藩	新川郡	弓庄組	目桑村	217					1		山抜	魚言
加賀藩	新川郡	弓庄組	谷村	44.5							地割	魚言
加賀藩	新川郡	弓庄組	長倉村	71							地割、山抜	魚言
加賀藩	新川郡	弓庄組	虫谷村	48					3		地割	魚言
加賀藩	新川郡	弓庄組	新屋村						2			魚言
加賀藩	新川郡	弓庄組	放士ケ瀬新村	307					3			魚言
加賀藩	新川郡	弓庄組	上荒又村	277							地割	魚言
加賀藩	新川郡	弓庄組	下荒又村	245							地割	魚言
加賀藩	新川郡	弓庄組	湯崎野村	208							山抜	魚言
加賀藩	新川郡	弓庄組	柿澤村	610.2							地割	魚言
加賀藩	新川郡	弓庄組	大松新村	67.5							地割、山抜	魚言
加賀藩	新川郡	弓庄組	大松村	262.3							地割	魚言
加賀藩	新川郡	弓庄組	中ノ又村	20							地割	魚言
加賀藩	新川郡	弓庄組	大沢村	39							地割	魚言
加賀藩	新川郡	弓庄組	名荷谷村	133							地割、山抜	魚言
加賀藩	新川郡	弓庄組	檜谷村	66.5							地割、山抜	魚言
加賀藩	新川郡	弓庄組	浅生村	165							地割、山抜	魚言
加賀藩	新川郡	大田組	荒川村	290	44						地割、砂水吹出	魚言

加賀藩	新川郡	大田組	経堂村	372	17						地割、砂水吹出	魚言
加賀藩	新川郡	大田組	石金村	299	8						地割、砂水吹出	魚言
加賀藩	新川郡	大田組	上滝村	165	65						山抜	魚言
加賀藩	新川郡	大田組	文殊寺村	412	61						山抜	魚言
加賀藩	新川郡	大田組	黒牧村	260	49						山抜	魚言
加賀藩	新川郡	大田組	布目村	40	31						地割	魚言
加賀藩	新川郡	大田組	栩ケ原村	205	33						地割、山抜	魚言
加賀藩	新川郡	大田組	砂見村	46	8						地割、砂吹出	魚言
加賀藩	新川郡	大田組	小谷村	68	12						地割、砂水吹出、山抜	魚言
加賀藩	新川郡	大田組	福沢村	811	92						山抜	魚言
加賀藩	新川郡	大田組	小佐波村	80	27						地割、地高低、山抜	魚言
加賀藩	新川郡	大田組	牧野村	235	29						地割、地高低、山抜	魚言
加賀藩	新川郡	大田組	日尾村	141	28						地低、山抜	魚言
加賀藩	新川郡	大田組	瀬戸村	25	17						地割、山抜	魚言
加賀藩	新川郡	大田組	馬瀬村	18	13						山抜	魚言
加賀藩	新川郡	大田組	石淵村	12	6						地割、山抜	魚言
加賀藩	新川郡	大田組	小坂村	28	13						地割、山抜	魚言
加賀藩	新川郡	大田組	下双嶺村	21	11						地割	魚言
加賀藩	新川郡	大田組	折谷村	7	4						地割	魚言
加賀藩	新川郡	大田組	大清水村	14	6						地割	魚言
加賀藩	新川郡	大田組	大双嶺村	24	19						地割、山抜	魚言
加賀藩	新川郡	大田組	千長原村	16	6						山抜	魚言
加賀藩	新川郡	大田組	舟倉村	1,295	206						山抜	魚言
加賀藩	新川郡	大田組	奥山村	34	8						山抜	魚言
加賀藩	新川郡	大田組	芦生村	30	19						川岸崩	魚言
加賀藩	新川郡	大田組	布尻村	81.5	34						川岸崩	魚言
加賀藩	新川郡	大田組	寺津村	45	20						地割	魚言
加賀藩	新川郡	大田組	吉野村	48.5	24						地割、川岸崩	魚言
加賀藩	新川郡	大田組	薄波村	7	3						地割、山抜	魚言

所領	郡名	組名	町・村名	石高	全戸数	死者数	家倒壊数	家半壊数	蔵・納屋倒壊数	蔵・納屋半壊数	その他（地変等）	出　典
加賀藩	新川郡	大田組	大田薄波村	20	7						地割、山抜	魚言
加賀藩	新川郡	大田組	伏木村	60.5	21						地割、山抜	魚言
加賀藩	新川郡	大田組	猪谷村	218	68						地割、地高低、山抜	魚言
加賀藩	新川郡	大田組	（立山下温泉）			36					山抜	立変
加賀藩	砺波郡		今石動町				27	20	55	1	寺２、地割	魚言
加賀藩	砺波郡		城端町			1	2	32	44		寺１	魚言
加賀藩	砺波郡	糸岡組	湯町村				1	1	17	1		魚言
加賀藩	砺波郡	宮嶋組	埴生村	965			1					魚言
加賀藩	砺波郡	宮嶋組	小矢部村	186			1					魚言
加賀藩	砺波郡	宮嶋組	芹川村	1,375			1					魚言
加賀藩	砺波郡	宮嶋組	畠中村	390					1			魚言
加賀藩	砺波郡	宮嶋組	上野村	318						1		魚言
加賀藩	砺波郡	宮嶋組	後谷村	253						1	地割	魚言
加賀藩	砺波郡	宮嶋組	岡村	671							地割	魚言
加賀藩	砺波郡	蟹谷組	浅地村	1,396	130				1			魚言
加賀藩	砺波郡	石黒組	岩木村	774	66	2	1					魚言
加賀藩	砺波郡	石黒組	福光村	1,832	671				4			魚言
加賀藩	砺波郡	石黒組	安居村	902	59					1		魚言
加賀藩	砺波郡	太美組	福光新町		105				4			魚言
加賀藩	砺波郡	太美組	立野脇村	47	25			2				魚言
加賀藩	砺波郡	太美組	小院瀬見村	256	66						山抜	魚言
加賀藩	砺波郡	太美組	田屋村	219	15						田岸崩	魚言
加賀藩	砺波郡	山田組	山田新村	129	41		1					魚言
加賀藩	砺波郡	山田組	北野村	3,409	232			1	1			魚言
加賀藩	砺波郡	山田組	理休村	814	99			1	1			魚言
加賀藩	砺波郡	赤屋谷組	田向村	120.25							山抜	魚言
加賀藩	砺波郡	赤屋谷組	九里ケ当村	77.683							山抜	魚言

加賀藩	砺波郡	利賀谷組	別当村	134.875			1				山抜	魚言
加賀藩	砺波郡	利賀谷組	坂上村	185.433							山抜	魚言
加賀藩	砺波郡	利賀谷組	祖山村	120.793							山抜	魚言
加賀藩	砺波郡	利賀谷組	大勘場村	133.056							川岸崩	魚言
加賀藩	砺波郡	井口組	沖村	670	35			1				魚言
加賀藩	砺波郡	井口組	今里村	268	16			1	2			魚言
加賀藩	砺波郡	野尻組	上津村	175.75	22						地割	魚言
加賀藩	射水郡		高岡町					185			地割、地高低	魚言
加賀藩	射水郡	上東条組	大門村	167				37	3			魚言
加賀藩	射水郡	上東条組	水戸田村	995				1			地割、砂吹出	魚言
加賀藩	射水郡	上東条組	中村	215				1			地割、砂吹出	魚言
加賀藩	射水郡	上東条組	市井村	498				1			地割、砂吹出	魚言
加賀藩	射水郡	上東条組	土合新村	420				16			地割、砂吹出	魚言
加賀藩	射水郡	上東条組	古川新村					3			地割、砂吹出	魚言
加賀藩	射水郡	上東条組	土合村	51.5				4			地割、砂吹出	魚言
加賀藩	射水郡	上東条組	棚田村	576							地割、砂吹出	魚言
加賀藩	射水郡	上東条組	本江村	475				1			地割、砂吹出	魚言
加賀藩	射水郡	上東条組	藤巻村	174							地割、砂吹出	魚言
加賀藩	射水郡	上東条組	上野村	378.1			1					魚言
加賀藩	射水郡	上東条組	三女子村	241							地割、砂吹出	魚言
加賀藩	射水郡	上東条組	出来田村	362.208							地割、砂吹出	魚言
加賀藩	射水郡	上東条組	嶋村	636							地割、砂吹出	魚言
加賀藩	射水郡	上東条組	下条村	372.5							地割、砂吹出	魚言
加賀藩	射水郡	上東条組	円地村	219.742							地割、砂吹出	魚言
加賀藩	射水郡	上東条組	枇杷首村	173							地割、砂吹出	魚言
加賀藩	射水郡	上東条組	下条村	1,687			3	2	1		地割、砂吹出	魚言
加賀藩	射水郡	上東条組	下条新村	118				1				魚言
加賀藩	射水郡	上東条組	今開発村	779				3				魚言
加賀藩	射水郡	上東条組	沖村	354				3	1			魚言

所領	郡名	組名	町・村名	石高	全戸数	死者数	家倒壊数	家半壊数	蔵・納屋倒壊数	蔵・納屋半壊数	その他（地変等）	出典
加賀藩	射水郡	上東条組	小杉三ケ村	2,118			1	2				魚言
加賀藩	射水郡	上東条組	稲積村	1,273			1	6				魚言
加賀藩	射水郡	上東条組	大江村	1,302				1				魚言
加賀藩	射水郡	上東条組	鷲塚村	1,033				1				魚言
加賀藩	射水郡	上東条組	黒川新村						1		地割、砂吹出	魚言
加賀藩	射水郡	上東条組	願海寺村	789			1	4				魚言
加賀藩	射水郡	上東条組	小杉新町				1	5	3	1		魚言
加賀藩	射水郡	上東条組	戸破村	2,872.9						1		魚言
加賀藩	射水郡	二上組	西藤平蔵村	1,009.379							地割、砂吹出	魚言
加賀藩	射水郡	二上組	佐野村	2,091							地割、砂吹出	魚言
加賀藩	射水郡	二上組	木津村	1,164.146							地割、砂吹出	魚言
加賀藩	射水郡	二上組	横田村	1,767.708							地割、砂吹出	魚言
加賀藩	射水郡	二上組	鴨島村	83.5							地割、砂吹出	魚言
加賀藩	射水郡	二上組	上関村	624.243							地高低	魚言
加賀藩	射水郡	二上組	下黒田村	237							地高低	魚言
加賀藩	射水郡	二上組	上黒田村	542.683							地割、水砂吹出	魚言
加賀藩	射水郡	二上組	二塚村	1,536							地高低	魚言
加賀藩	射水郡	二上組	石瀬村	979							地割、砂吹出	魚言
加賀藩	射水郡	二上組	鷲北新村								地割、水砂吹出	魚言
加賀藩	射水郡	二上組	米嶋村	541.404							地割、砂吹出	魚言
加賀藩	射水郡	二上組	能町村	1,095.867				1				魚言
加賀藩	射水郡	上庄組	池田新村					5				魚言
加賀藩	射水郡	上庄組	間嶋新村				1					魚言
加賀藩	射水郡	上庄組	鞍川村	1,288.5							地割、砂吹出	魚言
加賀藩	射水郡	上庄組	加納村	1,908.271			1	6			地割、砂吹出	魚言
加賀藩	射水郡	下東条組	新開発村	887			1					魚言
加賀藩	射水郡	下東条組	若杉村	333					1			魚言

加賀藩	射水郡	下東条組	赤江村	629.829					1			魚言
加賀藩	射水郡	下東条組	長徳寺村	223.964			1	17			地割、砂吹出	魚言
加賀藩	射水郡	下東条組	三日曾根村	551							地割、砂吹出	魚言
加賀藩	射水郡	下東条組	中曾根村	1,177							地割、砂吹出	魚言
加賀藩	射水郡	下東条組	川口村	1,085.667							地割、砂吹出	魚言
加賀藩	射水郡	下東条組	宮袋村	759.698				1			地割、砂吹出	魚言
加賀藩	射水郡	下東条組	吉久村	221.913							地割、砂吹出	魚言
加賀藩	射水郡	下東条組	宮中新村								地割、砂吹出	魚言
加賀藩	射水郡	下東条組	吉久新村								地割、砂吹出	魚言
加賀藩	射水郡	下東条組	下牧野村	1,166							地割、砂吹出	魚言
加賀藩	射水郡	下東条組	三ケ新村	166.5							地割、砂吹出	魚言
加賀藩	射水郡	大袋組	荒屋村	176			1	1			地高低	魚言
加賀藩	射水郡	大袋組	放生津新町				2	17	2			魚言
加賀藩	射水郡	下倉垣組	片口村	1,290		1	11	18	1	5		魚言
加賀藩	射水郡	下倉垣組	津幡江村	1,118			2	3				魚言
加賀藩	射水郡	下倉垣組	久江村	1,243				5				魚言
加賀藩	射水郡	下倉垣組	久江新村	56.5			2	3				魚言
加賀藩	射水郡	下倉垣組	高場新村	145				2		1		魚言
加賀藩	射水郡	下倉垣組	穴場新村	268.57				1				魚言
加賀藩	射水郡	下倉垣組	柳瀬村	408				1				魚言
加賀藩	射水郡	下倉垣組	柳瀬新村	185				1				魚言
加賀藩	射水郡	下倉垣組	堀岡新村	448			1	4				魚言
加賀藩	射水郡	下倉垣組	東津幡江村	915			1		1			魚言
加賀藩	射水郡	西条組	下八ケ新村					1				魚言
加賀藩	射水郡	西条組	守山町	41							地割、砂吹出	魚言
加賀藩	射水郡	西条組	伏木村	57							地割、砂吹出	魚言
加賀藩			金沢町					114		40	寺10	加賀
加賀藩	石川郡	鞍月組	粟ケ崎村	186			25	31				菊池
加賀藩	石川郡	鞍月組	割出村	721		3	1					菊池

所領	郡名	組名	町・村名	石高	全戸数	死者数	家倒壊数	家半壊数	蔵・納屋倒壊数	蔵・納屋半壊数	その他（地変等）	出　典
加賀藩	河北郡	井上組	竹橋村	587			1					菊池
加賀藩	鳳至郡		輪島町	801.945			5					正願寺
富山藩	新川郡		富山町			2	5	11			地割、砂水吹出	魚言
富山藩	婦負郡		八尾			1	11	106	8	92	石垣等崩	魚言
富山藩	婦負郡		四方			6				46	塩借蔵 1	魚言、地水
富山藩	婦負郡		西岩瀬			1		7	3	3		魚言
富山藩	婦負郡		野積谷			1						魚言
富山藩	婦負郡		西加賀沢村								※家全潰　　山抜	魚言、橋本
富山藩	婦負郡		片掛村			1						橋本
富山藩			※郡方34ケ村								※全壊・半壊家蔵123	魚言
幕府直轄領	吉城郡		大無雁村	68.773	24		4				往還欠所	飛州
幕府直轄領	吉城郡		落合村	37.076	12		2				田畑、往還、植木場損所	飛州
幕府直轄領	吉城郡		岸奥村	17.635	4			1			田畑、植木場損所	飛州
幕府直轄領	吉城郡		野首村	33.94	10		7	3			田畑、植木場損所	飛州
幕府直轄領	吉城郡		林村	61.257	27		15	11			寺 1 、田畑、植木場損所	飛州
幕府直轄領	吉城郡		牧戸村	32.634	9		3	6			田畑、植木場損所	飛州
幕府直轄領	吉城郡		丸山村	33.177	7	26	4	2			田畑、植木場損所	飛州
幕府直轄領	吉城郡		種蔵村	85.848	23		6	18			田畑、植木場損所	飛州
幕府直轄領	吉城郡		菅沼村	37.126	11	3	3	9			田畑、植木場損所	飛州
幕府直轄領	吉城郡		巣之内村	24.1	8	3	2	6			田畑、植木場損所	飛州
幕府直轄領	吉城郡		塩屋村	63.41	15		1	7			山抜、田畑損所	飛州
幕府直轄領	吉城郡		中沢上村	27.181	4			1			山抜、田畑損所	飛州
幕府直轄領	吉城郡		山之山村	4.111	2			1			山抜、田畑損所	飛州
幕府直轄領	吉城郡		祢宜ケ沢上村	52.81	14	4	4	9			寺 1 、山抜、田畑損所	飛州
幕府直轄領	吉城郡		小無雁村	41.884	14			2				飛州
幕府直轄領	吉城郡		稲越村	195.97	64	11	3		2		田畑損所	飛州
幕府直轄領	吉城郡		天生村	23.774	12	3	8	4			田畑損所	飛州

幕府直轄領	吉城郡		中沢上村	27.26	6	7	6				田畑、植木場損所	飛州
幕府直轄領	吉城郡		有家村	62.303	16	10	8	8			田畑、植木場損所	飛州
幕府直轄領	吉城郡		角川村	419.197	98	23	41	35			田畑、板橋損所	飛州
幕府直轄領	吉城郡		元田村	75.455	40	56	27	13			田畑、植木場損所	飛州
幕府直轄領	吉城郡		新名村	41.356	17	2	9	6			寺1、田畑、植木場損所	飛州
幕府直轄領	吉城郡		上ケ嶋村	18.684	8	2	6	2			田畑、植木場損所	飛州
幕府直轄領	吉城郡		羽根村	70.199	11	5	9	1			番所1、寺1、田畑、植木場損	飛州
幕府直轄領	吉城郡		保木村	28.35	10	3	9	1			田畑、植木場損所	飛州
幕府直轄領	吉城郡		有家林村	17.898	8		6	2			田畑、植木場損所	飛州
幕府直轄領	吉城郡		森安村	22.261	5	3	5				田畑、植木場損所	飛州
幕府直轄領	吉城郡		西忍村	226.968	48	12	41	5			寺2、田畑、植木場損所	飛州
幕府直轄領	吉城郡		三川原村	70.377	26	7	7	15			田畑、植木場損所	飛州
幕府直轄領	吉城郡		高牧村	33.972	9	3	6	3			田畑、植木場損所	飛州
幕府直轄領	吉城郡		佐古村	22.926	14	2	14				番所1、田畑損所	飛州
幕府直轄領	吉城郡		巣納谷村	33.435	15	7	5	6			木地挽小屋1、田畑損所	飛州
幕府直轄領	吉城郡		東加賀沢村	6.042	9			9			田畑損所	飛州
幕府直轄領	吉城郡		谷村	9.34	6			1			田畑損所	飛州
幕府直轄領	吉城郡		打保村	78.094	37		4	28			往還、植木場、田畑損所	飛州
幕府直轄領	吉城郡		戸谷村	9.875	16	1	2	9			寺1、田畑、板橋損所	飛州
幕府直轄領	吉城郡		桑ケ谷村	30.635	11	3	1	6			田畑、植木場損所	飛州
幕府直轄領	吉城郡		小野村	10.997	6			1			田畑、植木場損所	飛州
幕府直轄領	吉城郡		杉原村	73.196	22	7	6	15			寺1、郷蔵1、田畑損所	飛州
幕府直轄領	吉城郡		小豆沢村	16.849	17			17			番所1	飛州
幕府直轄領	吉城郡		跡津川村	29.917	22	2	3	16				飛州
幕府直轄領	吉城郡		大多和村	8.85	6		3	3			田畑、往還損所	飛州
幕府直轄領	吉城郡		土村	4.49	4			4			田畑、往還損所	飛州
幕府直轄領	吉城郡		鹿間村	51.168	9			9			田畑、往還損所	飛州
幕府直轄領	吉城郡		割石村	30.384	16			16			田畑、往還損所	飛州
幕府直轄領	吉城郡		吉ケ原村	1.69	1		1				田畑、往還損所	飛州

所領	郡名	組名	町・村名	石高	全戸数	死者数	家倒壊数	家半壊数	蔵・納屋倒壊数	蔵・納屋半壊数	その他（地変等）	出　典
幕府直轄領	吉城郡		二ツ屋村	1.699	2			2			田畑、往還損所	飛州
幕府直轄領	吉城郡		東漆山村	34.518	12			12			田畑、往還損所	飛州
幕府直轄領	吉城郡		牧村	11.653	5		1	4			田畑、往還損所	飛州
幕府直轄領	吉城郡		西漆山村	54.081	28	5	12	15			寺１、田畑、往還損所	飛州
幕府直轄領	吉城郡		杉山村	12.269	10			10			田畑、往還損所	飛州
幕府直轄領	吉城郡		横山村	45.968	14			10			番所１、田畑、往還損所	飛州
幕府直轄領	吉城郡		茂住村	51.989	39		2	33			番所１、寺１	飛州
幕府直轄領	吉城郡		中山村	22.841	19		1	1			番所３、郷蔵１	飛州
幕府直轄領	大野郡		保木脇村	10.047	6			6			田畑、往還損所	飛州
幕府直轄領	大野郡		野谷村	4.249	3		1	1			寺１	飛州
幕府直轄領	大野郡		大牧村	45.82	13			13			植木場、往還損所	飛州
幕府直轄領	大野郡		荻町村	177.675	92		35	44			寺２、往還損所	飛州
幕府直轄領	大野郡		嶋村	10.123	7		1	4			田畑石砂入	飛州
幕府直轄領	大野郡		牛首村	5.541	5		1	4			田畑石砂入	飛州
幕府直轄領	大野郡		鳩谷村	114.239	18		4				田畑、往還損所	飛州
幕府直轄領	大野郡		飯嶋村	237.567	49		10				往還損所	飛州
幕府直轄領	大野郡		大窪村	6.14	2			1				飛州
幕府直轄領	大野郡		馬狩村	15.25	5		2	2			寺１	飛州
幕府直轄領	大野郡		長瀬村	48.323	13			9			寺１	飛州
幕府直轄領	大野郡		木谷村	5.42	7		3				往還損所	飛州
大聖寺藩			大聖寺町			1	25	80	60			菊池
福井藩			福井町						1			世譜
福井藩			金津町				5	25				菊池
福井藩			長崎村					15				菊池
丸岡藩			丸岡町				30	130	70		寺１	菊池、大宝
計						287	696	1879	395	257		

［凡例］

・被害数字は、地震による1次被害のみを史料から数えたものであり、洪水災害などの2次被害及び地震の余震被害は含まない。
・1次被害のうち物的被害・人的被害を主として抽出し、山崩れ、地割れ、液状化、土地の隆起・陥没といった被害については被害状況を簡略に示したがその規模は省略した。
・出典については、菊池＝菊池文書（富山大学附属図書館蔵）、魚言＝「魚津御用言上留」（金沢市立玉川図書館「加越能文庫」蔵）、山崩＝「安政地震山崩一件　乾」（金沢市立玉川図書館「加越能文庫」蔵）　越古＝「越中古跡粗記　完」（金沢市立玉川図書館「加越能文庫」蔵）、火災＝「火災地震記録四種　単」（金沢市立玉川図書館「加越能文庫」蔵）、岩城＝岩城文書（富山大学人文学部日本史研究室蔵）　地水＝「地水見聞録」（富山県立図書館蔵）、橋本＝橋本家文書（富山市猪谷関所館蔵）、飛州＝「飛州村々地震一件」（岐阜県歴史資料館「飛騨高山陣屋文書」蔵）　加賀＝『加賀藩史料』、正源寺＝正源寺文書（個人蔵）、世譜＝「越前世譜」（福井県立図書館蔵）、大宝＝大宝寺文書（個人蔵）による。
・石高については、「加能越三箇国高物成帳」（金沢市立玉川図書館蔵「加越能文庫」）、「飛州村々地震一件」（岐阜県歴史資料館蔵「飛騨高山陣屋文書」）による。
・全戸については、「嘉永元年下条組高免等懐中録」（富山県立図書館蔵「杉木文書」）、「嘉永六年大田組高免等手帳」（富山県立図書館蔵「杉木文書」）、「嘉永四年上条組高免等手帳」（富山県立図書館蔵「杉木文書」）、「安政三年七月島組手帳」（富山県立図書館蔵「杉木文書」）、「嘉永六年砺波郡村鑑帳」（富山大学附属図書館蔵「菊池文書」）、及び『角川日本地名大辞典16富山県』による。

第三章　災害情報の伝播と受容

はじめに

近世後期とくに一八世紀半ば以降、日本各地で災害記録が増加する。[1] これには火事・地震・洪水等による災害の頻度が高くなることに加え、災害記録の担い手が多層化し、文字記録はもとより災害を伝える多様な絵図類、かわら版等が登場することで視覚に訴える災害像を多くの人が共有できるようになったことが関わっている。

安政飛越地震では、加賀藩新川郡の村役人を中心に災害情報の収集がなされ、数多くの災害絵図が作製されている。これらの絵図は、村役人から郡奉行、改作奉行などの藩上層部への報告手段として作製されたものに加え、その構図・主題から藩上層部以外の人びとの情報共有を目的に作製されたとみられるものも含まれており、災害絵図の作製過程を分析するだけでなく、その伝達と受容が如何になされたのかを考究する上でも好個の史資料であるといえる。

そこで本章では、災害絵図を情報として捉え、まず情報収集の過程を検討する。続いて、安政飛越地震の災害絵図を作製された目的によって大別し、古文書を援用して作製時期についての再検討を試みる。さらに、加賀藩の領内及び領外へその情報が如何に伝播し、受容されたのかについて考察することとしたい。

なお、本章で対象とした災害絵図は、当時の被害状況や災害内容を描いた絵図のことである。そのため災害後の復旧状況の把握や普請にかかる絵図類は捨象した。[2]

第一節　研究史的課題

これまでの歴史災害研究は、文字資料が主な研究対象であった。すなわち古文書により個々の歴史災害の被害状況を復元し、全体像を把握することが課題であり、あくまで災害絵図はそのイメージを紹介するに留まっていたように思われる。

しかしながら、富山県内では、比較的早くから安政飛越地震の災害絵図の集成が進められている。その研究成果はまず『越中安政大地震見聞録―立山大鳶崩れの記』においてまとめられた(3)。次いで廣瀬誠氏が、富山県立図書館所蔵の膨大な古絵図を整理し、災害絵図も含めた解説目録を作成した(4)。さらに、富山県［立山博物館］が、安政飛越地震を科学的・視覚的に紹介し(5)、立山カルデラ砂防博物館が、地震だけでなく二度の土石流災害および復旧状況の絵図を網羅した(6)。富山市郷土博物館は、地震・大水・火事に関する古絵図等を広く紹介した(7)。

こうした研究蓄積により、安政飛越地震の災害絵図が今日において数多く残存していることが明らかとなったが、依然として絵図は災害状況のイメージとして紹介されるに留まり、近世史あるいは近世社会史のなかに積極的に位置づけようとする試みは、これまで皆無に等しかったといえるのではなかろうか。

ところで、安政江戸地震を研究した北原糸子氏は、江戸で作製されたいわゆる「かわら版」を丹念に読み解き、近世災害記録の階層性に言及した(8)。さらに、北原氏は災害絵図を作製者・対象・目的により、①為政者の災害実態把握、②代官・藩庁役人への被災報告、③個人の見聞記類、④絵図・ものがたり・かわら版等の大量生産・消費されるものの四点に分類した。そうして災害後に作製された絵図や出版物などを災害情報として捉え、それらが近世社会にもたらした影響を追究することを提言し、ここから各地における災害絵図の研究も飛躍的に進展したのである。(9)

富山県内でも安政飛越地震の災害絵図が再検討されるようになった。嶋本隆一氏は奥山（立山山中）の災害絵図がどこから見て描かれたのかを詳細に検討し、加賀藩新川郡の十村が手許に集積した情報に基づき、あるいはそうした情報を再構成して作製したことを指摘した。(10)

ただし、嶋本氏が災害絵図の作製過程に初めて言及したものの、その成果を進展させた論考は無いように思われる。すなわち、現時点において、安政飛越地震の災害絵図は十村による加賀藩上層部への報告手段の一形態として位置付けられており、いまだその範疇を脱していないのが実情であろう。

そこで、改めて北原氏が提言した視点に立ち、災害絵図を情報の側面から捉え、近世後期において災害情報が果たした役割について考察し、事例蓄積を試みたいと思う。

第二節　災害情報の収集

安政飛越地震では各藩主が被害情報を収集している。さらに、その情報を江戸へ最も早く伝えたのは武士であったと考えられる。各藩主は、自領の被害状況を江戸詰へ、あるいは幕府御用番へ情報を届け出ており、幕府直轄領の飛騨では郡代名で幕府勘定所へ書状を出している。伝達には飛脚が使用され、急報として書状が届けられた。「飛州村々地震一件」（岐阜県歴史資料館蔵「飛騨高山陣屋文書」所収）によれば、「急宿継」を使って江戸表へ二月晦日付で出されている。また「藤岡屋日記」には、各藩主から御用番久世大和守への書状が記録されている。三月二日に富山藩主、三月三日に越前丸岡藩主及び大聖寺藩主、三月四日に福井藩主、三月五日に加賀藩主からの書状が出されている。さらに、三月下旬、福井藩主、大聖寺藩主、富山藩主から二度目の被害状況の届出が出されており、詳細な被害数字が記録されている。こうした江戸表への届出は、情報がある程度集約された段階のものであり、各藩では前段階として村レベルなどで詳細な情報収集を行っている。

本節では、災害絵図の考察を進めるべく、まず安政飛越地震の被害情報がどのように集められたのかを加賀藩領、富山藩領、幕府直轄領に分けて見ておきたい。

一　加賀藩領における災害情報の収集

安政飛越地震では数多くの古文書や絵図が残存するが、それは主に加賀藩が収集した災害情報に基づくものである。加賀藩の膨大な災害情報は、少なくとも二つのルートにより収集されている。

一つは、加賀藩役人が緊急の御郡廻りにより収集した情報で、魚津在住役が配下の同心・与力に調理書を提出させ、さらにその内容を魚津在住役が近習頭中へ直接上申しているものがある。いま一つは、十村や山廻役を中心とした在地の村役人による収集であり、主として御郡所（郡奉行）からの指示及び村役人の自主的判断によるものである。

1 魚津在住役による情報収集

魚津在住役は「魚津郡代」とも称する越中加賀藩領における職制の一つで、藩政初期の魚津城代が変化したものである。魚津町は、新川郡の支配拠点であったが、すでに廣瀬誠氏や前田一郎氏などの研究で指摘されているように、魚津在住役は魚津町が所在する新川郡だけでなく、砺波・射水両郡へも配下を派遣し越中全域に目を配っている。

魚津在住役が近習頭中へ必ず言上しなければならない案件は、①領内の変わったこと、②与力・同心による御郡廻り報告書、③加賀藩から送付された奉書、④富山藩の動向、⑤富山・大聖寺藩主の動き、⑥出水・風損などの災害、⑦寺社の開帳・祭礼、⑧御番頭の御貸屋新築、⑨入牢者・出牢者などである。魚津在住役は、越中におけるほかの職制を横断し、いわば加賀藩領全域の監察・警察業務を担当していたと換言できよう。このうち安政飛越地震に関する調理は、①および⑥に該当することになる。

さて、安政五年における魚津在住役は成瀬主税正居である。当初、成瀬は魚津に在住せず、金沢から魚津役屋敷に指示して「調理書」を報告させている。この時期、魚津在住役は在地に赴かず、金沢で常勤していた。地震の第一報は魚津表からその日のうちに魚津在住役へ上申されている。さらに魚津表の自主的判断で緊急事態として御郡廻りがなされ、第一報を聞いた成瀬も後から郡廻りの指示を出している。

成瀬が越中加賀藩領の被害状況の全体像を把握したのは、三月十一日であったとみられる。すなわち、詳細な情報収集を終えるまで地震発生から二週間を要していることがわかる。しかも地震災害の状況を確認している最中の三月十日に常願寺川流域において大土石流が発生していることになる。そこで、魚津在住役にとっては地震災害に加えて洪水被害の拡大が懸念される緊急の事態となり、成瀬は四月十一日に金沢を出府し、砺波郡・新川郡を巡見しながら四月十七日に魚津役屋敷へ到着している。

このことから地震被害が少なかった金沢（加賀本藩）では、むしろ地震後に発生した大土石流が緊急の事態として重く受け止められていることがわかる。さらに、成瀬が越中へ出役している最中、四月二十六日に二回目の大洪水が発生したのである。ここから言上内容は、常願寺川流域の被害状況が中心となる。

2　村役人（十村、肝煎、山廻役）による情報収集

加賀藩では、郡奉行と改作奉行は算用場奉行の配下にあり、通常は金沢で勤務していた。一般行政を担当する郡奉行は十村を通じて人支配を行い、領内の治安維持を図った。改作奉行は十村を指揮し、十村はその下で年貢徴収はもとより、細部にわたり村々を監督・指導した。

十村は、加賀藩とその支藩であった富山藩、大聖寺藩だけに特有の職名で他藩の大庄屋に相当する。慶長九年（一六〇四）に創始され、最初は十ケ村を裁許（統轄）したため、この名称が生じたとされる。十村裁許の村をまとめて十村組と称したが、次第に大組化して数十ケ村を裁許した。十村は、村の代表である肝煎と郡奉行・改作奉行とのパイプ役でもあり、農民層の最高職であると同時に藩の農村支配機構の中心であった。さらに、十村は『加賀藩農政経済史料』に「右非常の変損有之節、図書を以普請願出可申出役見分之上取図り」とあるように、災害による変損が生じた場合、出役見分することが義務付けられていた。当然、御郡所からの見分指示も十村に対して行われたのである。

地震後の奥山見分は山廻役などによって頻繁に行われ、新川郡十村を通じて上部の郡奉行・改作奉行に報告された。その際、山絵図も作製され、御郡所へ報告されている。現存する山間部の災害絵図は上部機関への報告書に添えられた絵図の写しであると考えてよい。

山間部の詳細な情報に基づき、加賀藩では三月十日に発生した常願寺川での大土石流はある程度の想定内にあった。そのため避難行動が適切に行われ、溺死者も少なかった。

しかし、やがて再洪水発生の情報が飛び交い、流域の人びとはパニック状態となり、十村の判断で「人気」を鎮めるために奥山の情報収集が再度行われた。山廻役からの注進は、すでに危険がないとの内容が多かったため、改作奉行は江肝煎等に命じて用水復旧などを開始したが、四月二十六日の洪水流は加賀藩上層部、十村の予想を超えて発生し、甚大な被害をもたらし、村々を混乱状態におとしいれた。こうした状態では情報収集も容易ではなかったことが、洪水後に御郡所などへもたらされた災害情報がきわめて錯綜していることからうかがい知ることができる。

二　富山藩領における災害情報の収集

富山藩町方では地震後、町奉行所の指示によって情報収集が行われている。町奉行には「人締方」として災害の人的被害を回避する任務があった。野村宮内の「地震見聞録」にも描かれたように、富山町から常願寺川奥山（立山カルデラ）の大崩が遠望されたため、城下町への洪水流入が予想されたものとみられる。

ただし、富山藩の情報収集は、初動期において様子見の感がある。町奉行青木三郎は、二十六日夜に富山町南新町三室屋庄三郎、南新町本宮屋藤兵衛、船頭町下野屋清左衛門らに対して、奥山の情報収集を指示している。二十八日、加賀藩から洪水の危険性を注進され、避難指示が出された。二十八日夜、加賀藩が地元の人夫を雇って鍬崎山で状況見分しているが、その伝聞情報をようやく町奉行へ報告している。

他方で、富山藩からの避難の指示が届く前に、加賀藩領本宮村・小見村の奥山見分隊からの注進を受け、肝煎が

「村送り告状」なる緊急の書状を下流域の村々へ発信している。これは、上部機関からの情報伝達ではなく、本宮村・小見村から周辺の村々へ直接に出されたものであろう。安政飛越地震では、こうした日常とは異なる廻状が緊急で出され、村単位で行動が開始されたことは注意を要する。

さらに、この「村送り告状」は富山城下町へうわさとともに伝わり、城下町では情報が錯綜し混乱が生じた。そのため町奉行は図らずも城下町のパニック状態に対処する必要に迫られることになる。富山町人らによる呉羽山での避難生活は三月三日まで続いている。おそらく大きな余震がこの辺りで落ち着いたとみられよう。その後、富山町奉行が加賀藩領の芦峅寺村での奥山の情報を収集するよう指示している。

また、郡方（婦負郡）の災害情報は、郡奉行へ注進されたとみられるが今のところ詳細な記録が見当たらない。郡方では城下町に比して被害が大きく、西猪谷村では二十六日に関所番人の橋本作七郎、吉村茂兵衛が小頭へ被害内容を書き上げ、村肝煎が飛脚を使って郡奉行所へ直接届けている。その際、番所周辺の被害状況を描いた絵図を郡奉行だけでなく、家老中と江戸表へ送付しており、西猪谷村口留番所では素早い対応がみられることから、常日頃から災害情報の発信の備えをしていたことがうかがえる。

三　幕府直轄領における災害情報の収集

幕府直轄領の飛驒では、高山町、古川町御蔵の破損状況と荒田口、中山口、小豆沢口留番所及び吉城郡村々の一部から二月二十八日までに被害状況の注進がなされている。その注進内容を地役人がまとめ、飛驒郡代福王三郎兵衛の名でひとまず二月二十九日付で幕府勘定奉行へ被害状況を届けている。村々からの注進は「災害村々一村限帳」（岐阜県歴史資料館蔵「飛驒高山陣屋文書」所収）として残存している。名主が調べた高数、家数、人別、潰家、半潰家、即死人、怪我人のみが共通して報告されており、続いて三月には「取調小前帳」（岐阜県歴史資料館蔵「飛驒高山陣屋文書」所収）として村々から田畑の変損高のみを報告させている。ここから幕府直轄領では災害における報告内容と手順が予め取り決められていたことがわかる。

これらの注進に続き、地役人を中心に、災害情報の収集と救済を目的とする廻村が二十九日に開始されている。その際、下高原郷へ地役人富田小藤太、住為右衛門、藤原意春、小鷹利郷へ奥田大蔵、青山伴平、木下周輔、小嶋郷へ飯村弥惣太、沢田秋平、福井瑞泉が検使として派遣されたが、視察分担を「玉くじ」で取り決めている。人足一二人には被災者の手当てを行う医師三人も含まれていた。

飛驒北部における村レベルの情報交流は、山崩れなどによる道路の寸断でしばらく途絶えたとみられる。余震による地面の亀裂、山崩れの再発が相次ぎ、他村の状況を詳しく知ることができない状況であったと推察される。地震後の地役人による廻村も多くの時間を要しており、きわめて困難な状況であったことが想像されうる。

飛驒郡代は四月に福王三郎兵衛から増田作右衛門へ交代しており、災害発生時、福王は不在であった。ただし、震災引継書には村々からの書状が八五通三冊あり、全ての被災村から提出させていることがわかる。幕府直轄領では村々からの注進を踏まえ、さらに地役人を中心に廻村がなされ、増田から幕府勘定所へ再報告されている。その報告には村毎の詳細な被害数字が記されている。これは幕府への正確な情報提供が求められていたことに加え、復旧事業のための拝借金の支給を請願することが目的であったためであろう。

第三節　災害絵図の作製と目的

前節では、災害情報の収集の在り方について見てきたが、次に加賀藩領における災害絵図の作製目的について村方と町方に分けて考察を進めていきたい。

絵図における差異は、作製者の関心の在り所や主題が表象されたものである。絵図記号論では、図像の種類・色彩・大きさなどの差異は「範例」であり、図像の構図の差異は「統辞法」と称される。そうした記号論的手法を用いることによって、災害絵図の作製目的を類推することが可能である。

一　村方での災害絵図作製

加賀藩では村方で災害が発生した場合、十村が藩上層部である郡奉行と改作奉行へ速やかに状況報告を行うことが義務付けられていた(11)。したがって、安政飛越地震における初期段階の災害情報は十村が集約した。

すでに嶋本氏が指摘しているように、現存する災害絵図は、①山間部や下流部の実地見分を行った肝煎・山廻役が作製した絵図、②その絵図（下絵）を基に十村が作製、もしくは情報を再構成して作製した絵図に大別できる。
①は主にスケッチ段階のもので緊急性が重視され、現地で見分した必要最低限の情報が記載されている。②はそうしたスケッチ等を基にして十村により幾つかの情報が整理され、加えて色彩や見やすさも重視されている。これらの絵図は注進書に添えられ、領内の実態把握の手段としてきわめて有効なものであった。その例として図a、図b、図

cが挙げられる。

さらに、①、②の他、③十村から要請された地方測量家が災害絵図を作製し、その絵図が十村から藩上層部へ報告されたケースがみられる。十村は地震後に発生した下流部における洪水変損高を下砂子坂村源作に調理させた。その折に災害絵図の作製を指示しており、洪水による年貢米の用捨を請願するための根拠とするためか丁寧に作製されている。

下砂子坂村源作(12)の遺稿目録によれば、「大地震非常変損図　山里二枚」、「安政常願寺洪水泥入村々見取絵図」が知られ、源作によって四月二十六日の洪水後に下流部の調理絵図が作製されていることがわかる。また、杉木文書「泥洪水之変地ニ付御郡銀并組銀取遣帳等一件」には、「一、九貫九百四拾文　午六月廿八日常願寺川筋変地絵図指立及御席并御算用場等上り分出来料下砂子坂源作渡り」とあり、源作が五月下旬に何らかの変地絵図を作製して金銭の収受が行われている。おそらくその後（時期は不明）、かかる五月下旬に作製した下流部の変地状況を示す絵図を源作が里方（下流部）に加え、山方（上流部）と二枚の絵図に改製したものと推察されよう。

本絵図（羽作市歴史民俗資料館蔵）は、山方と里方の絵図にある赤色の半円を合わせることで被害地域がすべて再現でき、安政飛越地震の特徴である「複合災害」を主題とする表現上の工夫が成されている。

大浦瑞代氏は、こうした近世災害絵図の形態に着目する。(13)本紙と異なる図像を描いた紙を部分的に貼り重ね、それをめくることで複数の様相が絵図内に表される形態は「かぶせ絵図」と仮称される。また、図像を直立させ、立体の表現を可能にした「起こし立て絵図」と仮称された絵図もあるが、安政飛越地震では今のところ未見である。「大地震非常変損之図」は二枚の絵図（山方図・里方図）を組み合わせて災害の全体像を表現する工夫がなされ、筆者は「重ね合わせ絵図」と仮に名付けることにする。この形態が下砂子坂村源作のオリジナルによるものなのか、何らかの形

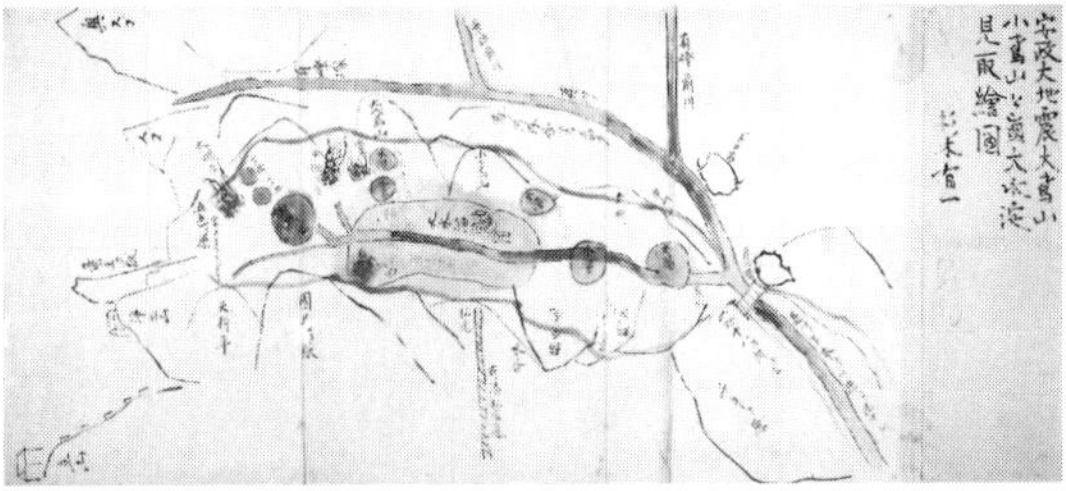

図ａ　安政大地震大鳶山小鳶山々崩大水淀見取絵図
（富山県立図書館蔵）

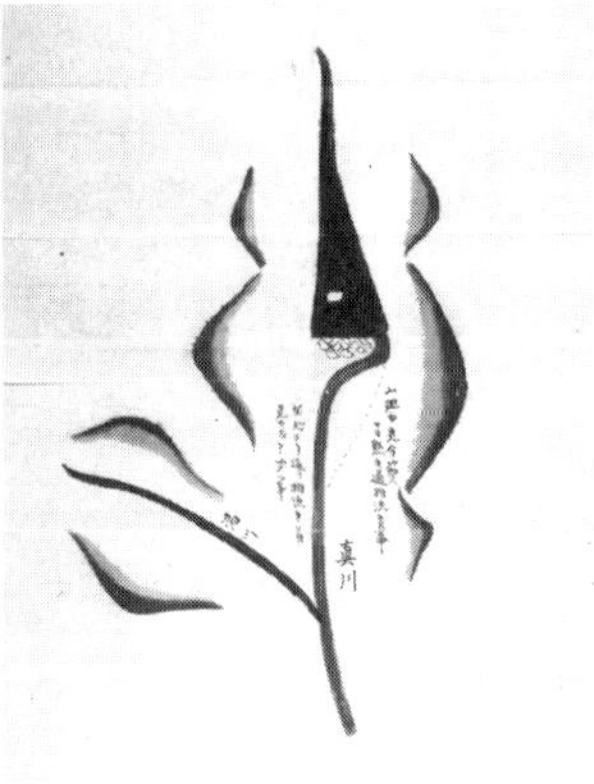

図ｃ　安政五年立山山中崩壊
真川谷状況絵図
（富山県立図書館蔵）

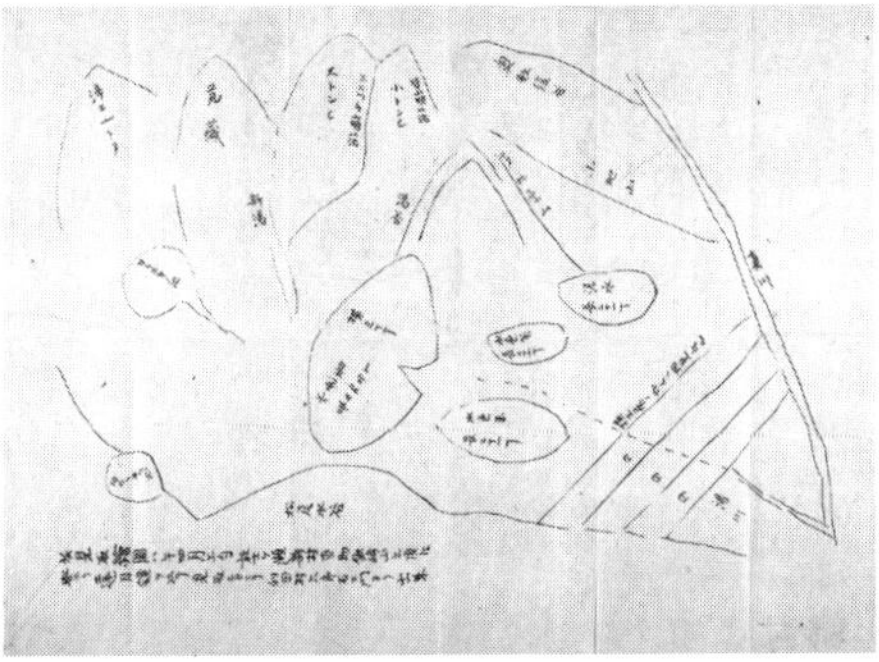

図ｂ　立山大鳶崩れ見取絵図
（富山県立図書館蔵）

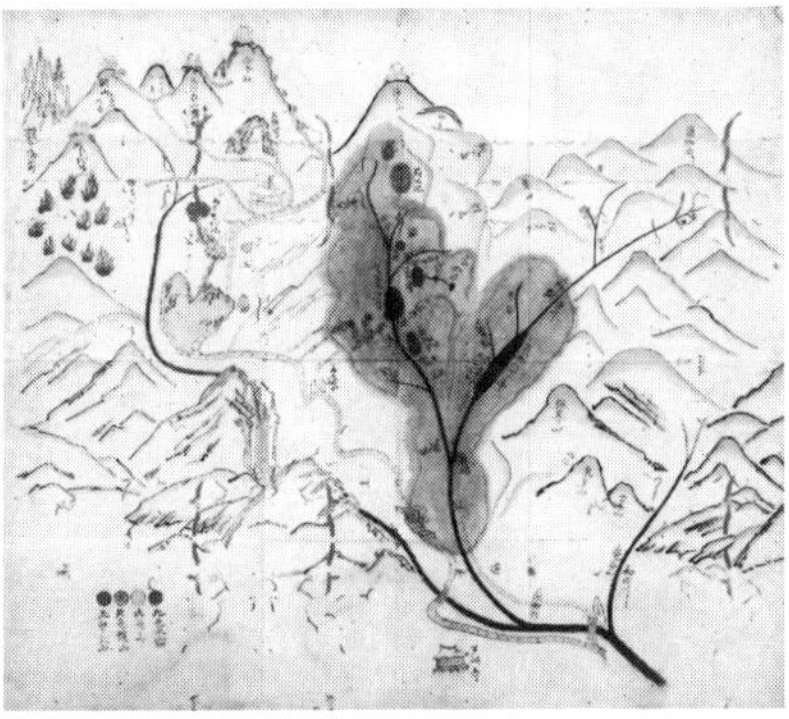

図ｅ　立山之図
（滑川市立博物館蔵）

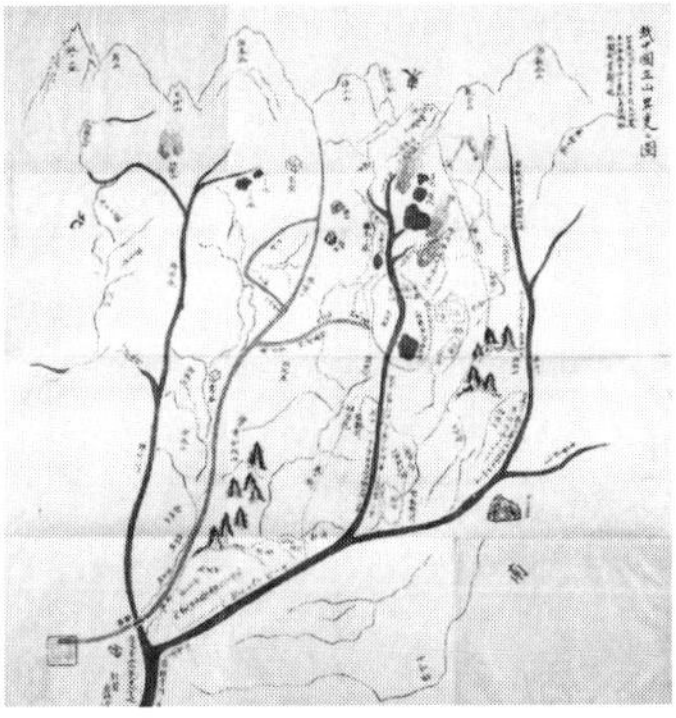

図ｄ　越中立山異変之図
（富山県立図書館蔵）

態の模倣であるのかは今後の検討課題である。ただ大浦氏が指摘するように、こうした特殊な形態はむしろ近世災害絵図に多くの事例を認めることができる点に注視すべきであろう。

ともあれ図a～図cで示した災害絵図は、先述の①～③に該当するものであり、村方の災害実態を把握するために十村が中心に作製し、藩上層部の郡奉行や改作奉行へ報告したものと見做して差し支えないと思われる。

二　町方での災害絵図作製

安政飛越地震の災害絵図において、図像群の「範列」及び「統辞法」を用いて作製目的を読み取るならば、災害状況の把握に加えて、他の関心・主題で描かれた絵図がみられ、それは図d・図eで示したものに代表されるものである。かかる絵図では、常願寺川奥山の被災状況と霊山立山の禅定道に関する情報が並立して示されている。殊に立山禅定道が詳細に描かれており、山崩れが発生した常願寺川奥山と禅定道との距離に注視させ、山中禅定道の材木坂周辺の被害状況を示しながらも、あくまで立山禅定道の利用は可能であることを表しているように読み取ることができる。

この絵図は村方において藩上層部への報告を目的として描かれたものではなく、災害が一段落した後に町方における人びとの情報共有を目的として描かれたものであろう。要するに、災害後における立山禅定の可否等について情報の需要があり、その情報を共有・消費するために作製されたものと考えられる。

次節で詳細に検討するが、町方を中心とする絵図作製は三月十日に発生した一回目の洪水後（主として三月～四月）および四月二十六日に発生した二回目の洪水後（主に五月～六月）に集中して作製されている。加えて、同時期に町方において稀有な経験を聞き知った人びとが写図を作製している。そして加賀藩領の内外へ、文書と共にこうした災害情報が伝播したのではないかと考えられる。

このように、安政飛越地震は村方で発生した災害であり、先述した通り初期段階の情報は十村で集約された。それに加えて、被災地以外の町方において災害絵図が作製され、情報が共有・消費されたことを想定することができるのである。

三　後世への災害情報

近世には「地震誌」と称される版本や手書本があり、それは今のところ寛文二年（一六六二）五月に発生した近江若狭地震を記録した、浅井了意の仮名草子『かなめいし』が嚆矢とされている。北条秀雄氏は、同書の成立を寛文二年八月から同年末までと推定している[14]。寛文年間は、災害情報が文字記録中心であった時期であり、そうした時期に製版による、絵が挿入された『かなめいし』が出版されたことで、上方では災害情報の有り様に大きな変革がもたらされた。すなわち、寛文期以降、災害体験・伝聞の内容を多様な階層の人びとが視覚的に共有できるようになったのである。

安政飛越地震においても「地震誌」が著されており、それらには絵もしくは絵図が数点挿入されている。今のところ、富山藩士が著した「地水見聞録」、「地震見聞録」の他、高山町人が著した「諸国地震変異録」、作者不詳の「安政五年大地震大洪水記録」、加賀藩の森田平次が纏めた「安政五年二月大地震記」（明治期に編集）等の「地震誌」が残存していることが知られる。

これらは元富山藩士滝川一瓢が著したとされる「地水見聞録」に「厳しき地震のありしを、前代未聞の珍事にて、其見る所きく所驚かざるはなしとて、永く孫彦まで二も志らしめ、且後の心得とも為させんがため」とあるように、災害情報を後世に伝える目的で著されたものであろう。それらは家もしくは町・村の貴重な記録として個人レベルで作製されるケースが多い。

一方で「安政五年二月大地震記」の挿絵には「鍬崎山江利田村六郎右衛門ヨリ原村宗七等為指登温泉ノ増様為遠見候処、湯元之義西鳶山等カブリ大橋迄之間何十丈共難斗平地ニ相見へ候由」とあり、藩上層部に注進された内容に基づいた伝聞情報で描かれている事例もある。

かような例にも見られるように、「地震誌」には間接的な伝聞情報に基づいて作製された絵図が挿入されるケースが多くみられる。こうした点から「地震誌」は、災害情報がまとまった段階において、後世への情報伝達を目的として著されたものとひとまず理解してよいであろう。「地水見聞録」を著した滝川一瓢は当時、隠居生活を送っており、こうした人びとが近世後期において災害情報を後世へ意欲的に伝えようとする傾向が看取されることも指摘しておきたい。ただし、いずれも現時点では安政飛越地震における「地震誌」の作製時期は明瞭ではない。したがって本節ではこれ以上「地震誌」に挿入された絵図については立ち入らないこととする。これらの作製時期の解明には、さらなる史料蓄積が必要であり、今後の課題としたい。

第四節　災害絵図の作製時期

安政飛越地震の災害絵図は、作製された月日、作製者が記されたものがきわめて少ない。これは各地に残存する近世災害絵図に共通していることであり、全ての現存する絵図を時系列で整理することは甚だ困難な状況にある。
しかしながら、本節では、図像の読解に加えて、藩上層部の注進書にみえる立山山中の水溜まりの記載（史料1〜史料4）に着目することで、災害絵図の作製時期を可能な限り検討してみたいと思う。

史料1[15]（句読点、傍線は筆者による。以下同じ）

一、十七日右原村ゟ割谷ト申処江差懸り申候処、未ダ雪壱丈斗り茂有之、夫ゟ瀬戸倉子コヲリノシキダテ赤蘇谷是ゟ小鍬崎山江登るべく筈ニ御座候処、大風ニ付、一時休足仕居申候処、其内風茂相止候ニ付、右小鍬崎山へ登り、真川溜り所相見届申候得ハ、大橋之上之熊倒レ七歩通り崩れ、夫ゟ上之大鳶山小鳶山丸崩レニ而湯小屋埋り、尤大橋之所水溜り夫より川上ミ壱里余水込仕居候処、当十日朝四つ時地震ニ而、ドウコウラと申所崩申候節、右大橋溜り七歩斗ハ相抜ケ残り三歩程も相淀居候様子ニ相見申候。

一、湯川之義ハ右大鳶山小鳶山天狗平等之崩ニ而川口ゟ上へ壱り斗埋り、其上之水十四五丁程相見へ申候。尤埋り居候上ミゟ越候哉。又下タゟくぐり候哉、相分り不申候得共川口へ少々水流出申候。（後略）

史料2[16]

右之者共山手見受方として先月廿八日暁天出立仕、同夜本宮村ニおゐて人足相雇夫々手当仕同所ニ泊り、翌廿九日鍬崎山半程迄罷越候所、俄ニ大霰降出壱足も相進兼候ニ付、大シナと申炭焼場所江立戻り小家ニ而泊り、翌朔日又候鍬崎山江登り、看候得共前同様ニ而又々大シナニ而泊り、昨二日早朝より鍬崎頂上江登り、夫々見受候所左之通り

一、大鳶・小鳶・松尾・水谷之間温泉諸辺迄壱面山抜所之内、幅十四五丁斗り大池ニ相成、夫ゟ末湯川筋幅弐三丁、深ミ十五六間斗、長サ壱里斗左右大切岸ニ相成、其水底水常体ゟ少々余掛流出、其下ニ淀ケ所相見へ不申候旨。

一、此度之水ハ右切岸之上左右江水乗上り、長さ壱里斗淀ミ居候処、壱時ニ抜出候由ニ而、水跡□□ニ相見へ候旨。（後略）

史料3(17)

一、右真川筋留滞之水元為見届方当五月五日発足、新庄口留山廻足軽佐野伝兵衛并奥山廻大田本江村覚右衛門倅惣八郎人足二三十人計同道仕登山仕押葉平辺等ニ而溜り水ケ所見渡シ候由ニ候処、真川大橋辺ゟ少々上ニ長ケ十六丁計り、幅百間計之水溜り一ケ所有之由尤流出候口ハ十間計有之躰ニ而石之上ゟ滝之様ニ馳出申候由。

一、湯川筋溜り水根元為見届方当五月五日発足、新庄口留山廻足軽勝岡源之佐并奥山廻上市村五平太人足二三十人計同道登山仕、松尾辺等ニ而水ケ所見渡シ候由ニ候処、右松尾下ゟ小暮と申辺并温泉跡等ニ都合七八ケ所計り水有之候内一ケ所ハ長ケ五百間計幅三百間計其余六ケ所計之分ハ小キ溜り水候躰ニ而不残少々宛流出申候由ニ付、猶又右両川当時溜滞之水ケ所此後一時ニ流出之儀も無之哉聞繕候処多分右躰之儀は無御座候哉ニ風評仕候、猶右溜り水場所〳〵委曲ハ別紙仮絵図之通風評承申候由ニ御座候。

一、右絵図面火山と調御座候ハ、地震後出来仕候而黒煙立炎上り居申候由ニ御座候中ニも大キ成分ハ廻り二三丈計も有之候由ニ御座候。

史料4(18)

常願寺川山入真川水溜り之様子見分方として登山仕候山廻等只今町新庄村迄罷帰り候ニ付、様子承り候。右水淀之ケ所頃日中追々抜出候躰ニ而、幅三十間計り相成長ハ未タ拾弐三丁計も可有御座候得共、淀水多分抜出候事故至而水浅ク九拾弐三丁之内流木坏ニ被支候歟。川丈ニ而上段ニ相成居候廻淀水々口付居候所も是迄瀑布之様ニ相成居候分当時之所一躰ニ抜出早瀬ニ相成多ク水流レ出候故、不日ニ淀水不残流出可申右之次第ニ而最早抜候模様少も無之旨申聞候。依而此段御案内申上候、以上。（後略）

二月二十六日の地震直後に行われた見分（二月二十六日派遣、二十八日夜帰参）では、立山山中の崩壊場所、埋没の範囲の報告が中心である。そのためか山中の水溜まりの状況を描いた絵図は見当たらない。例えば、藩上層部の報告に付された「安政五年二月廿六日暁大地震立山大破損絵図」（「火災地震記録四種」の内）や「魚津御用言上留(19)」第四冊所収の絵図などには、水溜まりの状況は描かれていない。ここから地震直後の段階における作製者の主題は、あくまで立山山中の山崩れの状況であったことをうかがい知ることができる。

続く三月十日、一回目の洪水後の見分（三月十七日派遣）（史料1）では立山山中の水溜まりの規模に関心が向くようになる。湯川には三月十四日～十七日において長さ「十四五丁程」の水溜まりの報告がある。しかし、この段階においても下流部の洪水被害への関心はさほど高くない。絵図の主題は、立山山中の崩壊の状況や噴煙の状況であり、洪水直後の入川状況を描いた絵図の他は、下流部の洪水被害を描いたものはここでも管見に入らない。

次いで四月二十六日、二回目の洪水直後の山中の見分（四月二十八日派遣）（史料2）では、湯川に依然として「十四五丁斗り」の水溜まりの報告がある。

範囲	中心河川	所　蔵	備　考
山間部	湯川	金沢市立玉川図書館近世史料館	加越能文庫
山間部	湯川	金沢市立玉川図書館近世史料館	加越能文庫
下流部		金沢市立玉川図書館近世史料館	加越能文庫
山間部	湯川	富山県立図書館	杉木文書
山間部	湯川・真川	富山県立図書館	中島文庫
山間部	湯川・真川	富山県立図書館	前田文書
山間部	湯川・真川	富山県立図書館	
山間部	湯川・真川	飛驒高山まちの博物館	森家文書
山間部	湯川	富山県立図書館	杉木文書
山間部	湯川・真川	富山県立図書館	
山間部	湯川・真川	金沢市立玉川図書館近世史料館	大友文庫
山間部	湯川・真川	富山県［立山博物館］	川合文書
山間部	湯川・真川	富山県立図書館	杉木文書
下流部		金沢市立玉川図書館近世史料館	加越能文庫
下流部		富山県立図書館	
下流部		富山県立図書館	
下流部		滑川市立博物館	
下流部		富山市郷土博物館	
山間部	湯川・真川	富山県立図書館	
下流部		富山県立図書館	
全体		富山県公文書館	大杉家文書
全体		金沢市立玉川図書館近世史料館	加越能文庫
全体		京都大学総合博物館	
山間部	真川	富山県立図書館	杉木文書
山間部	湯川	富山市郷土博物館	浮田文書
山間部	湯川	富山県立山カルデラ砂防博物館	海内家文書
山間部	真川	富山市郷土博物館	浮田文書
山間部	真川	富山県立図書館	杉木文書
山間部	湯川・真川	滑川市立博物館	
山間部	湯川・真川	富山県立図書館	杉木文書
山間部	湯川	立山町郷土資料館寄託	宮路金山家文書
山間部	真川	立山町郷土資料館寄託	宮路金山家文書
全体		羽咋市歴史民俗資料館	加藤家文書

表１　安政飛越地震関連絵図　作製時期私案

作製時期	絵　図　名
2/26後	立山仮絵図（「魚津御用言上留」の内）
3/10後	越中泥満水之図
3/10後	越中常願寺川筋被害図（「火災地震記録四種」の内）
3/10後	安政大地震大鳶山小鳶山々崩大水淀見取絵図（図ａ）
3/10後	越中立山異変之図（図ｄ）
3/10後	大鳶山地震絵図（図ｌ、図m）
3/10後	立山村見取図
3/10後	立山支脈崩壊略図（「諸国地震変異録」の内）（図ｎ）
4/上旬	立山大鳶崩れ見取絵図（図ｂ）
4/26前	立山大鳶崩図（「越中能登遠近山々見取り図」の内）
4/26前	安政大地震立山廻り崩山絵図（図ｊ）
4/26後	立山之図（図ｈ）
4/26後	地震ノタメ山崩レ武兵衛遠見図（図ｉ）
4/26後	越中神通川附近之図
4/26後	安政五年四月出水富山町被害図面
4/26後	安政五年戊午四月廿六日泥置ニ相成候絵図（「越中能登遠近山々見取り図」の内）
4/26後	安政大地震常願寺川出水図
4/26後	安政五年大地震ニヨリ山々動崩シ常願寺川出水泥置ニヨル変地場所見取絵図
4/26後	安政五年大地震常願寺川水源山々動崩絵図
4/26後	常願寺川縁リ絵図零片
4/26後	安政五年越中立山大鳶崩れ洪水全図
4/26後	安政大地震ニテ常願寺川流域欠壊之図（第一章20頁）
4/26後	安政五年地震ニテ山崩ケ所絵図（図ｋ）
5/5後	安政大地震真川谷山崩大水淀見取絵図
5/5後	立山刈込ケ池及とんべ山附近見取絵図（図ｆ）
5/5後	安政大地震見取絵図（図ｇ）
5/5後	大とんべ山崩水溜見取絵図
5/5後	安政五年立山山中崩壊真川谷状況絵図（図ｃ）
5/5後	立山之図（図ｅ）
5/21後	安政五年地震立山大鳶山山崩大水淀見取略絵図
5/23後	湯谷見分於松尾等見受図
5/23後	真川谷見分之図
6/28後	大地震非常変損之図

五月五〜八日の山中の見分（史料3）では、湯川の水溜まりが「長ケ五百間計　幅三百間計」と縮小し、真川に「長ケ十六丁計り、幅百間計」の水溜まりが報告されている。

さらに六月の見分（史料4）では真川に「幅三十間計り」「長ハ未タ拾弐三丁計」とあり、これも水溜まりが縮小している。この段階では山中の水溜まりの状況に加え、下流部の田畑や屋敷の洪水被害を描いた絵図が見られるようになる。

こうした注進書の記載を基にして、作製年月が記載されたものも加え、災害絵図の作製時期を検討したものが表1に示した私案である。

災害絵図の荒々しいタッチから、第一印象として地震直後に描かれた感を抱くのであるが、表1に示したように図像の読解や古文書との比較から、荒々しいタッチの災害絵図も地震直後のものは少なく、しばらく時間が経過した段階のものであることが想定される。すなわち、現存する安政飛越地震の災害絵図は地震直後に作製されたものより、むしろ三月十日の洪水後、または四月二十六日の洪水後に作製されたものが大部分を占めており、殊に後者に含まれるものが多数を占めているとみられる。

また、三月十日の洪水後の段階では、下流部の被害を描いた絵図はほとんど見当たらない。さらに四月二十六日の洪水後の段階で作製されたもの、すなわち地震と洪水の複合災害が一段落した段階では、下流部の被害とともに災害の全体像を描いたものが出現する。[20] こうした点から災害絵図の作製時期について、まず部分的な災害情報が村方において収集され、災害が一段落した時期において村方で合成され、さらに全体図へと発展したことが想定されうるのである。

第五節　絵図にみる災害情報の伝播と受容

安政飛越地震の災害絵図には「写」と記載されているものがある。あるいは図像・構図・注記の文言等に共通性を有するものもあり、それらも同様に写図関係にあることが推定されよう。以下、それらを概観し、災害情報の伝播と受容について考察してみたい。

まず図fは、山廻役（奥山廻兼帯）浮田家に伝蔵された絵図で、災害が一段落した五月上旬の実地見分に基づいて描かれた写図である。これと図像・構図が同じものとしては図gが管見に入る。図gには水溜まりの詳細な規模や山・川名も記入され、注進書の細部情報も書き加えられている。ここから他地域における絵図の写しの過程において作製者の関心に伴う取捨選択、あるいは関心を反映した意図的な表現改変が行われたことが示唆されよう。これらは加賀藩において他組への廻状に写図が添付された状況で改変が生じたものと考えられる。

これと同じ事例として図hと図iが管見に入る。図hは、砺波郡十村川合家に伝蔵されたものであり、これと図像・構図が近似したものが図iである。図iの出所は不詳であるが、見分位置（国見平）、見分ルート（松尾・水谷）、山中の水溜まりの規模が追記されており、絵図の情報量は図hよりも多い。図iは、下絵の可能性も残るものの、おそらく他郡での廻状に添付された写図による情報伝達の事例であると捉えられる。これらの災害絵図に共通する点は、描かれる範囲が常願寺川奥山に限られていることである。

一方で、原図を写したものであることが図中に記載されているものがある。図jは正式表題が「安政五年午二月廿

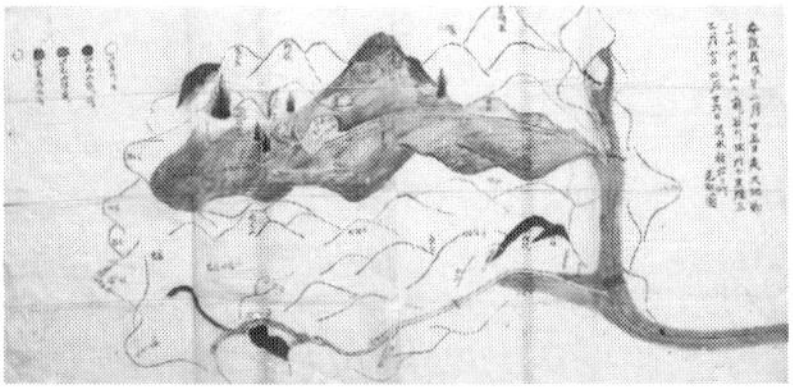

図g　安政大地震見取絵図
（富山県立山カルデラ砂防博物館蔵）

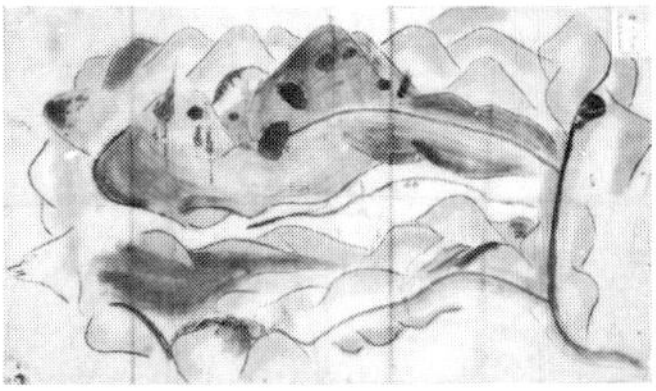

図f　立山刈込ケ池及とんべ山附近見取絵図（富山市郷土博物館蔵）

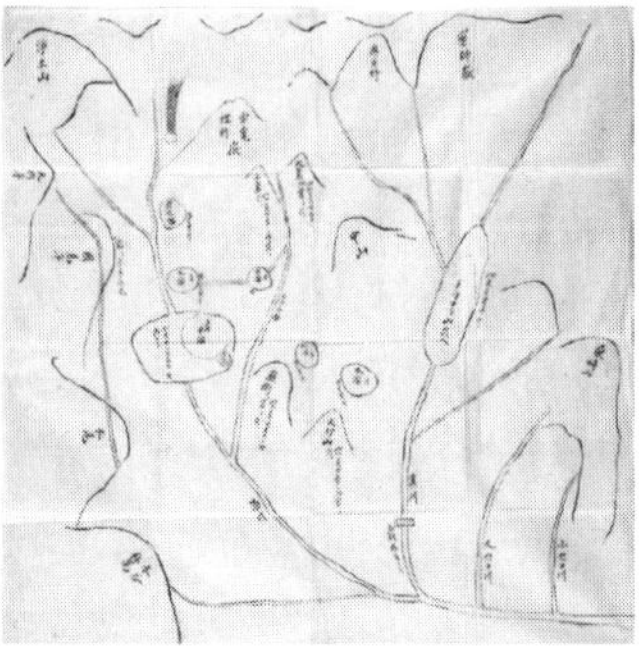

図i　地震ノタメ山崩レ武兵衛遠見図
（富山県立図書館蔵）

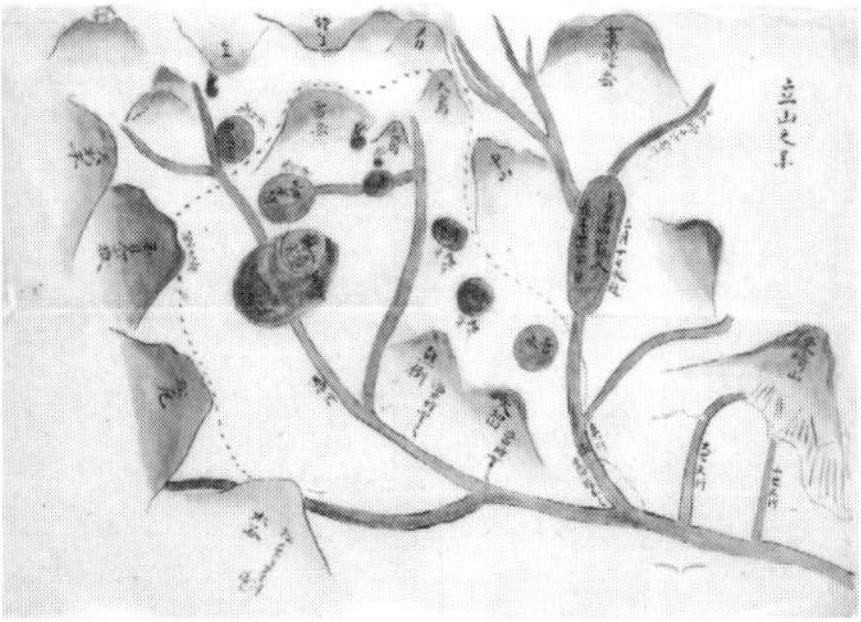

図h　立山之図（富山県［立山博物館］蔵）

図j　安政大地震立山廻り崩山絵図（金沢市立玉川図書館近世史料館蔵）

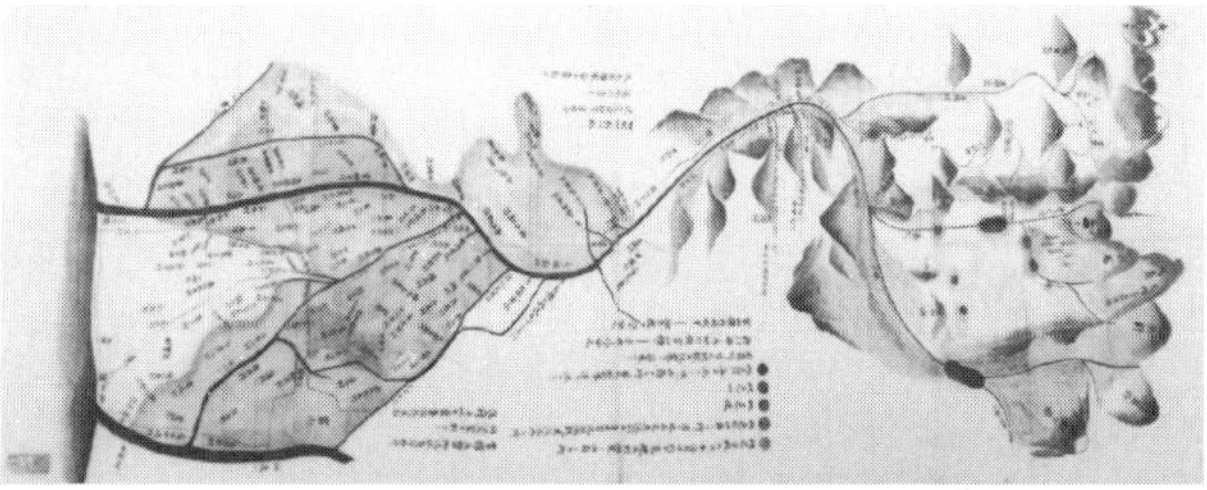

図ｋ　安政五年地震ニテ山崩ケ所絵図（京都大学総合博物館蔵）

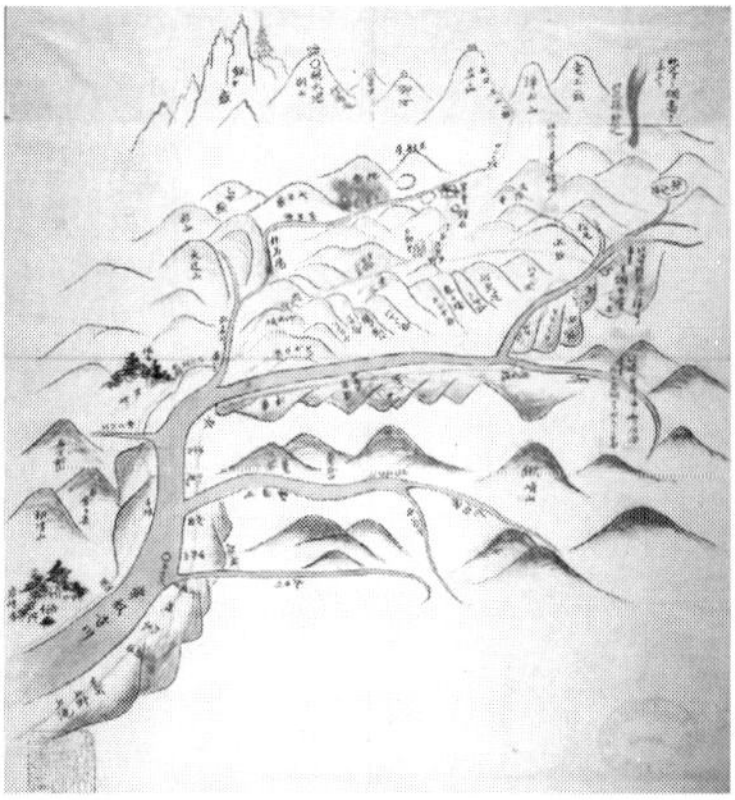

図ｍ　大鳶山地震絵図（富山県立図書館蔵）

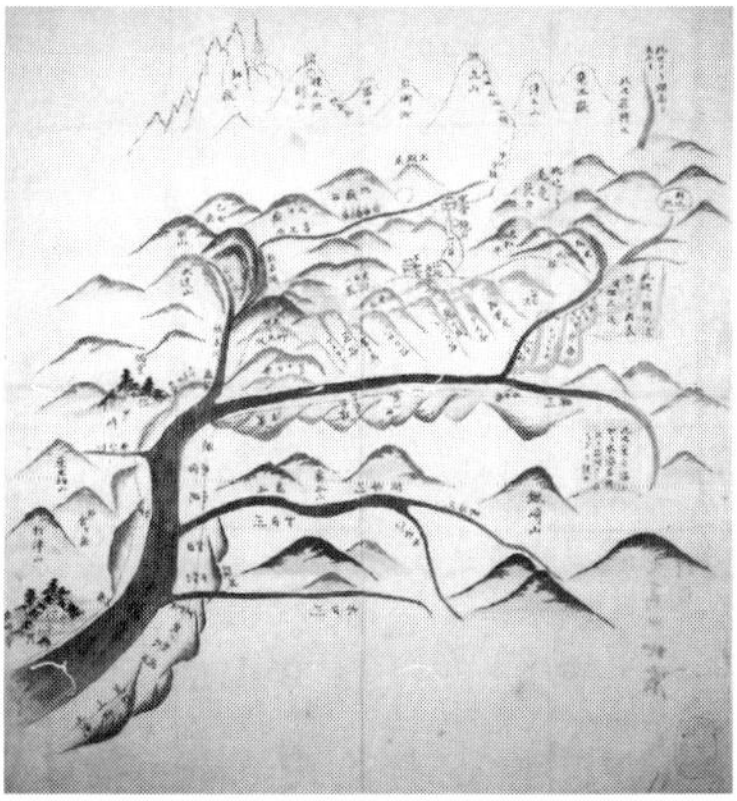

図ｌ　大鳶山地震絵図（富山県立図書館蔵）

図ｎ　立山支脈崩壊略図（飛騨高山まちの博物館蔵）

六日丑刻大地震ニ而立山辺り崩山抜け所之絵図」とある。「午仲夏写之　御堂前磯部屋」と記載されているが、磯部屋[21]および原図の所在は不詳である。そのためいまのところ写図の系統は復元できないが、先述したような村方における情報伝達ではなく、加賀藩領内の町方における事例であると想定される。この絵図の主題は立山山中の異変であり、下流部（生活圏）との関連も示している。下流部の被害が描かれていないことから、三月十日の洪水後に原図が作製され、その後に写図が作製されたと考えられる。

さらに、四月二十六日の洪水後、複合災害が一段落したところで町方において写されたとみられる絵図が図kである[22]。この絵図は山中の水溜まりの状況および下流部の変損状況から五月中旬以降に作製された絵図を写したものと推定される。写した人物は「佐藤北翁」と記されており、おそらく元金沢町奉行・佐藤北翁直簡[23]のことではなかろうか。当時、佐藤北翁はすでに隠居しており、如何なる目的で原図を写したのかは明瞭ではないが、図中に「絵図借用写之」とあることから武士間で貸し借りされた絵図[24]を私的に写した蓋然性がすこぶる大である。とすれば、写図の目的は藩上層部への報告手段としてではなく、町方の武士層が災害情報の共有を図るためであろう。

次に、加賀藩の領外への災害情報の伝達事例を見てみよう。図lは、富山藩領内に伝来した絵図である。同様の構図のものが図mであり、墨書を見ると筆跡が異なることから、それぞれ別の人物が作製したものであろう。富山城下町でこの構図の災害絵図が多く写されたことが想定される。

これらの図像・構図に類似したものが、幕府直轄領である高山町森家に伝蔵した図nである。森宗弘が著した「諸国地震変異録[25]」の朱書から、安政五年三月十九日付で富山藩の篠川甚助が高山町の平田彦六、日下部平兵衛へ災害状況をしたためた書状を出しており、その際に森がその書状を写したことが判明する。おそらく書状に添付されていた災害絵図も併せて写したのではなかろうか。これもいまのところ原図は見当たらないが、図l・図mと図像・構図がほぼ一致することから、これらが写図関係にあることは間違いないであろう。

先述したように、三月十日の洪水後の段階では、立山山中の異変が村方の大きな関心事であった。図nは洪水後の一段落した時期に他領へ災害情報が伝播し、町人層が情報を共有・消費したことの表れであると考えてよい。

おわりに——災害の終焉——

これまでの検討内容を整理すると、安政飛越地震における災害絵図の作製目的は、村方における災害実態の把握および町方における情報の共有・消費という目的に大別された。

災害絵図の作製時期は、二月二十六日の地震直後のものは少なく、三月十日の洪水後（主題は立山山中の異変）および四月二十六日の洪水後（主題は立山山中の状況、常願寺川下流域の洪水被害、複合災害の全体像）に集中しており、とりわけ地震と洪水の複合災害が一段落した時期に作製されたものが大部分を占めている。そして村方・町方における絵図の写しと伝達もその時期に集中して行われている。

災害情報としての絵図の伝播は、村方における廻状に伴う写図作製というケースの他、町方における武士・町人層による私的な写図作製というケースが抽出された。

近世社会において災害が一段落した時期に村方のみならず町方において絵図が大量に作製され、公的あるいは私的に絵図が写された来由はいかなるものであろうか。それについて若干の考察を加えて本章の結語にかえたい。

自然災害によって人命が失われ、町や村、家など多くのものが一瞬にして失われたとき、被災した人びとを襲う喪失感は現代も近世もさほど変わりはないと思われる。被災してもなお残された人びとは、救小屋や貸米・救米、家再建のための借用銀、諸役銀の免除等、藩の物的救済を得ながら、それでも湧き上がる感情を抑制して日常生活の回帰を果たさなければならなかったはずである(26)。

地震被害や洪水被害などの自然災害は、想定よりも被害が甚大であった場合、当然ながら恐怖の度合いが増すであろう。安政飛越地震の場合も、まさにそうしたケースの一つであったとみられる。そこでは多様かつ多量の災害情報が生み出され、消費・共有されたのである。災害絵図の作製とは、漠然とした恐怖の対象である災害を図上に呈示することで災害に形を与える行為であり、ある種の災害対応とみることができる。それはひとり上部機関への報告手段に留まるものではない。絵図中に実名や凡例で被害の状況を示された被災村の人びとは、それを現実と対比しながら受け止め、発生の原因が不明であった災害を受け入れ、変貌した景観のなかで日常生活へようやく回帰することができたのではなかろうか。さらに、町方では口伝により情報が行き交いながらも遠く離れた地域で発生した自然災害に対して自ら情報を獲得し、災害絵図を写すという行為により情報を消費・共有し、互いに安心感を得たのであろう。霊山立山の禅定道に関する情報を盛り込んだ災害絵図も、そうした動きの中で生み出されたものであると理解されるのである。

かくて近世後期において自然災害が一段落した時期に絵図作製や写しが多く行われたのは、こうした来由が想定されうる。換言すれば、災害絵図の作製や写しは「災害の終焉」を意味する行為と捉えることができよう。「災害の終焉」をへて、地域社会は次の段階である災害復旧事業にようやく乗り出すことができたと思われる。近世後期における災害絵図は、人びとの精神的な日常回帰にその機能性を十分に発揮したのである。

ところで、前田一郎氏は、安政飛越地震の事例で「災害の記憶化」のプロセスに言及している[27]。前田氏は、災害を記憶化する行為として、地震誌、供養塔、記念碑、巨石と水神、墓碑、口説などを挙げ、そうした行為の後に「地域の集合記憶としてまとまっていく」とした。

たとえば、一本木村（現立山町一本木）にある墓碑には次のように刻まれている。

「安政五年戊午年一本木村大流出シ、同六年亦々流失シ引越ス、万延元年庚申三月該地ニ移植シ大原野ノ地ニ候也、引越一本木村、三世越本孫平、開拓先祖、明治四年未三月七日教涼、七年戊六月十六日好了」

安政六年五月の洪水被害によって、一部の左岸域で復旧のめどが立たず、一本木村の人びとは高原野へ移転した。高原野の開拓先祖が亡くなったことを墓石に記すことで、子孫が先祖供養する際に被害のあった事実がよみがえるようになる。

また、大島村（現立山町大島）神明社境内の墓碑にも万延元年（一八六〇）大中島村から七兵衛が従者二名とともに移住し、高原野を開拓したことが刻まれている。日俣村（現立山町日俣）でも開祖先祖の供養碑が残っている。これらの墓碑は、明治年間に造立されたものである。

このような墓碑や供養碑は、当然ながらその家の子孫が先祖供養する際に、家の歴史を振り返るとともに、かつての自然災害の対応における労苦にも思いをめぐらす機会となっていると思われる。他家の人びとも墓参りの際には目にする機会があり、墓碑の存在は他家でも知られていたであろうが、あくまで家レベルでの災害の記憶化にとどまるものであろう。

他方で、村落で造立された構造物は、地域社会の記憶化に大きな役割を果たしたとみられる。地震で亡くなった人びとの霊魂を供養するための塔が、野村（現立山町野村）で造立され、次のように刻まれている。

「為地震横死亡霊」「文久元酉七月造」「発起人中道坊行応」「長右衛門杉木出町水上屋助右衛門」「為地震横死亡霊」「世話人松任町沖津屋文三郎」「施主石川郡林組　鞍付組」

前者の供養塔に見える中道坊は、立山権現に奉仕した岩峅寺村の衆徒のひとつである。江戸時代の岩峅寺村には、二四軒の衆徒が集住していた。供養塔は、文久元年（一八六一）に中道坊の行応が発起人となって造立されている。後者の施主である石川郡林組と鞍付組に属した村々は、中道坊と檀縁をもっていた村々であり、おそらく両者とも中道坊が関与して供養塔を造立した可能性が高い。

また、野村では万延元年三月上旬、天満宮を移転させている。遷座の記念碑には、次のように刻まれている。

「天満宮元在下経堂、安政五年二月二十五日地大震、立山之南大鳶山裂而、塞湯川橋潰為一大潴水、四月二十六日山谷鳴動潴水決、此辺一帯為砂石之地、以是万延元年三月上澣遷座於此地云、茲有志相謀刻石以伝後日」（表側）

「仁左衛門、清兵衛、茂兵衛、久助、茂三郎、嘉七、久五郎、仁右衛門」（裏側）

かかる記念碑には、地震、洪水、天満宮の移転がまとめて記されている。天満宮周辺の地域住民はもとより他地域からの参詣者もこの碑を見る毎に安政飛越地震の記憶がよみがえったはずである。

前田一郎氏は、こうした村レベルの供養碑や記念碑の造立が、洪水被害からの復旧事業が本格化した後に行われていることに注目している。こうした構造物の造立も、被災村の人びとが被災者の鎮魂を行うことで復旧事業をより進展させるための重要な行為であったのかもしれない。

筆者は、前田論文を是認した上で、そうした「災害の記憶化」という行為が行われる前に「災害の終焉」という行為を提示したい。「災害の終焉」の後、徐々に災害復旧事業が行われ、共同体の生活が回復し、「災害の記憶化」が進むなかで文字化により惨状の矮小化を懸念した人びとにより供養塔や記念碑等がつくられ、「記憶の集合化」が為されることを想定している。ただし、それらが順序立てて経過するとは考えにくく、おそらく口頭で災害が語られるという行為は随時行われたであろう。

本章では、安政飛越地震における災害絵図作製を事例に、その作製目的と時期を再検討し、近世災害情報の一つである絵図が果たした役割について私考するところを述べてきた。

近年は情報学や歴史地理学の立場から図像のランドマーク（絵図中の目印として描かれた自然物・人工物）を分析し、作製者と閲覧者が共通認識できる記号を抽出する研究が主流である。写しの過程で図中のランドマークの位置が変化することも指摘されており、そこから絵図の作製系統の解明も可能とされる。こうした研究の潮流のなかで、筆者は歴史学の立場から情報としての災害絵図が果たした役割を提示したのである。

とはいえ、現時点において、他の絵図研究に比して災害絵図の研究蓄積はすこぶる乏しい。安政飛越地震においても原図の作製者について十村と地方測量家を挙げるに留まっており、作製方法や作製過程などの具体相もいまだ明瞭ではない[28]。また、災害絵図の伝達範囲、写図の系統も十分明らかではなく、こうした問題は今後の解明に待つべきところを多く残している。今後のさらなる資料調査と研究蓄積を期したい。

註

（1）北原糸子編『日本災害史』（吉川弘文館、二〇〇六年）。

（2）例えば、安政大災害の復旧にかかる絵図は「富山藩常願寺川よりの用水被害復旧図」（富山市郷土博物館蔵）、「万延元年新川郡高原野引越村等截分絵図」（富山県立図書館蔵）等がある。三月の洪水で流失した岩峅寺宿坊家の復旧状況は「岩峅寺同坊中等敷地震災流失箇所見取絵図」（岩峅寺雄山神社蔵）に描かれており、近年、災害後の岩峅寺衆徒の身分支配や災害後の出開帳の実態について詳細な調査研究が進んでいる。野口安嗣「岩峅寺衆徒の身分支配」（『富山県［立山博物館」研究紀要』第一七号、二〇一〇年）、前田英雄・是松慧美『安政五年飛越地震被害の集落別新資料とフィールドワーク報告』（立山カルデラ砂防博物館、二〇一二年）を参照。川除普請にかかる絵図としては「万延元年新川郡常願寺川筋御普請所分間絵図」（金沢市立玉川図書館近世史料館蔵）等がある。さらに、飛騨国の普請にかかる絵図には「吉城郡小鷹利郷元田村天生村月ケ瀬村往還損所道附替并取繕等普請出来方麁絵図」（岐阜県歴史資料館蔵）等がある。これら普請後の出来形帳などに添付された絵図は災害情報（災害対応）とは別のもの、すなわち「普請絵図」として扱うこととし、本章では対象外とした。

（3）　富山県郷土史会校注『越中安政大地震見聞録―立山大鳶崩れの記』（KNB興産出版事業部、一九七六年）。

（4）　富山県立図書館編『富山県立図書館所蔵古絵図解説目録』（富山県立図書館、一九八〇年）。廣瀬誠氏は「安政五年大鳶崩れ図」と分類し、九点の絵図を収録した。そこでは原図を写したもの、あるいは不確定なものを「写」とし、原図・稿図であることが確実な場合に限って「作製」と記載した。本章では、写されたとみられる絵図もあくまで原図作成に基づいていることを前提としており、十村の控図も含めて「作製」としている。ただし写し関係が明確であるもの、図中に写とあるものを「写」としていることを補足しておきたい。

（5）　富山県［立山博物館］編『地震を視る―古記録からCGまで』（富山県［立山博物館］、一九九三年）。

（6）　立山カルデラ砂防博物館編『越中立山大鳶崩れ―安政五年大地震大洪水の古絵図集成』（立山カルデラ砂防博物館、一九九八年）。

（7）　富山市郷土博物館編『地震・大水・火事―富山』（富山市教育委員会、一九九九年）。

（8）　北原糸子「災害絵図研究試論―一八世紀後半から一九世紀の日本における災害事例を中心に―」（『国立歴史民俗博物館研究報告』八一集、一九九九年。後に『近世災害情報論』塙書房、二〇〇三年に再録）。

（9）　ここでは災害絵図の研究が比較的進展している浅間山大噴火及び善光寺地震の成果を幾つか紹介しておきたい。前者では大浦瑞代「災害絵図分析の視点―天明三年浅間山噴火災害絵図の読解から―」（『国史学』一九二号、二〇〇七年）、「天明浅間山噴火災害絵図における写図の特徴」（『交通史研究』七〇号、二〇〇九年）、中央防災会議災害教訓の継承に関する専門調査会編『1783天明浅間山噴火報告書』二〇〇六年等があり、災害絵図の読解方法については大浦論文に裨益されること大である。福重旨乃・馬場章「浅間山火山絵図の類型について」（『民衆史研究会会報』六四号、二〇〇七年）

では災害絵図の主題と範囲・方角の規定について分析がなされ、「天明三年浅間山大焼絵図」（『関東近世史研究』六五号、二〇〇八年）では「掛絵」という表現技法の作製背景に言及している。また後者では、降幡浩樹「善光寺地震の絵図型瓦版について（『歴史地震』一六号、二〇〇〇年）、北原糸子「近世災害情報論―善光寺地震情報はどのようにつたえられたか―」（『国立歴史民俗博物館研究報告』九六集、二〇〇二年。後に『近世災害情報論』塙書房、二〇〇三年に再録）、中央防災会議災害教訓の継承に関する専門調査会編『１８４７善光寺地震報告書』二〇〇七年等がある。弘化四年（一八四七）の善光寺地震では原昌言が幕府学問所に出版許可を得て販売した「信州地震大絵図」が各藩へ売り込まれた。加賀藩では出入商人がその絵図を購入していることが確認でき、他藩への出入商人が災害情報の伝達の重要な位置を占めていたことも想定される。

（10）嶋本隆一「安政の大災害絵図の作製についての一考察」（『富山史壇』一二七号、一九九八年）、嶋本隆一・飯田肇「大鳶崩れに関わる災害絵図作製に関する一考察」（『立山カルデラ砂防博物館研究紀要』第一号、一九九九年）。

（11）折橋文書「郡事摘要」（個人蔵）には、仕法の願方として例えば出火の節には「村役人より組才許宛所ニ而指出、奥書を以御達可申上候、皆焼之分ハ火元等御郡所江御呼立御尋可被下候」とあるように、被害の程度により上達にも差別化が図られていた。

（12）古川喜代吉「久世央先生の墓碑に就いて」（『高志人』第七巻第一一号、一九四二年）によれば、源作は文化五年（一八〇八）に新川郡辻村久蔵の二男として生まれ、幼名は永、長じて源作と称し、明治三年に央と改称したとある。弘化二年（一八四五）、加賀藩測量方を命じられ、川除等御普請勢子役、山廻列、堤防調役、御絵図調役等を歴任した。おそらく安政五年には、新川郡上条組の普請勢子役として調理絵図作製を十村より命じられたものと思われる。こうした地方測量家が、測量絵図のみならず災害絵図の作製者として浮上してくるのも近世後期の特質のひとつではなかろうか。

（13）註（9）大浦論文に同じ。

（14）北条秀雄『新修 浅井了意』（笠間書院、一九七四年）。

（15）「安政五午年越中立山変事録」富山県立図書館蔵「前田文書」所収。

（16）「大地震山抜等御達書写」富山大学附属図書館蔵「菊池文書」所収。

（17）「魚津御用言上留　第四冊」金沢市立玉川図書館近世史料館蔵「加越能文庫」所収。

(18)「安政地震山崩一件　坤」金沢市立玉川図書館近世史料館蔵「加越能文庫」所収。

(19) 同史料の翻刻については、前田一郎「安政の大災害関係史料（一）」（『立山カルデラ砂防博物館研究紀要』七号、二〇〇六年）、「安政の大災害関係史料（二）」（『立山カルデラ砂防博物館研究紀要』八号、二〇〇七年）、「安政の大災害関係史料（三）」（『立山カルデラ砂防博物館研究紀要』一〇号、二〇〇九年）、「安政の大災害関係史料（四）」（『立山カルデラ砂防博物館研究紀要』一二号、二〇一一年）、「安政の大災害関係史料（五）」（『立山カルデラ砂防博物館研究紀要』一三号、二〇一四年）を参照。前田氏はその解題において安政五年から文久二年にかけて安政飛越地震における加賀藩・富山藩の人々の対応について詳細な検討を加え、そのなかで歴史学において災害を扱う上で社会への影響を解明することの重要性を改めて指摘している。

(20) 他に災害の全体像を示すものとして、近年発見された大杉家文書「安政五年越中立山大鳶崩れ洪水全図」（富山県立公文書館蔵）がある。『富山県公文書館だより』第五〇号（二〇一二年）を参照。

(21) 磯部屋の所在は明確な史料的根拠が得られない。「御堂前」とあることから、ここでは東本願寺末寺前の乗善寺上地町通（現金沢市横安江町付近、別称「磯部屋小路」『石川県の地名』四二二頁参照）で売薬業を営んでいた磯部屋を指摘するに留めておきたい。

(22) 上杉和央氏の御教示によれば、京都帝国大学地理学研究室が明治四十年に創設された後、集中的に古絵図などの資料を収集した時期があり、図kは古書店から購入したものではないかとの由である。したがってこの写図は、江戸時代に加賀藩から京都方面に伝播したものではないと思われる。

(23)「先祖由緒并一類附帳」（金沢市立玉川図書館近世史料館蔵「加越能文庫」所収）によれば、佐藤北翁直簡は一二〇〇石取で今町に居住し、馬廻組頭、御用番支配、御表小将等を歴任し、天保八年（一八三七）に金沢町奉行、安政三年に隠居している。

(24) 原田和彦氏の研究によれば、善光寺地震において松代藩真田家の「御側御納戸日記」弘化四年記事に、真田家から堀田家および松前家に私的な災害絵図の貸し借りの実態がある。絵図は基本的に翌日に返却されており、この場合はおそらく閲覧のみであろう。また地震発生の年に限らず、三年後の嘉永三年にも絵図の貸し出しが確認されることから、武士間では絵図の貸し借りが随時行われ、情報伝達の手段の一つであったことが窺える。

(25)　森宗弘「諸国地震変異録」（飛騨高山まちの博物館蔵「森家文書」所収）。同史料は安政元年から五年までの各地で発生した大地震を記録したものである。森宗弘は文化八年高山の豪商森家（大坂屋）の分家に生まれ、佐兵衛と称した。高山二之町で呉服、製糸、酒造業を営み、「日本暴瀉病流行聞書」、「異国船渡来聞書」等を遺し、災害、変異に興味があるだけでなく商人の情報網を駆使し、きわめて収集力に長けていた人物であるとみられる。絵図題の「安政五年二月二十六日立山支脈崩壊略図」は後に高山の郷土史家角竹喜登氏によって付されたものであり、正題は角書の「越中立山略図」であろう。

(26)　嶋本隆一・高野靖彦・前田一郎「安政大災害における加賀藩の災害情報と被災対応」（『立山カルデラ砂防博物館研究紀要』第九号、二〇〇八年）。

(27)　註（26）論文第五章、第六章（前田執筆分）。

(28)　近藤浩二氏は、国文学研究資料館蔵「神保家文書」を調査した結果、新たに変地所分間絵図一三五点を発見した。これまで村毎の洪水被害を描いた絵図は「杉木文書」（富山県立図書館蔵）で七点のみが確認されていたが、今回の発見により加賀藩の洪水被害地域の約七〇パーセントに相当する災害絵図が加わったことになる。これらの災害絵図は十村が藩上層部に提出するために作製されたものとみられる。近藤氏は、すこぶる短期間でこのような測量に基づいた災害絵図を作製するためには何らかの測量データが必要であり、検地絵図を基にして作製されたのではないかと推論している。「神保家文書」の災害絵図については『越中史壇会公開シンポジュウム自然から見た越中の歴史レジュメ集』（二〇一一年）の近藤執筆分および「変地分間絵図に見る常願寺川大洪水―安政飛越地震における二次災害被害の実相解明に向けて―」（『災害・復興と資料』第四号、二〇一四年）を参照。

第四章　富山藩の災害対応

はじめに

富山県史上の自然災害で最大の惨事とされる安政飛越地震の史資料については、『越中史料』をはじめとして『東水橋町郷土小史』、『五百石地方郷土史要』、『新庄町史』などの史誌に紹介されており、代表的なものは『越中安政大地震見聞録―立山大鳶崩れの記』においてほぼ網羅された。かかる名著の発刊が契機となり、自然系分野と人文系分野において本地震の調査研究が進められてきたのである。

歴史学の分野では、主として災害絵図に関するもの、[1]郷土史学の立場から特定地域の災害状況を考察したもの、[2]災害史料の解読に関するものが挙げられる。[3]さらに、地質学分野と歴史学分野での総合的調査がある。[4]こうした多角的・学際的な研究により、安政飛越地震の被害状況については、ある程度明らかにされてきているといえよう。

しかしながら、廣瀬誠氏が指摘するように、これまでの越中における被害数字については、加賀藩領の被害数字が全体のものとして語られているように思われる。殊に、加賀藩新川郡での大洪水の被害数字が中心となっており、これが災害全体のものとして一般的に認識されているのが実情ではなかろうか。[5]

その要因としては、近世に越中を支配していた加賀藩と富山藩を比較した場合、加賀藩については膨大な史資料が残存しているのにも拘わらず、富山藩については部分的、断片的な史資料しか見当たらないという点が挙げられよう。富山藩における安政飛越地震に関する記録は少なく、現段階においては全体を語ったものが皆無に等しく、富山藩に関する被害状況の研究が進んでこなかったという事情があるように思われる(6)。その理由の一つには、目的意識的な資料調査の欠如があろうが、いま一つには、このことが当時の富山藩の上層部の災害に対する政治的姿勢を表しているとも捉えられるのである。

すなわち、富山藩の上層部は、震害を比較的大きなものと捉えず、さほど関心を向けなかったのではないか、という感が怫然と起こるのである。さらに、安政期富山藩では恒常的ともいえる財政難があり、藩上層部では災害よりも財政の実務的処理に加えて、藩政運営といった政治的・対外的動向に関心が注がれていた。そのことが富山藩の史資料の少なさに反映しているのではないかと想定されるのである。

そこで本章では、こうした仮説を前提として、現段階で管見されうる富山藩に関する史資料を整理し、富山藩の被害状況と災害対応について再検討することを目的とする。さらに、安政期富山藩における災害対応を通して、近世社会の災害対応にみられる「温度差」についても言及したいと思う。

第一節　富山藩領の震害

歴史地震においては、記録によって被害数字に相違があり、正しい数字を求めることは困難であるといわれる。安政期の富山藩の場合も同様であり、加えて記録が少なく、その作業は一層困難であることは否めない。そのために実際の被害状況と異なる過度なイメージが付与され、それによって誤解が生じてしまう可能性もない訳ではなかろう。

富山藩の領民支配は、町方と村方に区分される。町方は、富山町だけで町奉行が支配し、村方は、富山町を除いた村々に三宿方（四方・西岩瀬・八尾）を含むもので郡奉行が支配した。ここでは限られた史資料ではあるが、町方と村方とに区分したうえで富山藩の被害を再検討してみたい。

一　町方での地震被害

富山城及び城下町では、地震被害はどのようであったのであろうか。昇平堂寿楽斎（元富山藩士・滝川海寿一瓢）が書いた「地水見聞録」及び富山藩士・野村宮内が書いた「地震見聞録」はよく知られた記録であるが、いま一度詳しく見ていくことにしよう。(7)

「地水見聞録」では、筆者の滝川が富山城の詳細な被害について書き及んでいる。本丸館は破損箇所が生じ、鉄御門と土橋では下積みの石垣が崩れ、土橋の左右の柵が震い落とされた。二ノ丸では、土塀出狭間と西側の土塀が崩れ、土手に植えられた松杉が堀の中へ倒れ込んだ。三ノ丸では、作事所地内から西へ向かって大地が割れ裂け、高低差が四、五寸（一二～一五センチメートル）、ひどい所では尺余（三〇センチメートル以上）に及び、「横格子の如く」であったと記している。ただ、藩主邸の千歳御殿は無事であり、御門は傾いたが、倒壊には至らず、怪我人もいなかった。一方、藩士の住宅の破損状況は一様でなく、潰れた家はなかったが、諏訪川原の後通りの一一軒は、居住できない程に大破したとある。(8)

さらに、野村が書いた「地震見聞録」では、城内の村兵庫介屋敷前の地面が割れてガケが生じ、二の丸櫓御門下の土橋は六、七尺（二メートル前後）も左右に口が開いたとしている。搦手御門（裏門）でも石垣が崩れたが、城内は格別の被害もなかったとし、藩士宅も土蔵の壁が落ちてはいるが、家の損傷は少なく、人命も異常がないと記している。

富山町全体に目を移すと、「地水見聞録」では、伝聞した被害の様子を次のように記している。安井八郎家前の通りの土塀が七、八間（一三～一五メートル）にわたって倒れた。また、鼬川下流左岸の小島町では、五人暮らしの商家で家が潰れ、夫婦二人が死亡したが、先に夫婦によって連れ出された三人の幼児は幸いにも無事であった。城南に位置する覚中町では、並んだ三軒が潰れて下敷きになった者がいたが、周囲の人びとで掘り出して一命を取りとめたという。(9) さらに、大下馬札周辺から文武学校まで地面が割れ、水が噴き出した。平吹町、千石町、大工町、南田町（蓮照寺前）などでも同様の現象が多発し、城の南側を中心として水浸しの箇所が生じたとして、その状況を強調している。

「地震見聞録」では、筆者の野村が実際に各場所へ足を運び、そこで見た被害を記しているため、臨場感が漂っている。野村の菩提寺である立像寺では、墓の石碑が三、四本以外は皆倒れた。また、新川原町では、隣の土蔵の壁が崩れ落ち家が潰され、夫婦と子供四人の家族のうち夫婦が即死した場所を実見した。おそらく、これは滝川が伝聞した「小島町」での出来事を記したものとみられ、その場所は野村が実見した場所、すなわち「新川原町」が正しいのであろう。

富山藩校広徳館の土居（堤）が御蔵付近で七、八間（一三～一五メートル）潰れてめりこみ、二間（三・六メートル）程度、堀の中へ突き出したという。また、地震後、神通川に架かる舟橋は無事であったが、他の史料によれば、六月下旬の神通川の出水により鎖が切れ、一時流失したようである。(10)

また、伝聞として、鼬川沿いの餌指町では、辻屋某の妻が地震後になって病気で死亡し、木町辺で子供が何かの下敷きになって命を落としたことを記している。

しかしながら、町全体で多くの家屋が倒壊した蓋然性は頗る小さいのである。これらの記録に見られる地震後の被害程度は、次の史料によっても裏付けることができる。

史料1(11)

一、富山様御城内并御家中等之様子承合候趣、左ニ奉申上候。
一、御城内二階御川之内、長二間斗幅六尺斗所々地割いたし、右御門右之方石垣角二三間斗崩落候躰。
一、御鉄門前石垣四五間斗崩落候躰。
一、千歳御門下少々地割いたし御門一尺余り倒懸り候躰。
一、千歳御殿より御本丸へ之御道筋幅二間長サ二十間斗之間やらい付之所地割いたし大破ニ相成候躰。
一、五軒斗　町家皆潰。
一、二人斗　右町家之内即死人。
一、町家所持蔵過半壁等崩落大破ニ相成候躰。
右之外、御城内曁御家中等人馬異変并潰家等無之躰ニ承合申候（後略）

右の史料から、町家の倒壊被害は少ないが、町屋の半分以上の土蔵の壁が崩落したことがうかがえる。(12)おそらく、これは三年前（安政二年）に起きた富山町の大火(13)によって土蔵の壁が高熱を受けて脆くなっていたためであろう。城内家中では、人馬異変が無かったとあり、被害は軽微であったようである。こうした状況を顧慮すれば、富山町における震害は、地割れ、それに伴う水や砂の噴き出し（液状化現象）および土蔵の壁の崩落・破損が主たるものであったとみられる。

したがって、富山町では家屋等の倒壊被害は少なく、町屋の土蔵壁の崩落が主たる被害であったとみる方が相応しい。また、地震後に火の始末も適切に行われたため火災は発生しておらず、[14]死者・怪我人といった人的被害も数名の圧死者が出たものの、きわめて大量であったとは考え難いのである。むしろ経験したことのない地震動、それによって生じた地割れ、水や砂の噴き出しといった未曾有の現象が「地水見聞録」や「地震見聞録」において鮮烈な体験として記述されている点に注視すべきであろう。

二　村方での地震被害

次に村方の被害状況を、まずは同様に「地水見聞録」から見ていきたい。

筆者の滝川が伝聞したところでは、村々で被害の大小があり、領内が広いために詳細なことはわからないとしている。その上で、家数三〇軒余りの婦負郡下野村を代表例に挙げて、そこでは二八軒が全・半潰れとなったが、人馬の損傷はさほどでもなかったと記している。また、婦負郡島ノ内の岡崎徳兵衛家が半潰れとなり、その他、村方の田畑に高低差が生じ、水や砂が噴き出したとある。家屋の倒壊や損傷については、多数生じたとしているが、具体的な数字などは記していない。人的被害については、北代村で穴の中に逃げた一人が即死し、神通川では夜中に鱒漁をしていた舟が転覆し、溺死者も出たことを伝聞形で記している。

神通川筋では、細入村からの飛騨街道が山崩れによりひどく荒れ、交通が途絶した。また、舟橋辺りでは二十六日朝から流水が減じ、有沢辺りでゴリ（魚）を手づかみに捕獲できたという。しかし、夜四ツ時（午後十時）過ぎに七、八尺斗（二〜三メートル）の水が一気に押し寄せ、しばらく濁水が続き、苗代に影響を与えたことを記している。

この大水は、神通川上流部における山崩れにより川がせきとめられ、いくつかの溜水が形成されたことが原因であったと推断される。高原川筋の東・西茂住村では二十六日七ツ時（午後四時）にせきとめ部が決壊したようである。また、小鳥川筋の元田村でも同時刻頃に決壊し、それらの大水が、神通川筋の東加賀沢村貝ケ渕付近で形成されていた湖に達して六ツ時頃（午後六時）、大音響とともに決壊していることから、下流部へかなりの大水が襲いかかったことは間違いないであろう。[15] ただし、下流部では大きな洪水被害には至らなかったようである。

神通川上流部では、山崩れが至るところで発生した。領境の西加賀沢村では山抜けにより家が全て潰れ、草高五四石のうち三九石四斗分が変地となったが、幸いにも死者は出なかった。また、片掛村大渕寺の小僧二人が飛驒小鷹利郷の桑ケ谷村次郎兵衛家の法事に出向いていたが、潰家の下敷きになってその内の一人が死亡している。[16]

「地水見聞録」では、宿方の四方、西岩瀬、八尾の状況も記している。神通川下流沿岸部に位置する四方と西岩瀬では、富山城下と同じ被害程度か、少々軽微であったと聞き、四方では御塩蔵が一ケ所潰れ、西岩瀬の御米蔵が破損したが、その他の損害はなかったと記している。四方では、能登からの薪を積んだ舟を浜に引き揚げる途中で、浦人四人が「高波」に呑まれて死亡した。これは四方の浜では二十数メートルも波が引き、打ち返しの「高波」によるものと記されている。竹内章氏は、氷見在住の町年寄田中屋権右衛門が日記「応響雑記」に、氷見で波高およそ六〇センチメートルの津波が生じ、上庄川に遡上したことを書き留めていることから、先の「高波」を含めて富山湾海底の斜面崩壊による津波の可能性について言及している。傾聴に値すべき見解であろう。竹内氏は富山湾岸における津波履歴（津波堆積物）の調査研究を進めているが、今後のさらなる調査結果が待たれる。

さて、宿方の八尾では、倒壊被害が大きく怪我人も多かったようである。丸山焼の甚左衛門家においても焼窯と焼物蔵が全壊したことを記しており、本地震の地震動の凄さをうかがうことができる。

こうした「地水見聞録」に記された宿方での倒壊被害は、次の史料2でも裏付けることができる。

史料2(17)

一、富山御領内之様子手筋を以重而承合候処、八ツ尾駅等損所暨変死人等之儀予承受候侭ニ左ニ申上候。
一、十一軒　八ツ尾駅名前不知人家皆潰之躰。
一、百六軒　同所半潰之躰。
一、二百七十斗　同所同蔵過半壁落候躰。
一、八ツ　同所同納屋皆潰之躰。
一、九十二　同所同半潰之躰。
右之外、石垣等所々崩落候躰。
一、一戸前　四方駅御塩御借蔵皆潰之躰。
一、四十六　同所名前不知蔵大損之躰。
一、十二統　同所同鰯網并綱等流損之躰。
一、六艘　同所同猟舟大損之躰。
〆
一、七軒　西岩瀬名前不知人家大損之躰。
一、三ツ　同所同蔵皆潰之躰。
一、三ツ　同所同半潰之躰（後略）

右の史料「魚津御用言上留」において人的被害は、八尾で一名、野積谷で一名が地震動で変死、四方で二名、西岩瀬で一名が避難しようとして「高波」に引き込まれ、死亡したとの記録がある。また、富山藩十村吉田家の「吉田家文書」には史料3のようにある。

史料3(18)

二月廿五日夜大地震の事
一、二月廿五日夜九ツ時より地かき出し、其鳴り音、地の動き今や天地も崩かと人々人心地も無御座候。我等家内ハ漸々南ノ方へ逃出申候。又諸人の噺共承候処、私人共ニ［　　］損色之有事も御座候。又［　　］之相置と損し潰ス村方損し候所、地方われ十七八ケ所寺、東北柱五寸斗下り墓所不残たをれ、蔵損し四つ、太兵衛所損分南より四半の南七八ケ所ニ而割御座候。
下野村、家数四十三軒斗之所、四拾軒潰御座。

西本江、徳兵衛殿丸潰　下野村（ママ）家拾潰。

久江村、金屋村、田地川原高も損し候。将又川除ハ何れも不残損れ候。

八尾潰家十軒斗、蔵不残いたみ。

御城下、蔵八分迄損し候。何も蔵様ハかべ不残落候蔵も御座候。又ハしへりの入候蔵も御座候。

六十家々も同じ事ニ御座候。

村方全体の状況は判然としないが、こうした史料を見る限り被害程度の様相は同一ではないにせよ、町方に比して被害程度が大きく、幾つかの村々では生活に支障をきたすほど悲惨な状況にあったと捉えてよいであろう。殊に八尾、下野村、西加賀沢村での倒壊被害が顕著であったものと解し得るのである。

さらに、町方同様、村方でも地割れと水と砂の噴き出しが多発したようである。「魚津御用言上留」には、具体的な村名は記されていないが、郡方三四ケ村で全壊・半壊の家屋が一一三軒、さらに七七ケ村で地割れと液状化があったと記録されている。

しかしながら、おそらく富山藩の上層部は、町方の震害を被害の基準とし、以後の生活に大きな支障をきたすものではないと判断したのではないだろうか。地震による死者が藩全体で十数名に及んだものの、甚大な被害と捉えず、「滄桑の変」とはみなさず、藩全体の課題として重く受け止めなかったと理解したほうが適当とみられるのである。筆者は、こうした政治的判断が藩の公式記録の少なさに反映されている一つの要因ではないかと考えている。

富山藩町方では倒壊被害よりもむしろ、激しい本震とくり返される余震、それによって生じた地割れと水・砂の噴き出し（液状化現象）が、町民にとって未経験のものであり、きわめて強烈な出来事として映ったことであろう。そのことが、藩士個々のレベルにおいて「地水見聞録」や「地震見聞録」が書かれた直接的な動因ではなかろうかと思われる。

第二節　富山藩領の洪水被害

本震後の三月十日、泥洪水により常願寺川から取水していた諸用水が破損し、泥洪水が右岸域の村々の田畑と屋敷地に入りこんだ。さらに、四月二十六日、諸用水の破損に加えて鼬川・赤江川沿いの町と村で家屋が流失し、床下浸水といった被害が生じた。

富山藩領における三月の洪水被害については、詳細な数字が把握できない。先の「吉田家文書」では、三室（岩繰）、太田、清水又の各用水の変損が主たる被害であったとの記録に留まっている。

史料4(19)

（前略）浄願寺川上、称名川、湯川、真川但し有峯川之事、山潰込水沼甚敷、三月十日九ツ時頃、真川押切、其おり音五七里も響き岩倉ノ下村東ノ方へ切込、其川筋ニ而五六万石斗損し候。又西ノ方ハ、富山領ニ御座候所、馬瀬口川除之上、六尺斗も土置候。又川除前川原ニ者、弐丈も土置候て大田用水うつまり水下タかんそんと申度候分、水者一てきも御座なく候。（後略）

しかしながら、四月の洪水では幾つかの被害数字が残されており、次にその数字を再検討してみたい。加賀藩側の記録である「火災地震記録四種」では、町方の洪水被害が次のようである。

史料5(20)

（前略）富山領赤江村稲荷村上野村奥田村同新村江流出、赤江川筋より神通川江流落申由右水下村々之義は、流家損家等并人馬相損候義多ク御座候由ニ候得共、宜敷相知不申候。一瀬は、富山鼬川江流出、富山城下之内稲荷町いくり屋と申茶屋端之御番所流失、種屋□助と申家四間計り押出シ同人向側六軒流失、柳町家六、七軒流失、上立町河原町天神町東中町大工町東田町清水町不残泥水押懸り弐三尺迄水附ニ相成、損家之義ハ所々多ク御座候由、尤水下町之内ニも少々流入も御座候由ニ候共、未タ人数相知不申、鼬川江牛馬余程流出申候由、右川表之橋裏上方之ハ金屋町之橋いさし町橋住居橋小刀へ橋其外鼬川より東方小橋流失仕候。

一、御城内外御丸内御蔵所等鼬川より西ハ御別条無御座候（後略）

右の史料では、鼬川右岸側の稲荷町、柳町で計一二～一三軒の家屋が流失し、上立町、河原町などで二、三尺（六〇～九〇センチメートル）が浸水したと伝聞した内容を記録している。橋や牛馬の流失もあったが、左岸側（西側）では「別条無御座候」とある。また、村方の被害は「流家損家等并人馬相損候義多ク御座候由」とあり、具体的な数字はないが、赤江川水下村での洪水被害を示唆している。

表1は、同じく加賀藩側の記録である「越中古跡粗記」にみえる洪水被害を示したものである。

この記録では、流失が稲荷町七軒のみであり、先の記録と数字が大きく食い違っているが、右岸側の一一ケ町を具体的に記し、洪水被害の対象として強調されている。さらに、村方二一ケ村において流失五軒、半潰五軒、泥込

表1　富山城下町及び村方における被害①

（1）　富山城下町

町　名（戸数）	流失数	皆潰数	半潰数	床上泥込数	床下泥込数
稲荷町（131）	7	2	26	66	12
柳町下金屋町（71）				24	47
向河原町先上り立町(40)					40
東田町（66）				4	62
上金谷町（2）				2	
寺内町（4）				4	
南仲間町（161）					161
東散地町（26）				17	9
北新町（41）					41
御城下計（524）	7	2	26	117	372

被害総軒数は富山城下11ケ町で524軒。

「越中古跡粗記　完」（金沢市立玉川図書館近世史料館蔵「加越能文庫」所収）による。

（2）　富山藩村方

村　名	流失数	半潰数	泥込数	変地高数（単位：石）
下番村				120
下馬瀬口村				52
上馬瀬口村			1	47
善名村				178
荒屋村			3	207
本江村				108.5
中屋村				56
布市村				3
上千俵村				10
月岡新村				136
本江下新村				54.5
大家村				393
清水村			7	780
公文名村				134
東田地方	2		16	148.287
稲荷村	2	1	34	824.557
上奥井村		1	4	193.246
窪村	1		17	482.527
奥田村		3	45	1,048.127
奥田下新村			59	1,183.959
西田村			6	89.549
計　21ケ村	5	5	198	6,249.252

変地草高総数は21ケ村で6,249石余。

「越中古跡粗記　完」（金沢市立玉川図書館近世史料館蔵「加越能文庫」所収）による。

表２　富山城下町及び村方における被害②

（１）　富山城下町

町　名	流失・潰家数	半潰家数	床上浸水数	床下浸水数
向河原町 先上り立町				64（300）
柳町 下金屋町			63（286）	93（415）
稲荷町	12（ 58）	33（182）	146（692）	28（117）
東田町			4（ 18）	68（322）
東散地町			20（110）	19（ 89）
上金屋町			2（ 18）	
寺内町			4（ 19）	
北新町				91（450）
西中間町 後町				191（955）
計12町	12（ 58）	33（182）	239（1,143）	554（2,648）

（　　）内は人数。被害総数は計12ケ町で838軒（4,031）。

大場家文書「安政五年常願寺川出水ニ付御用留」（『富山県史』史料編Ⅳ近世中）による。

（２）　村方

村　名	水附高数	村　名	水附高数	村　名	水附高数
荒屋	287.5	大泉	470	奥田	768.5
上馬瀬口	178.5	公文名	200	下奥井新	53
下馬瀬口	172.4	清水	800	下奥井	85.4
善名・大場	387	稲荷	777	下赤江	39
下番	282	東田地方	151.5	西川原	84.2
月岡新	200	鶴田	45	奥田下新	1,100
上千俵	50	双代	21	奥田上新	47
中屋	170	窪	482.5	下桑原	51
関	50	上奥井	116.7	中嶋	70.3
本江	400	上赤江	30	西田	89.5
本江下新	65	上奥井新	46.7		

被害総数は計33ケ村。

大場家文書「安政五年常願寺川出水ニ付御用留」（『富山県史』史料編Ⅳ近世中）による。

一九八軒を数え、総変地六二四九石余としており、家屋と田畑の被害が記されている点は注意を要する。

さて、富山藩側の記録として『富山県史』では「大場家文書」の記録[21]を引用している。次にこの史料の被害数字の妥当性を考えてみたい。

「大場家文書」の記録は表2で示したように、鼬川右岸の計一二ケ町で流失・潰家一二軒、半潰家三三軒、床上浸水家二三九軒、床下浸水家五五四軒とあり、最も詳細な記録である。村方でも計三三ケ村の変地高数が記録されている。本史料にみえる総計の記載に拠れば、総水附草高は、一万三八一石一斗となる。しかし、変地高数のみで家屋の被害は記録されていない。

一方で富山町肝煎が、安政五年四月の出水後に作製したとみられる「安政五年四月出水富山被害図面」（富山県立図書館蔵）には、流失・潰家一二軒、半潰家三三軒、床上浸水家二三九軒、床下浸水家五五四軒とある。これは、先の数字と一致することから、町方での家屋の被害数字は計八四〇軒程度と見做して差し支えないであろう。

次に、村方については、「安政五年大地震山突波泥洪水一件」[22]をはじめする加賀藩側の記録では、富山藩一八ケ村、変地高計七三八二石程度の数字を記したものが多い。廣瀬誠氏も多くの著作でこの被害数字を引用しているが、「その他の被災に関する数字は不明である」として、さらに他村の被害も想定しており、あくまで慎重な姿勢である。この一八ケ村とは、加賀藩側の災害絵図[23]などから、東田地方村、稲荷村、西鶴村、奥田出村、上赤江村、下赤江村、奥田村、奥田上新村、西田村、下奥井村、上奥井新村、奥井新村、西川原村、奥田下新村、下桑村、中島村、窪村、上奥井村の村々を指していることがわかる。

富山藩領の洪水被害は「変地高一八ケ村、七〇〇〇石余」との記述が多く見られるが、これは鼬川付近と赤江川筋の村々のみを示すものであると考えられる。しかし、「越中古跡粗記」や「大場家文書」にみえるように、さらに上流部の太田用水下村にも洪水被害があり、計三三～三六ケ村で洪水被害があったと考えられる。(24) したがって村方全体の変地高数は、それらを加えて計一万四〇〇～一万五〇〇石程度であったとみてよいであろう。

以上、いささか煩雑に筆を進めてきたが、安政飛越地震における富山藩領での地震被害および洪水被害を総合的に捉える基礎的作業が成されていなかったため、本節で再検討したものである。

第三節　情報収集と避難行動

安政飛越地震の発生後、富山藩ではどのように災害情報を収集し、避難行動を開始したのであろうか。その問題について町方を中心に検討してみよう。

町方では、町奉行所の指示によって情報収集が行われている。町奉行は「人締方」として災害の人的被害を回避する任務があった。野村宮内の「地震見聞録」にも描かれたように、富山町から常願寺川奥山での大煙が遠望され、山崩れに伴う城下町への洪水被害については、ある程度、予想されたものとみられる。しかし、町方の情報収集は直ぐには行われてはおらず、初動期において様子見の感がある。

地震後の二十六日、加賀藩領の本宮村、小見村ではすぐに遭難者の捜索が行われ、緊急調査隊からの注進をうけ、二十七日に両村肝煎が「村送り告状」なる廻状を下流域の村々へ発送している。これは、上部機関からの情報伝達ではなく、本宮・小見村から直接周辺の村へ出されたものである。こうした特殊な廻状が災害時に出され、村方で自主的に避難準備をしていたことは注意すべきである。しかし、この「村送り告状」以前に、富山城下町へ洪水の「うわさ」が伝わり、城下町中では混乱が発生したようである。そこで、町奉行は城下町のパニック状態に対処する必要に迫られることになった。

さて、富山町奉行青木三郎は、二十六日夜、富山町南新町三室屋庄三郎、南新町本宮屋藤兵衛、船頭町下野屋清左衛門らに対して、奥山の被害状況にかかる情報収集を指示している。(25)この三名の報告は、加賀藩上滝村五衛門が地元の人夫を雇って鍬崎山で実地見分した内容と一致することから、加賀藩が収集した奥山の情報を本宮・原村周辺で聞き、その内容を二十八日夜に報告したものとみられる。(26)そして町奉行が立山山中の様子を二十九日に注進書として藩上層部へ提出している。さらに、庄兵衛と平七を馬瀬口村へ派遣し、加賀藩の実地見分による情報を収集している。

その先二十八日に至り、加賀藩役人から洪水の危険性があることを「右滑川等一時之流出候時ハ、富山様御城下危機躰ニ而、彼様よりも夫々御聞合、御詮議之上、一昨二十八日夜四時比迄、長門守様御出立退、同御領小竹村善四郎方へ御越し被為遊候躰、尤御家中へも出水之心得方夫々御触付有之候躰ニ承合申候」と注進されている。

こうして富山藩では、加賀藩の災害情報を基にして避難行動が開始されている。三月上旬までを日付順に見ると、次のようである。

・二月二十八日夜

富山藩から洪水に注意する内容のお触れが出され、夜中に呉羽山へ避難が開始される。避難生活は三月三日頃まで続くことになる。一〇代藩主利保（隠居）は小竹村善四郎（善治郎）方へ二十八日夜十時頃に避難行動を開始したが、二月晦日までには帰城したようである。

・三月三日
南新町本宮屋藤兵衛、南新町福光屋貴兵衛らが、加賀藩領の芦峅寺村へ行き、同村甚之丞らから災害の状況を聞き、同日夜に町奉行所へ報告する。
・九日
富山藩より役人二名が神通川上流（西猪谷村など）へ向かい損所を実地見分する。十日に水除工事を行い、見込林の伐採などをするように指示する。
・十日
常願寺川流域で一回目の大土石流が発生する。富山城下町は洪水被害を免れる。
・十一日
土石流が再発する恐れから、富山城下の人びとが呉羽山へ再び避難を開始する。
・十五日
富山藩から足軽三〇人が分担して派遣され、真川の溜水状況について情報を収集する。(27)

さて、富山町の住人による呉羽山での避難生活は三月三日まで続くことから、大きな余震がこの辺りで落ち着いたものとみられる。そこで、同日、町奉行が加賀藩領芦峅寺村に人を派遣し、再度、奥山の情報を収集させている。このように富山藩では、加賀藩領に人を派遣し、加賀藩村役人らが収集した情報を聞き取りなどで収集して対処を決めており、これは他領で発生した災害との認識があったことを示すものであろう。
一方、村方の災害情報は、郡奉行へ注進されたとみられるが、今のところ詳細な記録があまり見当たらない。ただし、神通川上流部の西猪谷村では、二十六日に関所番人の橋本作七郎、吉村茂兵衛が小頭へ被害内容を書き上げ、村肝煎が飛脚を使って郡奉行所へ直接届けている。その際、番所周辺の被害状況を描いた絵図を郡奉行だけでなく、家老中と江戸表へ送付しており、きわめて素早い対応がみられる。西猪谷口留番所では日頃からこうした異変に対する備えが出来ていたことがうかがい知られるのである。

しかし、富山藩では三月九日、ようやく神通川上流部の村方へ実地見分の役人を派遣している。これは早急な対応とはいえず、地震に罹災した後、富山藩では町方の洪水の危険性にかかる情報収集が中心である。すなわち村方での情報収集においても藩に積極的な姿勢があったとは考え難いのである。

第四節　救済と復旧事業

本節では、富山藩領において被災者に対する救済とともに復旧事業がどのように成されたのかを、町方と村方とに分けて見てみよう。

一　町方での救済と復旧事業

富山町では、次の史料6にあるように、緊急措置として上納金の四分の一が用捨（免除）されたようである。これは地震により土蔵等が著しく破損したことに対しての緊急措置であったとみられる。

史料6(28)

一、富山御領宿在且御家中共五万両之御見込を以上納金被御渡置候へ共、前々之上納金ニ而一統難渋之趣願方仕居候へとも御聞届無御座候処、同月廿五日之地震ニ而宿在共余程損候躰ニ付、今度格別之趣を以、以前件上納金百両ニ付四ケ一御用捨被仰付候躰。

一、当十月迄百両ニ付三ノ二御取立御座候躰ニ候へ共、人々騒ケ敷申立候程之義ハ無之躰、併近年世上不融通之時柄ニ而、何茂迷惑仕候得共、成限り才覚を以、上納仕候躰相聞得申候。右同心横目田中義六郎より申越候。

（後略）

しかしながら、地震後の復旧は財政的な理由により、早急には進まなかったものとみられる。「富山表風説書」には次のようにある。

史料7(29)

安政六年未

一、富山表御政事ノ向等、去秋以来改候義も無之、当時厳敷御省略中万端御指省、昨年強地震ニ而、御廓内御破損所夥敷候得共、尓今御手入も無之、其侭ニ被指置、兎角御勝手向御高借ニ而往々者御仕法も不相立、相混シ亦至極御逼迫義者先達而も直ニ而追々御取戻与申場合ニも不相成由、且又近年悪敷風俗之御役人夫々御取替ニ而

当時ハ不正取捌等も無之下々迄心服聞由（後略）

右の史料にみえるように、地震後、一年経っても城内の破損箇所の修復が行われておらず、こうした状況下では藩の恒常的な財政難があったことが分明であろう。

二　村方での救済と復旧事業

富山藩村方の被害は地域によって被害の様相が異なる。常願寺川流域では地震に加え、洪水による用水や田地の変損が主であり、神通川上流域では、地震による山抜けで用水や田畑が変損した上、飛驒街道が埋まり、物資交流に支障をきたした。それぞれの被災者への救済と災害復旧について見ていきたい。

1　常願寺川流域

常願寺川流域では、四月の大洪水後、困窮者に対して藩より急難救米が支給されている。「富山侯家譜等」には一二代藩主・前田利聲が、一二〇〇〇石を窮民に賑救したとある。

史料8(30)

（前略）五年二月廿五日夜越中地大震新川郡立山以南ノ大鳶山大ヒニ崩レ澤ヲ埋メ谷ヲ塞キ泉流通セス四月廿六日其山間ノ豬水潰決シ十里余ノ間波浪森漫時ニ封内常願寺川辺ノ十箇村盡ク沙石ノ地トナル爾後三年ノ間、其窮民ニ

米二千石余ヲ分与シ之ヲ賑救ス。（後略）

次の史料9には、藩が救米を与えたとあり、まず、窮民に米三〇〇石を支給し、別に四月十六日から十二月晦日までに一五〇〇石、計一八〇〇石を給与したとある。さらに当初、被災した村々に対して、被災者を三等分して白米二升、一升、七合を給与し、年貢一万石を免租したとある。ただ、同史料にある四月十一日、四月十六日とあるのは、それぞれ四月二十六日、五月一日の誤りであろう。

史料9(31)

五年二月、地大に震れ、城中石垣崩壊し大樹倒れ地裂く、此の時大鳶山崩れ常願寺川を壅塞し水流通せす。四月十一日、怒流暴力に至り大石を飛はし淤泥を奔らす上瀧村以北東岩瀬に至るまて人畜死傷其の数を知らす。餘波我か邑稲荷町人家を没し柳町天満宮社内に入り鼬川架橋盡く流没せり是れ大塲堤決壊せしに由る。最も太田用水は我か封内に關する處なり其修築費金千四百兩、人夫五萬八千六百人餘なり。罹害者を救して一萬余石を免租し、其流三者を三等分に區分し一時白米二升、一升、七合を給與せらる。窮者には三百石を救恤し、別に四月十六日より十二月晦日まて千五百石を給與す。（中略）

六年正月、常願寺川前年災後の村民か食の資なきを憐み、猶本年十二月まて千二百石を給與すべき旨命せらる。五月、霖雨日を経て歇ます南風時に暴威を加ひ雹を降す加賀澤村山嶺崩壊神通川を塞く此日諸川洪水田畠損害多し為めに二十八石を救助し三千五百石を免租せらる。

次の「吉田家文書」では、五月一日から八日まで一人に五合の救米を支給したとあり、これはおそらく住居が流失ないし丸潰になった、村方の最窮民に対する藩の初動措置とみられる。

史料10(32)

（前略）苗代抔致し候ものハ池水ニ而やしない候ものも御座候、清水又用水、太田用水堀ハ四月二日朝より御普請、其人数おびただしきことニ候、一日二千五六百人つゝ、漸く廿三日かゝり江口に水入申候。（中略）
五月朔日より人壱人ニ五合ツヽ、八日迄御すくい出申候。
一、村々流泥入候場処ハ大豆植付被仰渡ニ御座候故、夫々大豆植付致し候得共、まにあへ不申候、其内ニ者少々も宜敷所と御座候よし。
一、泥土砂入候場処、八月上旬頃より御取方御扶持人十村図り方等御見分御座候て砂泥除御つもり相成貸米貸致、又ハ平夫等おびただしく事ニ候。
一、石泥入之村々壱つ免ニ而十ケ年季ニ為り仰渡候。依而よく来年四月植付迄ニ夫々江堀り畔立地ならし莫大之村々雑用ニ而夫々植付仕候処、未五月十九日湯水ニて元ノごとく砂地ニ相成申候。
一、未年迄、泥入之村々御やしなへ米出申候。（後略）

また、「田近家文書」によれば、下番村で一一八人のうち二八人が「御救受」となり、六月二十二日〜十二月三十日まで一人一日三合宛で計一五六石六二四が支給され、諸費用を差し引いた一二石二〇三が持高の泥入高歩数に応じて割賦されたもので受けとっていることがわかる。(33)

これら限られた史料を見る限り、救米については、常願寺川流域の窮民に対して五月一日から八日間、一人一日五合が支給され、十二月晦日まで一日三合宛で何度かに分けて支給されたものとみられる。さらに、被災村々には泥込みの変地に対して大豆の植付けが指示され、救米は二升・一升・七合と三等分され、まとめて支給されたのであろう。これらの救米が十二月晦日までに一八〇〇石〜二〇〇〇石余であったと解し得るのである。

さて、富山藩の記録には、常願寺川からの取入用水の復旧に関する記述が多く見られる。このことは、加賀藩領との出合であった三室用水、清水又用水、及び富山藩領の太田用水が重視されていた証左でもあろう。なかでも先の史料にあるように、藩が田植え時期をひかえ、用水の復旧に力を注いでいたことは疑う余地がなく、これについては詳細な先行研究[34]がある。以下、それらの成果に拠り述べておきたい。

地震時、太田用水では筒口懸替の普請を行っており、三月十七日に出来の予定であったが、地震と三月の洪水によって筒口が破壊され、江筋が泥で埋没した。三室用水と清水又用水では、出水後早々に復旧に取りかかっていたが、太田用水では三月十八日に勘定奉行らが実地見分したが、二十日過ぎにおいても普請の指示がなかった。そこで、二十六日から肝煎が監督して毎日数百人の人夫が出て自普請を開始した。四月四日にようやく郡奉行所の方針が決まり、人足八〇〇〇人と見込み、うち五〇〇〇人を水下村々へ割り当て、残り三〇〇〇人を一人一匁二分で平夫を雇うこととした。しかし、工事が上手く進展せず、三室用水の工事を請け負った砺波郡石丸村五郎右衛門に三五〇両で引き請けさせることとなり、四月十六日から用水筒口前の江筋を埋めている泥・岩の取り除きと鳥足による水通しの請負工事が開始された。さらに、二十六日の再出水で、用水の源左衛門川除（堤防）が押し切られ、筒口羽取石（石積み）などが押し流され、これまでの普請が跡形もなく破壊された。堀割は、大水のため底が深くなり、通水しやすい状態になった。これに対して江肝煎らは、とりあえず川除の仮修理と飲水取入口の普請をすることを決め、郡奉行所へ見図書とともに願い上げ、当座の一〇〇両が渡された。石丸村五郎右衛門らは二度目の普請を三九〇両で請け負い、五月十日を出来予定日（完成予定日）とした。

先の「前田氏家乗」には、太田用水での最終的な修復費が一四〇〇両、延べ人夫五万八六〇〇人余とあり、膨大な復旧費用がかかっていることがうかがえる。

こうして用水の仮修復は、一応六月末頃までに終わり、続いて川除普請が開始されたものと考えられる。七月、加賀藩との出合普請であった、草履田前などの川除修築では、設計金額の二割減と御為銀（地元負担金）の用捨、さらには一坪につき一人五分宛の増人足を、三室三ケ村（上滝・三室荒屋・中滝村）肝煎が新川郡大田組裁許金山十次郎へ願い出ている[35]。

また、赤江川筋では、家老和田縫、御用人、横目が実地見分した上で、川除普請を指示し、再洪水の危険性から重点対策箇所として土居を二重に築立したようである[36]。

八月上旬には、「吉田家文書」にあるように、御扶持人十村が田畑の変地箇所の見分を行い、平夫を雇って田畑の砂泥の取り除きを開始したことがうかがえる。

後述するように、加賀藩では六月に川除普請と変地起返が一斉に開始されている。これに比して富山藩では用水普請、川除普請、変地起返が順序立てて行われており、災害復旧の仕方に相違が見られる。ただ、富山藩の復旧作業が優位にあったとはいえず、むしろ遅滞していたと捉えてよいであろう。

2　神通川上流域

次に神通川上流域での災害対応を見ていきたい。西加賀沢村では被害が大きく、救米が一人五合宛で計四五石が渡された。また、山抜けで用水が被害を受け、草高五四石のうち三九石四斗が変地となったことから、肝煎七平が、藩に対して年季高の見直しを願い出ている。三月二十四日には、御扶持人十村奥田伝兵衛らが実地見分している[37]。西猪谷口留番所では、村方人足ではなく請負で修理が行われたようである。黒鍬大工の四人が門・石垣、左官一人が白壁を修理し、畳の入れ替え等を行い、八月に修理費として三貫六九二文が渡されている。

飛驒街道（西街道・中街道・東街道）が山抜けにより不通となり、死活問題となった。街道沿いの村々での稼ぎ方に影響しただけでなく、幕府直轄領の飛驒の村々では米・塩・魚といった食料の移送ルートが寸断されたのである。それは、次の史料11からもうかがうことができる。

史料11[38]

以切紙致啓上候、春暖之節御座候処、弥御堅固被成御勤珍重奉存候。然者、三郎兵衛支配所飛驒国村々日用塩之義者、兼て御承知之通、其御領分道筋より飛州中山口、荒田口、小豆沢口等江引取相続仕来候処、去月廿六日暁九ツ半時頃、稀成大地震ニ付、山崩其外ニて右三道共大石土砂押出、或は欠崩、悉及大破、通行必至差支候。然ル処同国吉城郡角川村より其御領分越中国桐谷村江之場所新道切開、塩荷其外共運送いたし度段願出、右者国用第一之塩引取方差支候では相続方ニ拘り、実ニ不容易筋ニ付、御領分ニおゐて差支筋無之候ハヽ、三郎兵衛より其筋江申立候積ニ御座候間、道並村々故障有無御紀否早々御申越有之候様いたし度存候。右之段可得御意如此御座候、已上。

三月十一日　　　　　　　高山両人

松平大蔵大輔様御内

御役人中様

法被壱枚
燈灯壱張

右被成御渡奉受取候　以上。

加藤周右衛門　印

午三月十一日

そこで、富山藩では街道不通の事態を重くみなし、八尾から飛騨角川村への代替ルートを整備したとみられる。橋本家文書には「地震之後、当細入筋往来通路壱人も無之、仍而八尾通り大長谷桐詰御関所二つ合通り、角川江諸荷物相向申候事」とある。

また、三月二十二日、次の史料12によれば、飛騨街道沿いの村々へ街道復旧のための普請料を渡している。最初の街道普請の出来見分は、四月十四日に行われていることから、きわめて早急な対応といえよう。甚大な被害であった西加賀沢村に対しては、普請額を一三〇両斗と見積もり、五月五日頃から請負にて普請を開始した。五月二十三日に普請状況の見分が行われ、藩は六月に三〇両（六〇両とも）を追加で渡したようである。また、蟹寺村から加賀沢村までの尾根通りに新道を開く予定であったが、中止されている。

史料12(39)

覚

道普請料被下銀左之通

岩稲村壱貫三百何十目

一、　　　　　　　　　　　　加賀沢村

一、六百何十目　当座人々通用道　蟹寺村

一、百五十目斗　用水往来共ニ　猪谷村

一、八十目余　　　　　　　　片懸村

一、五百何十目　　　　　　　庵谷村

右御支配両人見分之上、御奉行所江申上候処、御奉行福村佐源太殿、浦上判五右衛門殿御月番江被仰上候処、随分番人共用心可致被仰渡御座候由、則絵図面も御家老中被指出、江戸表迄も御達御座候よし、小頭被申聞ニ御座候。

こうした富山藩の災害対応を見ると、財政的制約により、藩内全てを網羅できず、村方への対応も限定的とならざるをえない状況であったことがうかがえよう。幕府直轄領からの強い要請にもとづき、飛驒街道の修復を重視し、次いで用水等の修復に力を注いだものの、最低限の対応に留まっている。さりながら、街道や用水の修復が重視されたことは、藩内における困窮度に応じた災害対応に結びついたともいえよう。

第五節　安政期の富山藩と災害対応

安政期の富山藩は、諸先学の検討により切迫した政治的、財政的な課題を抱えていたことが明らかにされている。その一端を概観しておきたい[40]。

安政期は、前藩主利保（一〇代）と藩主利聲（一二代）の父子が激しく対立し、ついに加賀藩主前田斉泰は安政四年（一八五七）三月、利聲に対して「暫ク引籠御養生」を申渡し、利保に再び藩政を執らせた。四月には加賀藩から藩情報告を任とする横目として津田権五郎が派遣され、半年交代を原則として土井吉之丞、福島鉄之助と次々に派遣された。安政五年七月、横目が廃止されたが、そのまま福島が家老職として富山藩に残った。

翌年六月には利保が加賀藩に対し、このまま隠居・謹慎とし、斉泰の九男・稠松を嗣子にしたいと願い出て、結局は安政六年十一月、同人隠居および稠松の養子及び家督相続が許可されている。

これを受けて、安政七年から本格的な宗藩介入が始まり、民政の末端にまで加賀藩の指示が及ぶことになる。安政五年は、富山藩にとって藩運営の主体をめぐる内部的対立がひとまず収まったものの、加賀藩の政治的介入が徐々に始まり、藩内がその対応に揺れていた時期であろう。

また、安政期は、異国船の来航に伴う幕府の命により、北辺の海防・警備に対して次第に力点をおき始めた時期でもある。嘉永年間に直轄船として八〇〇石積程度の帆前船四艘をつくり、安政二～三年にはこの「御手船」を増やすため売薬商人からの諸役銀のうち各五〇両を充てている。その先安政元年、非常対策のために西岩瀬・四方に「海固倉」がつくられ、現米三〇〇石が積まれた。海防のため、庶民の訓練と動員体制も開始され、「富山表風説書」によれば、安政五年中には牛島河原に調練場もつくられたようである。さらに、安政六年四月の四方浜沖での黒船出現により、これらの警備体制と訓練がさらに急務とされたのである。

これまで見てきた富山藩における災害対応の遅滞を考えるうえで考慮しなければならないのは、以上のような藩内の政治的動向をめぐる混乱である。すなわち、安政期富山藩では藩内が二分されており、切迫した政治的問題を抱えていたのである。安政期には加賀藩との協調を志向する隠居利保と国許の家臣団に対し、支藩独立を志向する利聲と江戸表の家臣団が藩政の運営、藩主後継をめぐって対立を激化していた。かかる藩内憂慮は、ひとまず加賀藩による政治介入という形で決着したのであるが、地震災害が起きた際、富山藩主・家臣団の地震被害への対応・調査の指示が遅滞しており、これはおそらく藩政運営の主体をめぐる政治的動向に関心が注がれていたためであろう。

また、富山藩では宝暦期から財政難が課題であった。宝暦十三年（一七六三）、経費一一万両に及んだ日光東照宮の幕府御手伝普請では、借財の負担が莫大なものとなり、幕末まで財政難が恒常的となったとされる。天保十四年（一八四三）、借用金の返済を延期し、家臣からは三年間の「半知借上」が行われた。弘化四年（一八四七）には五年間の「三歩借上」となり、町・在に対しては上納金・米が断行された。嘉永三年（一八五〇）からは「富裕講」の名目で家臣、町方から徴収が行われ、さらに翌年には日光御手伝普請として上納金が命じられている。

さらに富山藩では、加賀藩に比して大火が何度も発生しており、藩財政が逼迫していた[41]。安政期には、そうした厳しい状況に加え、安政二年（一八五五）二月に起こった富山町の大火（人家五八〇三軒、千歳御殿焼失）が藩財政を壊滅的な状況に追い込んだものとみられる。藩では八万両の金札を発行し、再度、家臣からの「三歩借上」が行われ、反対する家臣が多かったようである。安政五年、安政飛越地震が発生し、翌年には「半知借上」となり、家臣の中にはかなり難渋する者もあらわられた。これに金札発行による諸物価の騰貴が重なり、藩財政は相当の困窮度であったとみられよう。(42)

次の史料13では、安政五年の用水普請の雇料が翌年にようやく支払われており、当時の財政状況を如実に示すものである。

史料13(43)

一、昨年二月強地震、同四月常願寺川大洪水ニ而所々用水泥込ニ相成、右堀立方等御普請ニ付、村々肝煎江申付、多クの人足御雇揚ニ相成、壱人江弐百文図りを以御雇揚之義ニ御郡方より申渡有之、御普請も夫々出来之上、右雇料相渡申ニ付、段々相願之処、壱人江百弐拾文図を以当七月渡りニ申渡有之、兼而之申渡与ハ相違ニ而其節村方余荷を以漸相弁之由、右様之義ニ而心服方不宜、右御普請方ニ付其刻長門守様御手元より金子九百両斗御渡ニ相成候由之処、御雇賃相減、誠ニ遅滞ニ相成候趣（後略）

さて、安政飛越地震における富山藩側の記録は加賀藩側に比して頗る少ない。このことは当該期の富山藩の情勢が反映しているように思われる。すなわち、富山藩上層部では、幕府直轄領飛騨と本藩加賀藩で発生した自然災害との見方が趨勢を占めていたとみられる。被災地が、隣領とはいえ他領であり、町方の倒壊被害、人的被害も酷いものではなかった。町方では、土蔵壁の崩落と地面が裂け、噴砂・噴水が生じた被害に遭ったものの、前者については臨時的な補修が可能であった。大規模な火事も発生せず、さほど深刻な問題として捉えなかったのであろう。

ただし、富山藩の被害状況を捉える上で注意を要するのは、木村立嶽が描いた「地水見聞録」の挿絵である。このうち富山町の被害状況を描いた挿絵四点は、安政飛越地震のイメージを現代にまで伝えるものとして貴重な資料であるが、これは富山町全体の様子ではない。「地水見聞録」の記述から富山町内の覚中町や諏訪川原などの被害が比較的大きかった場所の様子を描いたものと推断される。覚中町では、続けて三軒の家が潰れており、他に地盤の弱い諏訪河原では半潰家一一軒があったものの、町方全体としてはさほど大きな被害ではなかった。

したがって、町奉行による災害情報の収集も、洪水の危険性を加賀藩から注進されて、ようやく本格的に乗り出しており、初動期の対応において様子見の感があったのである。

富山藩では、村方の災害対応にも遅れをみせている。例えば、地震後、神通川上流域に生じた山抜と道の寸断について飛脚によりもたらされた情報に対し、ようやく一〇日後、実地見分のための役人二名を派遣し、現地で水除と伐採の対策を講じているという有様であった。しかし、その後、幕府直轄領側から街道の修繕の協力を強く依頼され、街道復旧工事に早急に着手している。

安政期の富山藩は藩内憂慮に庶民の目を向けさせず、むしろ海防やそれに伴う軍事訓練を進めていくことで、藩内の混乱を収拾する政治的方針をとっていたのであろう。安政期における富山藩主・家臣団の自然災害に対する意識は相当低かったものとみられる。

近世における公権力による災害対応を見ると、本藩・支藩に拘わらず、藩毎に大きな「温度差」が想定されうる。近代国家のような法的あるいはマニュアル的な一律対応と異なり、近世では領主や上層部の自然災害に対する意識によって、それぞれ対応が異なるという点を見出すことが可能である。今日まで残存する富山藩における安政飛越地震の史資料が、加賀藩のそれと比して頗る少なく、いま一つ不明な点が多いのも、こうした領主や上層部の「温度差」

に起因するものと理解されよう。

おわりに

以上、本章では、安政飛越地震における富山藩の被害と災害対応について検討し、私考するところを述べた。安政飛越地震の富山藩の史資料が、加賀藩のそれと比して頗る少ないのは、領主と上層部の「温度差」に起因するものであるとひとまず理解しておきたい。

本章は、究極的には災害対応という観点から、富山藩の幕末史を追及しようとしたものである。しかし、資料の調査不足の感は否めず、まして富山藩全体の様相を明らかにできたとはいえず、現段階での問題提起に留まっていることを御了承願いたい。

今後の課題としては、富山藩村方の記録をさらに集積して、庶民レベルの災害認識を一層明らかにする必要がある。北原糸子氏は、安政江戸地震の瓦版、体験筆記、地誌類など膨大な史資料の分析を通して、近世における災害記録の階層性について言及している。(44) 加えて北原氏は、災害への反応が武士、町人、下層庶民の間でかなり差異があることを考究している。本章では、そうした庶民レベルの災害に対する心理を追究できなかったが、幕末期における富山藩の社会的様相を明らかにするうえでも将来検討されるべき課題であろう。

註

（1）地震・洪水及び災害復旧にかかる絵図を網羅したものに『越中立山大鳶崩れ―安政五年大地震大洪水の古絵図集成』（立山カルデラ砂防博物館、一九九八年）がある。また、嶋本隆一・飯田肇「大鳶崩れに関わる災害絵図作製に関する一考察」（『立山カルデラ砂防博物館研究紀要』第一号、二〇〇〇年）では、上流部における災害絵図の作製者や見分場所について考察されている。
（2）西水橋地域の被害に言及したものに、杉村利一『水橋の歴史―安政の大洪水と西水橋の被害―』（一九九七年）がある。
（3）前田一郎「安政の大災害関係史料（一）」（『立山カルデラ砂防博物館研究紀要』第七号、二〇〇五年）、「安政の大災害関係史料（二）」（同第八号、二〇〇六年）は、「魚津御用言上留」第一冊（金沢市立玉川図書館近世史料館蔵）を全て翻刻した労作である。
（4）藤井昭二・古田清三・廣瀬誠・高瀬保『古地震被害調査研究報告書その1』（藤井環境地質研究所、一九九六年）、藤井昭二・古田清三・廣瀬誠・保科斉彦『古地震被害調査研究報告書その2』（藤井環境地質研究所、一九九七年）。なお、これらの調査内容を補足、再録したものが、藤井昭二『大地の記憶』（桂書房、二〇〇〇年）および廣瀬誠『地震の記憶』（桂書房、二〇〇〇年）である。
（5）廣瀬誠『地震の記憶』では、被害数字を「被害村数一三九ケ村、変地高数二万五五八四石、流失・泥込家一五七六軒」としている。
（6）註（4）の調査において、富山藩側の被害を記した史料が見出せず、加賀藩側の史料が中心となったという経緯がある由である。藤井昭二氏の御教示による。
（7）廣瀬誠氏は「地水見聞録」、「地震見聞録」各々の筆者を、滝川一瓢、野村宮内と推定され、これまで諸説に相違がない。
（8）「地水見聞録」には、杉坂万吉、三沢権三郎、吉田伝七、島田市之丞、小川甚八郎、池田宗右衛門、堀源右衛門、大石小左衛門、水越五兵衛、久保伝三郎、柴田権作宅が記されている。
（9）木村立嶽（雅経）が描いた「地震見聞録」の挿絵のうち、土蔵等が破損している絵は、覚中町の伝聞の様子と一致する。
（10）立山町野村地区区有文書「安政五年大地震大洪水記録」。
（11）成瀬正居手記「魚津御用言上留」第四冊（金沢市立玉川図書館近世史料館蔵）。

（12）土蔵半数の具体的数字は不明であるが、「御家老方等手記留」（『加賀藩史料』藩末編上所収）には、「富山辺土蔵計三百斗損じ」とある。
（13）安政二年（一八五五）二月の富山町の大火では、中野村平蔵方から出火し、南よりの烈風で七二町、六〇八九軒、千歳御殿、勘定所、公事場、吟味所、郡役所、時鐘なども焼失した。坂井誠一『富山藩』（巧玄出版、一九七四年）を参照。
（14）高瀬保編『町方吟味所御触留』（越中史料集成4、桂書房、一九九二年）の安政四年五月の火の用心にかかる触書などが参考となろう。
（15）加賀沢村貝ケ渕では、山抜けにより一〇丈（三〇メートル）ほどのせきとめによる溜水ができ、周辺の被害が拡大した。
（16）橋本家文書「安政四年十二月西猪谷関所日記」『細入村史』下巻所収。
（17）註（11）に同じ。
（18）吉田家文書「天保十五年甲辰年八ノ巻　被仰渡之趣御国聞書」。
（19）註（18）に同じ。
（20）「火災地震記録四種　単」（金沢市立玉川図書館近世史料館蔵）。
（21）大場家文書「安政五年四月廿六日常願寺川出水御田地泥石砂入等ニ相成候村附并流失家斃溺死人等之儀御留并御算用場江御達之留　外ニ富山御領之留帳」。翻刻文は『富山県史』史料編Ⅳ近世中、一〇七三～一〇七九頁に所収。
（22）杉木文書「安政五年大地震山突波泥洪水一件」（目録番号△△ホ－5－1、富山県立図書館蔵）。
（23）例えば、「安政五年常願寺川非常洪水山里変地之模様見取図（里方図）」（滑川市立博物館蔵「岩城文書」所収）、「常願寺川縁リ絵図零片」（富山県立図書館蔵）などが知られる。
（24）『東岩瀬史料』には、「大場家文書」に記された村々の他、高木村、上嶋村が記されている。
（25）前田文書「安政五年午越中立山変事録」（富山県立図書館蔵）。
（26）酒井家文書「乍恐愚等を願書附御達申上候書」。
（27）菊池文書「大地震山抜等御達書写」（富山大学附属図書館蔵）。
（28）「魚津在住言上抄」（金沢市立玉川図書館近世史料館蔵）。
（29）「富山表風説書」（金沢市立玉川図書館近世史料館蔵）。

(30) 「富山侯家譜等　単」(金沢市立玉川図書館近世史料館蔵)。
(31) 「前田氏家乗」(新田二郎編『吉川随筆・前田氏家乗』越中資料集成3、桂書房、一九八八年)。
(32) 註(18)に同じ。
(33) 田近家文書「泥入高御救米人々割賦帳」『大山町史』八三四〜八三五頁所収。
(34) 太田用水の復旧については、宮本幸江「郷土の災害」(『大山の歴史』所収)において詳細に報告されている。
(35) 酒井家文書による。
(36) 杉木文書「常願寺川筋大泥洪水ニテ非常ノ変損ニ付願方等一件」(富山県立図書館蔵)。
(37) 註(16)に同じ。
(38) 飛驒郡代高山陣屋文書「飛州村々地震一件」(岐阜県歴史資料館蔵)。
(39) 橋本家文書「安政五年二月安政大地震被害留」(『細入村史』下巻所収)。
(40) 安政期の富山藩の経済的情勢については、水島茂『加賀藩・富山藩の社会経済史研究』(文献出版、一九八二年)、政治的情勢については『富山市史』上巻の論攷に拠った。
(41) 廣瀬誠「富山藩政史略年表」(『富山史壇』五〇・五一号、一九七一年)。
(42) 一方、加賀藩でも物価騰貴が生じ、その原因として銀札の増発と借上令の影響などが指摘されている。水島茂「安政期の藩政―加賀藩―」(『越中史壇』二八号、一九六四年)参照。安政期にはこれら物価上昇が初期的要因となり、打ちこわしが発生する。
(43) 註(29)に同じ。
(44) 北原糸子『近世災害情報論』(塙書房、二〇〇三年)。

第五章　加賀藩の災害対応

はじめに

富山県の河川は全国有数の急流であり、多大の恵みをもたらす反面、豪雨のたびに氾濫を繰り返し流域の人びとを苦しめてきたという歴史がある。富山県の歴史を語る上で洪水災害との闘いの歴史を欠くことはできない。

かかる数多の洪水災害のなかで、幕末期の安政年間に常願寺川流域で発生した安政大洪水は、安政飛越地震の二次災害に位置づけられ、県史上最大規模の人的・物的被害をもたらしたとされている。

安政飛越地震は、安政五年（一八五八）二月二十六日（新暦四月九日）未明、跡津川断層の活動（右横ずれ）が原因で発生した内陸直下型地震である。震源に近い飛驒北部・越中のみならず加賀・越前にまで震動が拡大した。(1)それらの地域では人的被害および家屋倒壊等の物的被害はもとより、液状化に伴う土地隆起・沈降、山崩れ等の甚大な被害に見舞われている。(2)さらに、激震で常願寺川奥山の大鳶山・小鳶山が山体崩壊し、常願寺川上流では大量の崩壊土砂が流れ込み、いくつかの溜水ができた。安政五年三月十日、そのせきとめ部が小地震で決壊し、溜水が土石流となって常願寺川右岸域に押し寄せ、一ケ月後の四月二十六日、常願寺川右岸域と左岸域一帯に再び大洪水が襲いかかり大惨事となったのである（図1）。その人的・物的被害の数字は史資料により異同が認められるが、加賀藩の記録では損毛高二万五七九八石一斗九升九合、被災町村一四〇ケ所、流失潰家一六一二軒、倒壊土蔵納屋八八六戸、溺死者一四〇人、溺死馬九疋と記されたものが多く見られる。(3)

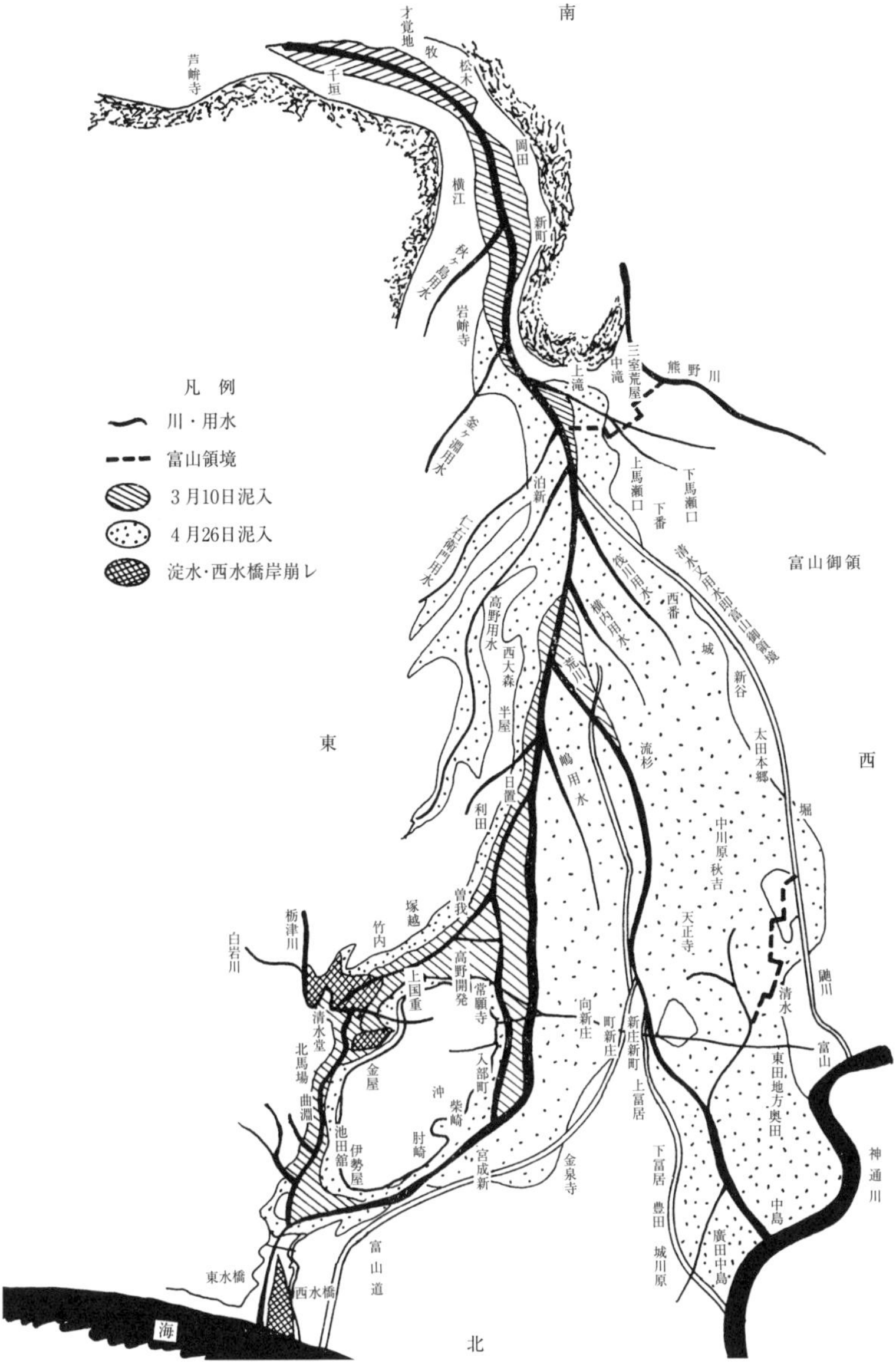

図１　安政五年大洪水変地村々見取図

『大山の歴史』（大山町、1990年）所収図より引用ところで、阪神淡路大震災、さらには東日本大震災が人びとに与えた衝撃は大きく、現代社会が抱える諸問題も含みながら過去の自然災害への関心を広範に引き起こしている。こうした社会的潮流のなかで、それまでの諸先学による災害史研究は被害規模の究明が主であったが、近年では大きく分けて二つの議論が盛んである。ひとつは文献史料で明らかにできない時代の自然災害を津波堆積物などから解明しようとする「古地震研究」の議論である(4)。いまひとつは文献史料から過去の自然災害に人びとがどのように対応し、いかにして被災地の復興へとつなげてきたのかを政治史・社会史・経済史の複合的視点で明らかにしようとする「災害復興」の議論である(5)。

前者は理学系の研究者によって、後者は人文学系の研究者によって調査研究が進められているが、両者の接点は災害史の解明を通して現代社会に生きる私達が自然災害と向き合うための教訓を引き出すことにある。

そこで本章では、歴史学の立場で安政大洪水において幕末期の加賀藩が救済と復旧事業をどのような政策で取り組み、それに対して地域社会がどのように対応したのか、その具体的諸相を明らかにすることで歴史災害における「災害復興」の議論を深めるための一助とするものである。

第一節　研究史的課題

これまでの諸先学による安政大洪水の研究は、洪水の被害域と被害数字のそれが主であったが、洪水後の救済と復旧事業について検討したものがいくつか見い出される。そこで問題の所在を明らかにする意味でも研究史をひとまず整理しておきたい。

まず『大山町史』[6]では、洪水で家が流失した者への藩の救済と復旧事業のなかで変地起返（田畑の復旧事業。以下、起返と記す）の経費について具体的な数字を用いて言及している。続く『立山町史』[7]では、立山岩峅寺衆徒への救済内容について詳細に検討している。さらに『富山市史』[8]では安政五年（一八五八）のみならず万延元年（一八六〇）までの洪水による総変地高を再検討し、なかでも安政六年の洪水で生じた再変地高の規模に注目している。加えて「起返方仕法」についても言及し、復旧事業を文久三年（一八六三）までの六年間の事業と捉えている。『大山の歴史』[9]では富山藩領の太田用水の復旧過程を詳細に検討している。これら各自治体史における安政大洪水の検討は、地域史的な関心に基づいて該当地域の救済と復旧過程にふれたものであるが、藩政策との関連性という視点はあまり見受けられない。

かような研究史的動向にあって、倉田守氏は幕末期加賀藩の災害対応を検討している。[10]倉田氏は安政大洪水における起返の進捗状況を整理し、救米・貸米の具体的数値を示した上で、救米の負担軽減方針をよみとり幕末期加賀藩の災害対応の限界性を指摘している。そうした藩の対応が明治二年（一八六九）に新川郡一帯で発生した農民一揆である「ばんどり騒動」[11]にも少なからぬ影響を与えたのではないかと推察する。その正否については多角的な検討を要すると思われるが、倉田論文は安政大洪水の災害対応を領主政策と関連させて論じた嚆矢として注目されるものである。

筆者は、安政大洪水における安政五年段階の加賀藩の災害対応について救済内容、さらには復旧事業を起返・川除普請・用水普請に区分し、それらを時系列で整理した。[12]そこでは藩の負担軽減策を認めつつも困窮度の度合いに応じた手厚い救済が実施されていること、くわえて応急の救済が行われた後、起返をはじめとする復旧事業と並行して、より長期の救済が継続されていることを指摘している。

さらに、前田一郎氏は、越中加賀藩領での異変把握のために成瀬正居が記した「魚津御用言上留」(金沢市立玉川図書館近世史料館蔵「加越能文庫」)の史料翻刻を通して、越中加賀藩領の社会的・経済的実相を詳細に検討している。(13)前田氏は安政大洪水における貸米・貸銀などの具体的数値を示し、より長期の藩の救済内容を明らかにしている。

このように、安政大洪水における加賀藩の災害対応については各自治体史・倉田論文・前田論文等で部分的には検証されてはいるものの、その全体像を究明したものは管見の限り皆無に等しいといえるのである。

ところで、全国的に近世の水害記録は多く残存するが、その救済と復旧過程の詳細な記録は少ない。そうした状況下、安政大洪水の水害記録では「杉木文書」(富山県立図書館蔵)の史料群のなかに救済と復旧事業の経理書類が含まれており、殊に注目されよう。そこで本章では、諸先学の研究成果に学びつつ、六年間の経理書類を中心に救済と復旧事業の全体像をできる限り描く作業を通して、幕末期加賀藩の災害対応を再評価してみたい。幕末期の地域社会が自然災害というリスクのなかにあって、藩の物的援助を得ながら復旧事業をどのように推進していったのかという問題に迫ることは、幕末期の地域社会がどのように復旧事業から「復興」へと繋げていったのかを解明するための基礎的作業となりうるであろう。

第二節　安政大洪水における被害数字の再検討

郵便はがき

料金受取人払郵便

富山西局
承　　認

9115

差出有効期間
2019年
9月30日まで
切手をはらずに
お出し下さい。

930-0190

富山市北代三六八三－一一

（受取人）

桂書房　行

書房の本・ご注文承り書

3千円以上のご注文は送料サービス。
代金は郵便振替用紙にて後払いです。

書名	本体価格	注文○
ある近代産婆の物語	二、八〇〇円	
石黒党と湯浅党	一、五〇〇円	
越嵐 戦国北陸三国志	二、八〇〇円	
越中富山 山野川湊の中世史	五、六〇〇円	
富山城の縄張と城下町の構造	五、〇〇〇円	
加賀藩を考える	二、〇〇〇円	
近世砺波平野の開発と散村の展開	八、〇〇〇円	
富山民俗の位相	一〇、〇〇〇円	
立山信仰と布橋大灌頂法会	二、八〇〇円	
浄土と曇鸞	一、八〇〇円	
定本納棺夫日記	一、五〇〇円	
宗教・反宗教・脱宗教（岩倉政治論）	三、〇〇〇円	
絶望のユートピア	五、〇〇〇円	
棟方志功・越中ものがたり	二、〇〇〇円	
最古の富山県方言集	二、〇〇〇円	
越中萬葉と記紀の古伝承	五、五〇〇円	
富山文学の黎明(二)	一、三〇〇円	
水橋町（富山県）の米騒動	二、〇〇〇円	
女一揆の誕生	二、〇〇〇円	
ためされた地方自治	一、八〇〇円	
明治・行き当たりレンズ	一、八〇〇円	
毛ばり釣り師の日記帖	一、三〇〇円	

書名	本体価格	注文○
村の記憶	二、四〇〇円	
地図の記憶	二、〇〇〇円	
山姥の記憶	二、〇〇〇円	
鉄道の記憶	三、八〇〇円	
有峰の記憶	二、四〇〇円	
おわらの記憶	二、八〇〇円	
となみ野散居村の記憶	二、四〇〇円	
越中福光麻布	一、八〇〇円	
郷土研究を志す人へ	一、五〇〇円	
北陸海に鯨が来た頃	二、〇〇〇円	
榊原守郁史記	二、四〇〇円	
加賀藩救恤考	三、七〇〇円	
近世金沢の出版	四、二〇〇円	
入越日記	三、〇〇〇円	
加賀藩の都市の研究	六、〇〇〇円	
大聖寺藩制史の研究	三、五〇〇円	
加賀中世城郭図面集	五、〇〇〇円	
関東下知状を読む	二、〇〇〇円	
官人大伴家持	一、五〇〇円	
古代越中の万葉料理	一、三〇〇円	
越中の古代勢力と北陸社会	二、五〇〇円	

ご注文者

〒　　ー

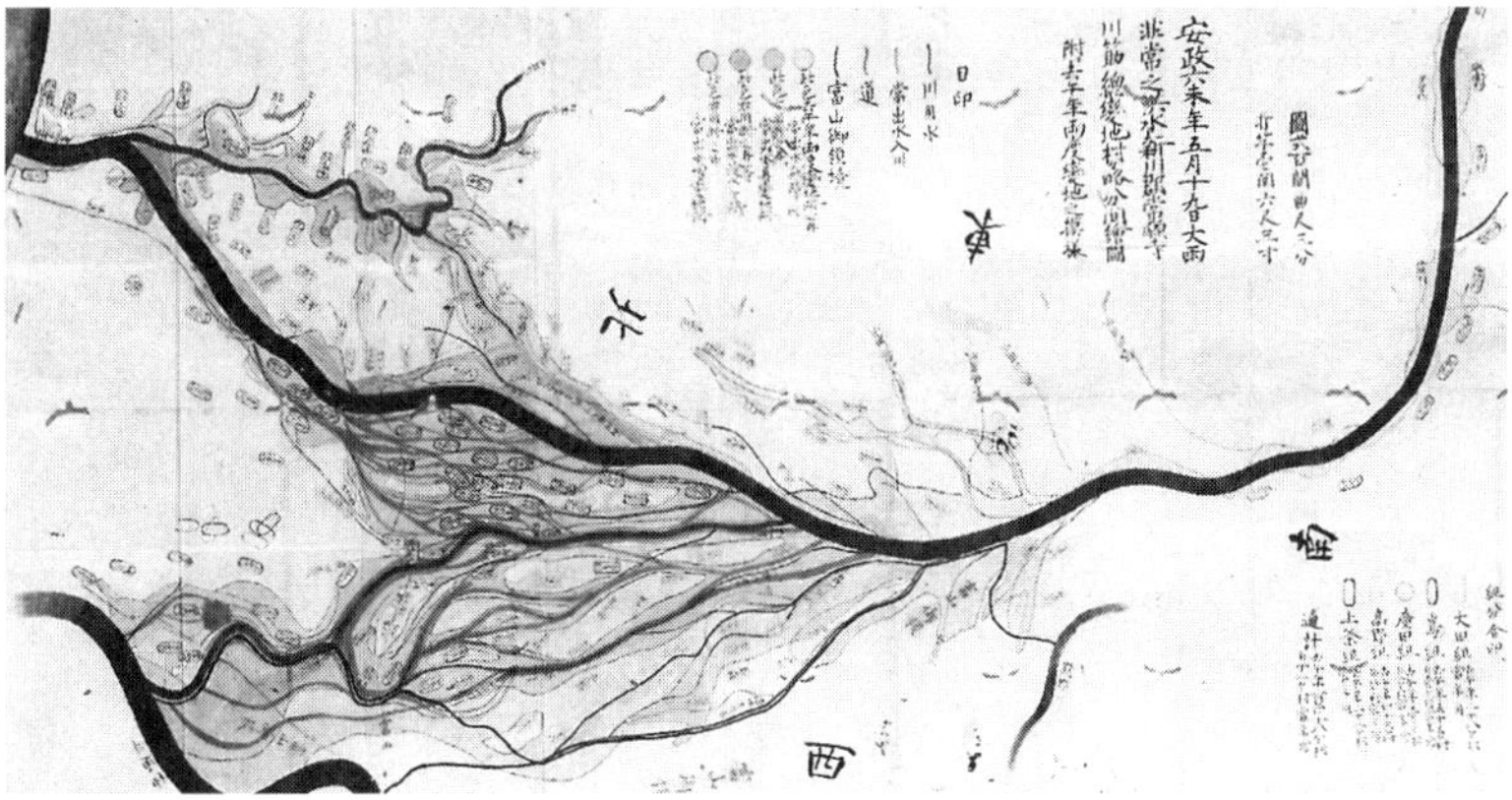

図２　常願寺川筋変地村々略分絵図（部分）（滑川市立博物館蔵「岩城文書」所収）

安政大洪水の被害数字については『富山県史』等で検討されているが、まず本節では、六年間の復旧事業の視点から被害数字の再検討を加えておきたい。

安政五年（一八五八）三月十日の洪水は常願寺川右岸域に襲いかかった。史料中で「泥粥」・「泥砂」と表現されている(14)ように岩石を含んだ粥のような泥水であった。

宗教村落岩峅寺村では、常願寺川付近に位置していた刀尾権現本社・拝殿および九宿坊が流失した(15)。さらに「安政五年大地震山突波泥洪水一件」(16)によれば、その後洪水は「瀬先き相違ひ岩峅寺より十二三丁斗リ下モノ方」へ向かい、右岸域の高野組（組裁許朽木兵三郎）日置村付近で入川して利田村をはじめとする村々を蹂躙した。続いて西芦原村で二手に分かれ、一方は白岩川に流れ込み、一方は二杉村付近で再び本流と合流した。同史料の新川郡の被害数字は損毛高五二三六石二斗五升、被災町村六六ケ所、流失家・潰家二五〇軒、土蔵・納屋七八戸、溺死者五人、溺死馬一疋である。

さらに、四月二十六日、再び大洪水が右岸域に加えて左岸域へも四手に分かれて襲いかかり、左岸域の大田組（組裁許金山十次郎）、島組（組裁許岩城七郎兵衛、杉木弥五郎）に属する村々で甚大な被害となった(17)。こ

総変地高	安政５年より起返、安政６年植付高	安政６年より起返、万延元年植付高	総起返高	変地残高	＊起返率（%）
10,746.443	6,019.575	495.840	6,515.415	4,231.028	60.6
12,737.439	5,774.531	1,012.332	6,786.863	5,950.576	53.3
336.229	−	331.040	331.040	5.189	98.5
4,379.256	1,729.974	764.762	2,494.736	1,884.520	57.0
2,398.697	938.717	1,069.409	2,008.126	390.571	83.7
30,598.064	＊14,462.797	＊3,673.383	18,136.180	12,461.884	59.3

＊の算出は筆者による。

の大洪水は先の三月のものとは性質を異にしており、史料中で「泥石砂水」と表現されているように大量の水によるものであった。[18]

四月の洪水では左岸側の諸用水取入口も決壊して使用不能となった。広田・針原用水では三月の洪水被害による復旧作業を行っていた人夫が多数溺死した。新川郡の被害数字は損毛高二万五六一石九斗四升九合、被災町村七四ヶ所、流失家・潰家一三六二軒、土蔵・納屋八〇戸、溺死者一三五人、溺死馬八疋である。死者については御郡所からの通達で十村が全て「溺死者」として扱ったため、内訳は明瞭ではなく、さらには「全てを報告しなくてもよい」との通達もあったことから死者数は最小限の数字であると考えてよい。[19]

さらに、翌安政六年五月十四日から雨が降り続き、十八日には大雨となり、十九日卯ノ刻頃に常願寺川が再び出水した。[20]再洪水は、安政五年三月の洪水と同様、右岸域の日置村付近から入川して村々を蹂躙し、上川原村周辺で白岩川へ流れ込んだのである（図２）。

安政六年の洪水は常願寺川筋だけでなく、下新川郡の白岩川・早月川・角川谷・片貝谷・布施谷・黒部川・小川等の川縁でも発生し、多くの田畑が損毛した。[21]さらに、新川郡だけでなく砺波郡・射水郡の諸河川も出水しており、加賀藩御郡所では「近五十年来之大水[22]」と記して大洪水の認識を共有している。

常願寺川流域では、家屋・納屋・橋等を押し流されただけでなく、それまで

表１　安政５年、安政６年、万延元年の変地高、起返高、変地残高数（単位：石）

組　名	安政５年 変地高	安政６年 再変地高	安政６年 新変地高	万延元年 再変地高	万延元年 新変地高
大田組	9,638.829	810.911	139.504	113.200	43.999
島組	8,489.409	3,535.975	472.704	108.931	130.420
広田組	5.189	331.040	−	−	−
高野組	2,790.868	590.072	773.890	66.706	157.720
上条組	1,061.090	343.303	941.020	29.484	23.800
計	＊21,985.385	＊5,611.301	＊2,327.118	＊318.321	＊355.939

杉木文書「安政五年戊午二月廿五日大地震三月十日、四月廿六日両度之常願寺川大洪水ニテ溺死人馬村落百四十八ケ村御田地弐万石余大泥置一件」（□ケ）より作成。

復旧させた田地が再び変地へ戻された。被害域の十村は常願寺川流域二六ケ村で変地高古田一万一三四七石五斗、新開二二二石一斗、計一万一五六九石六斗と見図り早々に注進したが、その後の再調理で変地高七九四〇石程と下方修正している。[23] ただし、かかる変地高は安政五年の変地高の約三〇パーセントにも相当しており、殊に上条組（組裁許杉木弥五郎）の村々では白岩川の出水が重なり、場所によっては安政五年の被害を凌駕するほどの変地高であったとの見解もある。[24]

このように見てくると、安政大洪水の総変地高は、先に示した二万五七九八石一斗九升九合という数字ではなく、安政五年および翌六年の被害数字を纏めたほうが適切であると考えられる（表1参照）。すなわち、安政五・六年の総変地高は計二万九九二三石八斗四合となる。さらには、万延元年にも洪水による新変地高が生じており、[25] 総変地高は三万五九八石六升四合へと増加する。

ただし、総変地高三万石以上という被害数字は常願寺川流域がすべて泥や石砂で埋没した状況を示すものではない。すでに近藤浩二氏が変地所分間絵図（「神保家文書」所収）の分析に基づいて指摘するように、一部の微高地は無被害地であり、なかには広範囲に無被害地が存在した村もあったのである。[26]

第三節　安政五年の加賀藩の対応

一　三月の洪水被害と救済

二月の地震によって奥山では崩壊土砂が真川、湯川をせきとめ、いくつかの大小の溜水を形成した。三月十日（新暦四月二十三日）、これら天然のせきとめ部が決壊し、泥洪水が下流部に襲いかかり、右岸側の日置村付近で入川して、利田村をはじめとして村々を蹂躙し、多くの家屋を押し流し田畑に泥入・石砂入となり、甚大な被害が生じた。この被害数字は史資料に差があるが、「安政五年大地震山突波泥洪水一件[27]」に記される次の数字を再掲する。

損毛高：五二三六石二斗五升
被災町村（浦方西水橋を含む）：六六ケ所
流失・潰家：二五〇軒
土蔵・納屋：七八戸
溺死者：五人
溺死馬：一疋
救済者：一五九二人

ここに記される「救済者」とは、主に常願寺川右岸域の高野組において家屋が流失・潰家になった人びとを指しており、住まいを失った人びとが最も救われがたい階層として認識されている点を押さえておきたい。突発的な災害が発生した場合、被災者の困窮度を調査し、その度合いに応じた救済策がとられている点は、他藩の場合と同様である。[28] その度合いを判断する最初の基準が住居損失の有無であったと考えてよい。

高野組裁許杤木兵三郎は「急難御救米」の支給を御郡所へ願い出ている。表2に示したように高野組一三ケ村一二八軒に対して、三月十日から四月二十五日にかけて、四才以上の男女一日三合宛、計七四石余の救米を請願し、六月に受届（許可）となった。

表2　安政五年常願寺川洪水後の救米①

期　間	日数	人数	救米
			石
3月10日～4月10日	30	609	54.810
4月11日～4月25日	15	443	19.935
計	45	1,052	74.745

高野組13ケ村128軒、4才以上男女1日3合宛で7月に支給。
杉木文書「常願寺川筋大泥洪水ニテ非常ノ変損ニ付願方等一件」（□□ル）により作成。

さらに高野組では、少し高台であった松本開[29]（現立山町五百石）への避難が行われたが、避難場所の指示は上部機関から行われておらず、これは洪水時に高台へ避難することが慣例となっていたことに加え、杤木が判断し、村民を誘導したものと考えられる。再洪水の不安におののく村民に対して、杤木は奥山の情報収集に努めており、十村が「下位上達」といった役割のみならず地元被災者の精神的支援を主体的にすすめている。

さて、三月の洪水が発生した際、新川郡奉行大島三郎左衛門、金谷与十郎両名は金沢に在府している。[30] 改作奉行丹羽弟次郎、渡瀬三郎治、安井和介など一〇名も同様である。御郡所、改作所は御算用場内にあり、普段は金沢で執務しており、東岩瀬の御郡所には与力・足軽が配置されていた。十村の注進をうけて、定検地奉行が川除（堤防）普請のための見分準備に入っている。

常願寺川右岸の利田上丁場には御納戸（藩支弁）による百間以上の川除（堤防）が設け

られていたが、(31)ここが破損して入川となったことを十村が注進し、その修理に取りかかっている。改作奉行木村九左衛門から定検地奉行出役の旨が早々に指示され、金沢に在府していた御扶持人十村神保助三郎らが他の十村に対して川除普請に必要な竹藤用意方を連絡している。

史料1

当十日常願寺川出水ニ而、利田前百間丁場等切損致入川角等御注進有之ニ付、明後日定検地田伏殿等御出役、夫々御普請方被仰付候旨ニ而、右百間丁場之義ハ御郡方手合普請手入方与も御見図り御指図可有之候、此段承知罷在候様今日御改作所にて木村殿より被仰渡候間、左様御承知可被成候。

一、竹藤用意方無油断御勢子可被成候、近年迄組々持藪取直り候向等在竹御用之義も可仰渡候間、岩城様ニ而割符申談方等不指支様御懸引有之度候、当時在竹数しらべ帳者無御座候得共、先つ見込を以御割符方御弁可然候、近日私共帰村之上一両年先キ出来竹しらべ帳等を以詮義、尚更仕候義も可有御座奉存候。

右当用迄早々如斯ニ御座候、以上。

三月十二日　　　　　神保助三郎

　　　　　　　　　　結城甚助

岩城七郎兵衛様

石割弥五郎様

さらに、神保らが改作奉行に対して変損状況の実地見分を願い出て、これを受けて丹羽弟次郎が三月十九日、金沢を出立している。この間に十村が地震被害と洪水の変損高を調理し、それらを改作所番代平次が帳面にして改作奉行へ提出することにしている。その見分日程を見ると、丹羽弟次郎は、常願寺川流域だけでなく地震被害が生じた地域を兼ねて見分していることがわかる。丹羽は、出役先の上滝村で変損高の再調理を指示し、さらに苗の植付けを控えた時期に洪水が発生したため、用水の破損修理が急務であると判断し、その点に注意をむけさせている。

これに加えて、十村が相談所（十村寄合所）において次の内容を確認した。①常願寺川の破損した用水取入口等の普請（工事）について図帳（見積書）を提出すること。②願方、相談の品々は四月二十五日までまとめておくこと。③普請で手入れが必要なものは図帳を四月中に提出すること。④再調査の書上が高野組しか出ていないため早く提出すること。⑤変損田地は精力を尽くして植え付けできるように戻す、今年植え付けが出来ないところは荒地にならないよう手配すること。⑥高野組の起返方、賄人足は下条組、弓庄組から差し出すこと。十村は必要な品々を四月二十五日まで書き上げ、提出する予定であったが、翌日に二度目の洪水が発生しており、その事態を予期していなかったことをうかがい知ることができる。

二　四月の洪水被害と救済

四月二十六日（新暦六月七日）、常願寺川が再出水し、今度は大洪水が四手に分かれて左岸側へ押し入り、多くの家屋や土蔵・納屋を押し流した。四月の大洪水は三月以上の被害をもたらし、十村の再三の注進によって、夥しい死者の存在が確実となり、加賀藩もようやく事態を重く受け止めたようである。ここでも「安政五年大地震山突波泥洪水一件」に記される次の数字を再掲する。

損毛高：二万五六一石九斗四升九合
被災町村：七四ケ所
流失・潰家：一三六二軒
土蔵・納屋：八〇八戸
溺死者：一三五人
溺死馬：八疋
救済者：七三五三人

近世では自然災害が恒常的であったとはいえ、こうした被害程度から類推するならば、その対応は筆舌に尽くす苦労であったと考えてよいであろう。十村の任務は年貢収納と農事の奨励にあり、四月の洪水後、十村は耕地を失い、家や家財、農具などの損失した村々への食住の手当てを願い出て、農耕生活への再起意欲を図らなければならなかった。さらに、困窮度の度合いに応じた細かな救済策を講じることで、新川郡内の均衡性を保持する必要性もあったものとみられる。四月の洪水後、十村の請願内容は多岐に及んでいる（史料2～11）。安政五年における加賀藩の応急の救済内容を詳しくみていくことにしよう。

史料2

当廿六日常願寺川又々出水ニ而泥水押出先達而高野組之内入川跡より又々泥水押込、泥込家等ニ相成、諸道具流

失之分も有之躰、且西水橋抔之家諸道具流失いたし難義罷在候旨及断候之条、右川筋并海辺筋村々江流寄候諸道具抔拾ヒ置候品々有之哉、夫々相しらべ、若拾ヒ置候品有之候ハ、、仕抹いたし、其段及断候様、右川筋等江急速可申渡候。承知之印名判刻附を以早々相廻、留より可相達候、以上。

午

四月廿八日　　金谷与十郎　印

午中刻　　大島三郎左衛門

本又川筋并

海辺筋才許

十村中

史料3

当廿六日常願寺川出水之処、流木川上より調理置候分等多海辺江流寄、浦々江取揚候分等御縮方申渡置候得共、中ニハ心得違之者共有之内相聞候間、右浦々不取隠厳重御申渡御座候様兼申度候、以上。

五月朔日　　小川采女　印

金谷与十郎様

大島三郎左衛門様

右写之通申談候ニ付、浦々并海辺村々江流寄候共、一円不取隠厳重可申渡候。承知之印名判いたし先々早々相廻渡、落着可相返候、以上。
午
五月朔日　　　　金谷与十郎　印
浦々并海辺筋
村々
十村中

史料4

覚

一、四拾四石五升五合　　水橋町蔵
除別米御算用場切手之表内
八石壱斗四升五合　　上条組御失家等之者共百八拾壱人分同数十五日振急難御救米高
三拾三石五斗七升　　高野組右同断
七百四拾六人分
弐石三斗四升　　島組御救米
願高之内渡り

右流失家等之者共へ急難御救米相願候付、御算用場へ相達候処、御貸米之方へ振替米有之儀相渡り候付、右割合

之通割符いたし相渡候条、夫々配当可相渡候。
一、昨日島組等相渡候米高之内に而四升五合高野組へ可相渡旨申渡置候得共、同組之分間違有之に付、不及相渡候
条、右之分ハ大田組へ受取置可申候。
一、先比高野組へ弐拾石、上条組へ八石、水橋町蔵米為振替相渡置候分今度相渡候米高之内に而水橋町蔵へ遂指引
可相渡候。
右之趣得其意承知候様致名判先々相進従落着可相返候、以上。
午
五月五日　金谷与十郎
岩城七郎兵衛殿
新堀村
兵三郎殿
石割村
弥五郎殿
天正寺村
十次郎殿

史料5

覚

一、百弐拾九石五斗壱升三合　水橋町蔵御除廻米
内
六拾壱石四斗三升四合　島組渡
五拾弐石壱斗八升九合　大田組渡
拾弐石八斗三升　高野組渡
三石五升五合　上条組
〆
右私共才許組々流失家等御貸米之方江御振替米之内先達而以来御渡被下候。外右割合之通重而御渡被下候間、夫々見斗配当可仕旨、依而御書替御渡ニ付、請取人指出候様被仰渡、難有奉得其意申候。則御書替今日請取申候。依而御請書上被申候、以上。
午
五月十四日　岩城七郎兵衛
新堀村
兵三郎
石割村
弥五郎
天正寺村
十次郎

新川
御郡所
此廻文午五月十五日岩瀬ゟ到来、同十六日辰ノ上刻新堀江送り遣ス。

史料6

常願寺川筋非常之洪水ニ而流家之者共当時御救ニ相成居申為躰ニ付、来月廿日上納諸郡打銀草高百石ニ付拾匁懸り之分火事家同様三拾六ケ月御用捨被仰付被下候様奉願上候。昨年より四ケ年軒別御借上銀之義当春諸郡示談之上奉願、流家之者も火事家同様御用捨被仰付候義ニ御座候ニ而、今度打銀之義も同様奉願上候。

一、痛家深泥入等之分も今度之義ハ実以非常之義今以住居も難相成、畢竟立替不申而ハ不相成、流家同様之義ニも御座候間、是又三十六ケ月御用捨被仰付被下候様奉願上候。

一、今度之変損村高之三分ニ引足不申程之分ハ通例変地之例を以打銀様金上納為仕可申与奉存候、夫レより余分及変損候分ハ変地高ニ当ル打銀御用捨奉願候。

一、右之通ニ付流家之者等持高しらへ寸急ニ相調兼申候間、上新川九組分上納之義一ケ月御猶予被仰付被下ケ様奉願上候。

一、用水打銀御郡万造之義も同様指除申義ニ被仰付可被下候右之趣早速御指図被成下ケ様奉願上候、以上。

午
五月　　　　伊東彦四郎

神保助三郎
岩城七郎兵衛
結城甚助
石割村弥五郎

御郡
御奉行所
御改作
御奉行所

史料7

常願寺川筋変地村々御収納方之義、歩入御定之通り御蔵入致得不申、村々又者御収納米高不残御貸米指紙を以入詰可申村々等有之趣ニ候間、此段組才許より御侍代官村上殿等江及通達置可申、尤御改作所よりも可被仰遣候得共、先つ組才許より早々申達置候様ニ与、河合殿等より被仰談候間、左様御承知早々村上殿江御達方可被成候、以上。

午
九月廿八日

御扶持人

大田　島　高野　上条

御才許中様

史料8

十月九日御代官并蔵宿へ申遣候。先達而泥入変地村々御収納方之儀ハ、御蔵入并御給人知共変地不納丈ケ御印切手を以御償ニ相成候事ニ被仰渡候ニ付、御代官并蔵宿へハ御才許より右之趣御示置候様御米所より御談之趣、先日御在府中中上御帰之上御才許中様へ夫々御示置与奉存候、就夫今日御米所より仰ニハ先月に付、御談之趣蔵宿へ御談無之哉、今以蔵宿に而も御給人様方へ御願申上不納代り米舟倉御米或ハ水橋御米を以御渡方御願被下候様願上候由ニ而御給人様より御場御聞合之儀御座候。

史料9

定式別除籾、常願寺川筋泥入変地村々当年指省可申所、右籾納之儀者定御入高ニ付、右ニ相当候分相減候儀者難被成御様子ニ付、新川郡外村々江増割可被仰渡躰ニ候間、先ツ是迄之籾当リ百俵ニ付増籾拾五俵斗之割合を以兼而用意いたし置候様御申渡被成候。尚御治定之上ハ追而組当リ割符可及廻状候、以上。

午九月廿二日　　　神保助三郎

上下廻状

史料10

深変地村々ニ而雪中稼方も無之者之儀是迄冬稼ニ仕来り候藁稼□之品相励ミ可然候間、夫々御申諭仕入藁代調兼候様之分ハ精誠御取図り御寄出可被成候。

一、変地高起返方之儀全ク高持より出来可申義ハ申進も無之筈之所、夫々御上田より起返方被仰付置候趣、高持中ニおゐて別而難有儀ニ可奉存候、就夫而ハ来春出作方之儀高持中より深ク心懸候ニ付、請作人々も只今より勤之方宜敷村々之儀其村長立候、人々等心得方宜敷故ニ而可有御座候。然所高持中等心得方右ニ相反シ子作勤方も無之ヶ所も有之哉与御聞、前村役人始教諭方不行届勢子方等閑之由ニ御察当御座候間、右様之々向者、急度取直り候様御入念御勢子可被成候、右廻文申進候間、無御油断御懸引御尤ニ御座候。

此状早々御順達留より御返可被成候、以上。

午

十一月十八日　　在府

神保助三郎

新堀兵三郎様等

史料11

覚

一、百石　　施米

内
四拾八石五斗弐升　島　組
三拾六石五斗弐升　大田組
拾弐石壱升　高野組
弐石九斗五升　上条組
〆
午
十一月

1　溺死人の報告と流失物の始末方

四月二十六日の洪水後、各組裁許十村が御郡所へ異変を急報した(32)。これを受けて郡奉行から十村へ「死者は溺死人として取り扱い全てを役所へ申告しなくてもよい」、「生存者は親類へ引き渡し、介抱中に発病死した場合は見届書を提出すること」が緊急措置として示達されている(33)。さらに史料2にあるように、「洪水で川筋と海辺に流れた道具などを調べて始末する」よう指示がなされ、関係川筋である神通川筋などの流失物も始末するよう命じられた。

また、史料3によれば、洪水被害の混乱に乗じて川上からの流木を掠め取る者がいたようで、それを禁止する申渡がなされている。こうした始末方は被災者の応急の救済というより、洪水による更なる混乱を未然に防止し、社会不安を抑止するための措置であろう。

2　植付苗・農具の確保

洪水で植付苗が流失したため、改作奉行安井和介から新川・砺波・射水筋に対して余剰苗の確保が緊急に仰せ渡されている。

その後、改作奉行渡瀬三郎治が新川郡へ出役しているが、これは特別な見分ではなく、状況見分を兼ねて年三回（荒起・植付・草払）の廻村を予定通り行ったものであろう。渡瀬に同道した十村が見分先において田圃道具、作物外入米拵道具、野仕事并焚物道具、屎物方桶類等、木綿稼道具、食用器物の用意方を訴えており、農具だけでなく日用品の不足にまで及んでいる。渡瀬が、泥が干上がったら畑として大豆、小豆、粟、稗、胡麻を蒔き、時節が過ぎたら蕎麦、蕪類を蒔き付けるよう指示している。ただし、五月初旬の段階では、再洪水の懸念が残っていたものとみられ、田植えの可否が問題となっている。続いて、五月十六日から十八日にかけて郡奉行金谷与十郎が出水状況の見分のために「御郡廻り」を実施している。

3　救小屋・救米の救済

洪水による家屋等の流失被害が大きかった大田組と島組では救小屋の設置を御郡所へ請願した。設置された救小屋は次の二九二棟であった。

［大田組］

荒川村、経堂村、山室町村、古寺村、秋吉村、柿木荒屋村、流杉村、横内村、西野新村、石屋村、大場村、新名村、長屋村、城村、秋吉新村　　計一五ケ村　九八棟

［島組］

新庄新町九七棟、新庄野村一七棟、町新庄村八〇棟　計三ケ町村　一九四棟

さらに、史料4によれば、ひとまず五月に家屋を失った人びとへ「急難御救米」四四石五升五合が定式貸米のなかから支給されている。続いて、救小屋では三月と同様に四才以上の男女に一日三合宛で救米を請願した。表3は大田組、島組、高野組、上条組八二ケ村一五七一軒に対し、四月二十六日から一五日毎に人数の見直しをかけながら、四月二十六日から六月十一日までの救米を示している。さらに、六月二十日まで、約二ケ月間にわたる救米が決められたが、実際の支給は七月に入ってからであった。

表3　安政五年常願寺川洪水後の救米②

期間	日数	人数	救米
			石
4月26日～5月11日	15	8,336	375.120
5月12日～5月26日	15	7,596	341.820
5月27日～6月11日	15	5,681	255.645
計	45	21,613	972.585

大田組・島組・高野組・上条組82ケ村1,571軒、4才以上男女1日3合宛で7月に支給。
杉木文書「常願寺川筋大泥洪水ニテ非常ノ変損ニ付願方等一件」(□□ル）により作成。

さて、六月上旬、藩は洪水被害による動揺は一段落したものと判断した。そして御郡所から救米の指省（基本的に支給を停止、極難渋者のみに段階的支給）が十村へ通達されている。これは変地起返（田畑復旧）が六月二十日より開始されることが決まり、被災者の稼ぎ方が確保されたためである。救米については田畑の変地高が三歩（三パーセント）以上の村々で稼ぎ方のある分が指省となり、三歩以下の村々では全て停止されたのである。藩は負担軽減策をとりつつも救済措置を約二ケ月間実施したが、復旧事業の開始日が決められた時点において、変地高三歩を基準にさらなる救済対象の差別化を行っており、この時点で藩の方策が転回していったとみるべきであろう。

ただし、六月の時点で人びとの不安が払拭されたわけではなく、地震、洪水被害からいまだ十分な立ち直りをみない時期であったことが十村の対応からうかがうことができる。かような一方的な藩の取り決めに対し、村々から切実な上申がなさ

れ、救米の継続、さらに壮健な者へ稼ぎ方の補助として「飯米現銀払米」の支給、加えて次のものを御郡所、改作所へ十村が願い出ている。

[願方之品々]

・郡奉行への請願―御救米、定式御貸米、別段御貸米、稼方仕入

・改作奉行への請願―変地起返勢子米、農具仕入、夫銀取扱銀、水損難御貸米、変地御償米、定式籾納、三歩以下変地村々勢子米

（単位：石）

泥入軒数	薄泥込家御貸米高	薄泥入軒数	総御貸米高	軒数
–	–	–	–	–
221	4.8125	55	154.6125	581
41	3.4125	39	45.9375	192
74	3.0625	35	194.8625	678
–	–	–	0.35	1
45	–	–	15.5	103
381	11.2875	129	411.2625	1,555

・両奉行への請願―返上米銀、打銀

さらに、他の史料から翌年三月までの支給が確認でき、稼ぎ方のない者に対して救い方の米と銀を渡すことが決まり、水橋御蔵（弘化二年籾）から九二八俵余、銀四貫五六七目余、岩瀬御蔵（嘉永五年籾）から九二八俵余が三月に支給されており、老幼者等に対する救済が長期間にわたってなされている。

4　貸米の救済

藩は救米の負担軽減策を図り、不足する救米は貸米として渡した。史料5によれば、家屋を失った人びとへ追加の「難渋御貸米」一二九石五斗三升三合が貸し渡されている。

その他の貸米については、当初、十村は日数が経過していることを理由に特例として、流失家一軒三石、泥込潰家一軒二石、半潰家一軒一石五斗の貸米を

表4　安政五年洪水後における御貸米

組名	流失家御貸米高	流失軒数	丸潰家御貸米高	丸潰軒数	半潰家御貸米高	半潰軒数	泥込家御貸米高
広田組	−	−	−	−	−	−	−
大田組	69.3	99	11.55	33	30.275	173	38.675
高野組	15.4	22	8.4	24	11.55	66	7.175
島組	100.1	143	8.4	24	70.35	402	12.95
上条組	−	−	0.35	1	−	−	−
その他	3.5	7	−	−	6.375	51	5.625
計	188.3	271	28.7	82	118.55	692	64.425

御貸米411石2斗6升2合5夕（1,555軒分）に加え、別段取扱銀155貫195目の貸し付けを願い上げる。
杉木文書「安政五年二月越中国大地震アリ、同三月十日四月廿六日常願寺川大洪水御用留帳」（□□ミ）より作成。

御郡所へ願い出ているが、実際には流失家七斗、丸潰家三斗五升といった定式の夫食貸米と同程度の貸付となったものとみられる。表4に示したように、一五五五軒分に対し、四一一石二斗六升二合五夕を安政六年から一五ケ年賦で願い上げた。最終的に七月に至り救米の過米（余分の米）二石六斗七升を加えたものとして貸し渡された。

これとは別に、家再建の諸入用として、「別段取扱銀」一五五貫一九五目を願い上げ、これもすべて受届となったようである。七月に稼ぎ方のない流失家一軒二〇〇目、丸潰家一軒一五〇目、半潰家一〇〇目、泥入家五〇目、薄泥入家二五目に五段階に区分され、貸し渡された。このように、応急の救済において住居の確保がいかに重視されていたかをうかがうことができよう。

5　諸役銀の免除

郡打銀は土木工事等において郡単位に課せられた役銀で、ここから用水打銀が独立し、両者が村方の負担となっていた。五月下旬に十村が諸郡打銀、用水打銀・郡万雑など諸役銀の用捨願（免除願）を提出している（史料6）。

六月二十日には、諸郡打銀（持高一〇〇石につき一〇匁）の上納が予定されていたが、「家流之者共」は火事場同様三年間の用捨を御郡所・改作所へ願い上げている。諸郡打銀、用水打銀は流失家、深泥込家ともに三ケ年間用捨が受届けとなった。また、変地高三歩以下の村々は郡打銀を全納としたが、十村が変地高に相当する分は用捨を願い、それら変損村々を調べるため一ケ月の上納延期を申し出ている。

また、西番村庄右衛門らが清塩代銀の上納について一ケ月猶予を認められている。また、安政四年より軒別貸上銀が課されていたが、地震及び洪水にて潰家、半潰家、流家の者は一ケ年用捨となっている。

労役のために春と秋に分けて代納した夫銀も償渡が成されている。十二月上納は三歩以上の変地村々に対して、七二四九石五斗五升九合が引定納となり、その償方として五貫七四匁六分九厘が郡方に渡された。翌四月には七二四九石五斗五升五合が引かれ、それに相当する春夫銀が改作所より同じく渡された。

十一月には、定散小物成、返上銀、返上米を願い出て、変地三歩以上の村々へ償渡となった。定散小物成は一貫五三七目五分、返上銀は一貫四七九目六分六厘、返上米は岩瀬御蔵と水橋御蔵から五一七石余渡された。

このように変地三歩以上の村々に対しては、気力と農地回復のために諸役銀などが特例措置として免除されており、新川郡では困窮者への手厚い保護がなされたとみてよい。

6　収納方の対処

加賀藩では年貢米の収納が十月から十二月頃までに行われたが、史料7によれば、規定通りの収納が九月には確定している。これを受けて十月上旬に御蔵米および給人米収納の指示が、改作所番代平次より行われている（史料8）。

加賀藩では、洪水により変地となった田畑は納租ができないため、年貢米の二〇分の一を減じた「変地御償米」を手当として出すことが行われた。安政五年には引高・引免が行われていないようであり、変地起返（田畑復旧）を奨励しながら、変地償米で御蔵米（藩米）と給人米収納を行ったものとみられるが、実際の収納高はいまのところ明らかではない。

また、飢饉等に備えて貯蔵するための「定式籾納」の収納に対しては別の対処法が取られたようである。すなわち、三歩以上変地の村々は指省（減税）となり、そのため新川郡の他組へ一〇〇俵につき一五俵の割増納となっている（史料9）。新川郡の総収納の籾高は、六八六四俵であり、そのうち割増の籾高は六五三俵四斗となる。これを新川郡一六ケ組で分担して収納している。こうして新川郡全体で負担の不平等が生じないように対処されていることがうかがえる。

7　転地・屋敷替

洪水により復旧不可能とされた村々では、常願寺川右岸の高原野へ安政六年（一八五九）から万延元年（一八六〇）にかけて引越しが勧奨された[34]。それはなかば強制的に行われているが、その先の安政五年においても両岸の村々で自主的な同村への屋敷替、他村への転地が行われている。安政五年九月には、右岸の高野組において家屋を流失した次の六四名が屋敷替を許可されている。

竹内村・五名（替先：字古町割）、下国重村・五名（字三角割）、稲荷村・二名（字三俵刈）、浅生村・九名（字古苗代等）、曾我村・五名（字苗代添）、上国重村・二名（字小浦）、西芦原村・九名（曾我村）、田添村・一二名（字越堀）、塚原村・九名（字北浦等）、千垣村・六名（字上リ徳右衛門）

また、九月には左岸の島組新庄新町における全一三〇軒のうち五七軒が荒川村領への転地を願い出て十二月に許可されている。この人びとは洪水後に救小屋で生活したが稼ぎ方に困り、他村への転地を余儀なくされたものである。

以上の転地・屋敷替は、一部で復旧の見込みが立たない状況があったことを示すものであり、常願寺川流域の両岸に位置した島組と高野組に属した町村々では複合災害が長期的な影響を及ぼしたことを看取できる。

8　冬稼ぎ方の手当

十一月になり、十村は難渋する者に対して冬稼ぎの手当てを講じなければならなかった。神保助三郎は各十村に対して冬稼ぎに励むように廻状を出している（史料10）。

この時期の難渋人は、他の史料によれば、大田組八一三人、島組一〇一七人、高野組二八八人となっている。十村は冬稼仕入藁代一〇貫六一〇目を藩に願い出ている。先の救米・貸米の支給状況と同じように長期間にわたって生活が圧迫された人びとがいたことがわかる。

9　町方施米

先述したように、七月にようやく願い出た各種米銀の支給が実際に成されたが、この時点で富裕な町人と思われる泊町与三左衛門による「町方施米」が決まっている。史料11によれば、十一月に入り一〇〇石の町方施米が島、大田、高野、上条組の極困窮者へ配分されたことがわかる。

近世社会では「施行」と称される困窮者への扶助が町人の社会的義務として行われたようである。ただし、「施行」については富裕度に応じて厚薄があるため、地域毎に不均衡が生じるケースが多かったことが諸先学により指摘されている。[35] この場合は、新川郡十村が郡全体において困窮度に応じた救済対応をなすべく協議し、施米の配分を願い出たと考えられる。

三　安政五年の加賀藩新川郡における応急の救済

安政五年の洪水後に加賀藩が実施した被災者への応急の救済策を整理しておこう。

まず三月の洪水後、高野組裁許朽木兵三郎が「急難御救米」の支給を早急に御郡所へ願い出ている。[36]続いて四月の洪水後、加賀藩は緊急の救米支給のため二度の洪水の被災者「六歳已上」の男女をまとめて報告させた。しかるに、十村が年齢区分の見直しを請願したので、藩は五月二十一日に救米の支給対象者を最終的に「三歳已下」を除く者に変更した。そのため、救米の支給対象者は「四歳已上」となり、島組四一六九人、大田組三一八四人、高野組一四〇〇人、上条組一九二人の計八九四五人へと増加したのである。

そこで藩は、一五日毎に支給対象の見直しをかけて救米の支給対象者を順次削減している。すなわち「身元相応之者」等を除きながら、最終的には「極難之者」として当初の八九四五人から五六八一人へと支給対象者を絞り込んでいる。こうして査定された救米は六月に受届となり、七月十日に至ってようやく算用場切手が届き、十村へ支給されたのである。ここに藩の負担軽減策をみることができる。

四月二十六日の洪水後、救米以外の応急の救済は、次の手順で進められた。まず各組十村が御郡所へ被害の急報を届け、それを受けて御郡所は「死者を溺死人として扱い、全てを役所へ報告しなくてもよい」、「生存者は親類へ引き渡し、介抱中に発病死した場合は見届書を提出すること」等を早急に申し渡した。さらに「川筋・海辺に漂流した道具等を調べ始末すること」を申し渡した。これら御郡所の緊急指示は、自然災害による混乱のなかで社会不安を抑止し、治安を安定させることが主な目的とみられる。

四月の洪水被害は左岸域で甚大であった。そのため大田組及び島組十村は、仮住居の確保を優先して救小屋の設置を御郡所へ請願した。少なくとも大田組一五ケ村九八棟、島組三ケ村一九四棟、計二九二棟の救小屋が設置されている。

　また、先の救米の不足分は貸米で対処された。七月に洪水で家屋を失った人びとへ応急の「難渋御貸米」一二九石余が貸し渡されている。さらに十村は日数が経過していることを理由に流失家一軒三石・泥込潰家一軒二石・半潰家一軒一石五斗の貸米を御郡所へ追加で請願したが、流失家七斗・丸潰家三斗五升と査定され、定式の夫食貸米と同程度の貸付となった。最終的には七月に、一五五五軒分に対して四一一石二斗六升二合五夕に救米の過米二石六斗七升を加えたものを一五年賦で貸し渡されている。

　こうした貸米とは別に、十村は家再建のための入用銀として「別段取扱銀」一五五貫目余を願い上げた。これは満額受届となり、七月に稼ぎ方のない者へ流失家一軒二〇〇目・丸潰家一軒一五〇目・半潰家一〇〇目・泥込家五〇目・薄泥込家二五目の五段階に区分して貸し渡された。

　その他、八月には西水橋水難者へ二九石余の貸米、辻ケ堂村の水難転地者へ一五貫四〇〇目の貸銀、水難者へ一五四貫目の貸銀、流失した正願寺へ貸銀四〇〇目と貸米三石、立山岩峅寺九坊家へ計一八〇目の貸銀が渡され、徐々に被災者への手当が追加されている[37]。

　このように安政五年における加賀藩の応急の救済内容を整理すると、まず仮住居の確保が優先されている。主な救済は救米・貸米による食糧の手当、貸付銀による家再建の手当である。その後、諸負担の免除、例えば諸役銀の免除や収納方の償い方（変地償米）、屋敷替・転地等などが時宜に応じて徐々に成されている。財政難の状況下で藩の負担軽減策は一貫しているが、被災者に対する最低限の物的救済はひとまず達成されているものと評価できよう。

　さりながら注意を要するのは、これらの米・銀は洪水発生から二ケ月以上も経過した七月にようやく支給されている点である。

かような状況を復旧事業の実務的処理を担当した一人である高柳村弥三郎は「家宅ヲ結ヒ、寐食ヲ安スルコト不能。激水縦横、深泥腰ニ及ヒ通路ヲ許サス。衆民、産業ヲ失ヒ狼狽悲歎見ルニ不忍」(38)と記しているが、けっして誇張した表現ではないように思われる。洪水の被災者は稼ぎ方が開始される六月下旬まで仮住居等で何とか雨風をしのぎ、洪水の再発に怯えながら、藩の食糧の手当も十分ではなく途方に暮れていたことは想像に難くないのである。おそらく被災者の当座の食糧は各組十村が工面していたものと思われる。

さて、これらは御用状などの村役人が控えた文書から見た救済内容と手順である。たとえ史料に十村の立場が色濃く反映しているという状況を顧慮しても、被災者の救済において十村が果たした役割は頗る大であったと評価できるのではなかろうか。

加賀藩新川郡では、災害対応の指針等が初期段階で示されるケースは認められるものの、主に村役人である十村からの注進書や請願書に基づき、その都度、郡奉行や改作奉行が政治的判断を下し、算用場で審議の上、各奉行から指令が下されるという形を採っている。しかしながら、災害救済や対応の内容は十村の請願書によるものとほぼ同様である。すなわち、実質的な対応は十村によって進められており、加賀藩行政機構の特徴がこうした災害対応にもあらわれているといえよう。

十村は九月に役用銀四二貫目を願い出ており、不足分の諸入用銀を藩から借用しなければならなかった。さらに十村は「鍬役米」という役料を支給され、その収入のため組下各村の一五才から六〇才までの男子一人につき、二升を徴収していた。しかるに、洪水の被災村からそれを取り立てることを憚り、鍬役米を拝借する必要が生じているのである。十村は富裕層であったとはいえ、災害後の地域社会を維持するための物的、精神的負担はかなり大きかったものと推察される。

こうした十村の自己犠牲的な対応も含め、地域社会の責任を自覚し、被災村の救済に奔走した十村の役割はこれまであまり評価されてこなかったように思われる。また、安政期の加賀藩新川郡においては十村の自主的運営が進行し、その意向がかなり尊重される社会が成り立っていたことも考慮すべきである。

四　安政五年の用水普請・川除普請・変地起返

二度の泥洪水・大洪水によって常願寺川流域の村々では復旧作業を余儀なくされた。その詳細な実態については膨大な史料上、すべてを網羅することは困難であるが、本項では四月の洪水後の用水普請（用水補修）、川除普請（堤防補修等）、変地起返（田地復旧）に分けて安政五年十二月までの復旧作業の一端を見ていくことにしたい。

1　用水普請

安政期における常願寺川諸用水は二一用水あり、三月洪水後の調査に拠れば、水請高は七万八六三五石八斗五升三合である。(39)

［右岸側　用水水請高］

秋ケ嶋用水	四三六四石
釜ケ渕用水	二二二五石
仁右衛門用水	一一五三石

三千俵用水　三三八一石
高野用水　四一七〇石
利田用水　二六一四石
三郷用水　九二六二石
[左岸側　用水水請高]
岩繰用水　一四九八石
（内、加賀藩領七五〇石、富山藩領七四八石）
太田用水　九一八二石七斗
清水又用水　三九〇一石
（内、加賀藩領一六二六石、富山藩領二二七五石）
筏川用水　三三四五石
横内用水　一七九七石
嶋用水　三〇〇五石
向新庄用水　一一〇四石
荒川・流杉用水　二四五石
町村用水　三〇〇石
経堂用水　一二〇〇石
金代用水　六一石

町新庄用水　　二〇六四石
広田用水　　一万三二三五石七斗一合
針原用水　　一万五二八石四斗五升
〆　七万八六三五石八斗五升三合
（内、加賀藩領六万六四三〇石一斗五升三合、富山藩領一万二〇〇五石七斗）

常願寺川諸用水の取水口は「小西家文書」における宝永六年（一七〇九）の記録から、一三取水口が知られる[40]。ただし、天保七年（一八三六）の普請絵図や安政五年（一八五八）の災害絵図等[41]には、嶋用水の取水口が独立して描かれており、洪水時には一四取水口であったことが推断される。
二回目の洪水後、左岸側では現場責任者である江肝煎等から、荒川取水口から町新庄村下まで泥で埋まったとの申し出があり、島組裁許岩城七郎兵衛、広田組裁許大村平兵衛が見分の上、改作所へ次のように注進している。

史料12[42]

昨廿六日未ノ上刻頃、常願寺川不時ニ大洪水いたし、川筋村々御田地一面之大泥置ニ相成、嶋組・広田組御田地過半相養候広田針原用水取入口より町新庄村下手迄長間之間夕泥石砂等馳込平地同様ニ相成、江筋皆潰ニ相成申候
一、嶋組村々之内御田地相養候嶋用水等別段同様石砂泥置ニ相成申候。
一、広田針原用水懸り村々植付相仕舞罷在候処、水不足仕候ニ付、水入取方として嶋組・広田組村々より人足并才許肝煎と六拾人余用水口被指遣候内、五六人斗罷帰候得とも、其余何方へ参候哉行衛相知不申候ニ付、尋方厳重申渡置候。

一、嶋組・広田組之内相養候下沢用水大破至極、入川跡ニ相成、用水取入方出来不申旨及断候ニ付、尚更取入方詮
　儀仕居申候。
右之通用水口々等大破至極ニ相成候旨井肝煎等より及届申候ニ付、早速罷出夫々見分仕候処、前段之通相違無御
座候ニ付、尚更水取入方等勢子仕居申候。
右為御注進申上候、以上。
　午
　四月廿七日　　　　　　　　　　　岩城七郎兵衛
　　　　　　　　　　　　　　　　　大村平兵衛
　新川
　　御郡所　　　壱通
　御改作
　　御奉行所　　同

広田・針原用水だけで二万四〇〇〇石近くの水請高であり、その復旧作業は急務であったはずである。通常の用水取入口や堀立ての修繕は、基本的に自普請（組打銀村普請）であり、各組において諸経費が平均分配されていた[43]。用水普請の江堀人足賃は一人一匁八分とされ、十村の監督下で開始されている。取入口の水門と堤江は応急修繕が困難であり、基本的には取水目的で秣江（導水路）をかけ、堀川が行われたものとみられる。入用不足分は願い出て諸郡打銀で賄っていたが、五月に緊急措置として、当座の修繕費用である二〇貫目がひとまず改作奉行から渡されて

いる。

史料13(44)

御役所御詮義之上、左之通被仰渡。

先達而常願寺川非常之出水等ニ而用水取入口共相損候ニ付、夫々普請致漸取揚候事ニ相成候処、又々出水いたし、用水等及変損候旨、依之格別之趣を以役所銀之内を以弐拾貫目相渡、下方江渡方之義ハ其許中ニおいて見斗、下々心服宜農業等致出精候様可致勢子候、以上。

午五月　　改作奉行　印

新川郡　　御扶持人中

また、富山藩加賀藩出合の三室用水は江肝煎らが取入不可能と判断し、一作見合いとなることが認められ、早くから畑作を開始している。その他の用水普請は、水請高が大きいものが優先されたようである。六月までの復旧状況を次に示そう。

秋ケ島用水　　四三六四石
釜ケ渕用水　　二二二五石
仁右衛門用水　　一一五三石

高野・三千俵用水　四五五一石
利田用水　二六一四石
三郷用水　九二六二石
針原用水　一万五二四石九斗五升
広田用水　一万三三三五石七斗一合
〆　四万七九二九石六斗五升一合

加賀藩領だけで七〇パーセント以上の復旧率であり、田植えの時期であったため、迅速に応急の用水普請が進められていったことがわかる。

ただし、用水打銀（入用費）が中勘（途中勘定）で約六六貫目不足の見込みとなり、六月に十村が一〇〇石につき三〇目懸の「用水中勘打銀」の別段取立てを願い出ており、これを改作奉行が許可している。

さらに、七月に諸郡打銀六〇貫目が手余りとなる見込みから、諸郡加銀として渡してほしいと改作所へ願い上げている。その内容は、常願寺川流域で用水普請のために二三五貫目ほどの入用銀が必要であるとし、先渡しの二〇貫を引いて二一五貫目が払い方として見込まれている。おそらく十村は、当座の人足賃などの支払いを、新川郡の商人からの借用等で工面していたものとみられる。

六月までに臨時の修繕を終え、七月には本格的な普請の見積書作成に入っている。堀立て幅・深さ・長さとその人足数、藤籠・秣江数、中詰人足数、筵・藁・鳥足数、水門用材木数、粗朶・縄数を江肝煎に調べさせており、その際、人足賃は二割減とせず、特例として一人一匁八分とすることを御扶持人十村が指示している。こうして用水復旧は、江肝煎と十村が連携しながら進めていったようである。十一月には利田前と荒川口が完了したようであり、水門等修繕に対して諸郡打銀による手当と不足銀一四貫五九六目の拝借を願い出ている。

2　川除普請

常願寺川における川除普請は、その重要地点である大場前丁場、中川口丁場などが御普請（御納戸方）と称される藩の直営工事であった。これは災害時に十村の申請に対して定検地奉行が見分を行い、その指揮下において十村（川除勢子方主附）と肝煎（川除勢子方附役）が監督するもので、入札あるいは随意契約で行われた。

さらに出水時には十村が人足を出して急防することが義務付けられていた。安政大洪水の復旧事業においては先の用水補修が田植え時期とも重なったためひとまず優先されたが、当然ながら河川と用水は密接な関係があり、急場の用水普請後には川除普請が行われている。

三月の泥洪水では、川東（右岸側）の利田前丁場等が決壊した。さらに四月の大洪水では、この箇所に加えて川西（左岸側）の上滝前・後・下丁場、大場前丁場、中川口丁場、朝日前丁場等が決壊したものとみられる。

五月に入り早速、定検地奉行が見分し、川除普請を指示しているが、普請箇所が多く籠方などの準備が間に合わず、さらに普請設計額から二割減と御為銀（地元負担）の用捨を十村が改作所へ申し出ている。

五月下旬に竹蛇籠・藤籠などに使用される資材の発注準備が進められ、唐竹は他郡への発注に加え、長州より買い入れが行われ、請負人となった射水郡大門新町六兵衛が東岩瀬港へ長州竹を回送している。(45)

実際に川除普請の準備が整ったのは、六月上旬であった。損壊箇所を定検地奉行・田伏、野沢、明石三名が出役見分し、現地測量した後、(46)藩算用場の審議をへて川除普請にとりかかっている。当初の御普請用立人数は三三七四人、その内、川除用立人数一六八七人、起返用立人数一六八七人であり、川除普請が仰せ渡されて程なく変地起返（田畑復旧）が開始されることになったようである。

そのため、当初は人手が足りないばかりか、流出した大石が地方人足の手に負えず普請が進展しなかったようで、六月下旬に射水・砺波郡からの人足を願い出ており、これを受けて定検地奉行が指示を出している。

史料14(47)

常願寺川々除御普請之義ニ付、頃日相達候趣遂詮義御算用場江相達定検地所詮義有之所、別紙写之通相達候ニ付、為承知相渡候之条、泥付村之者共精誠起返方指加為致出精候義尤ニ候事。

七月　　　　改作奉行　印

常願寺川筋

変地起返

主附中

当六月御達ニ相成候常願寺川々除御普請人歩方之義ニ付、御達小紙ニ左之通御改作所御奥書を以御場達ニ相成候

写常願寺川々除御普請人歩之義ニ付、右之通御扶持人共等申聞、尤之詮義振ニ御座候間、尚更於定検地所早速詮義方御座候様仕度候、以上。

矢部唯之助

林　省三

御算用場

常願寺川筋川除御普請方江地方人足召仕候義ニ相成居候得共、地方迄ニ而者手余り候ニ付、他所人歩も召仕中度旨御窺申上置候義、御承知之通りニ候処、別紙之通り御指図仰来候ニ付、相廻候間、夫々御承知可被成候、此廻文急速御順達留より御出張所溜江御返可被成候、以上。

戊午
七月十二日　　新庄御出張所ニ而
　　　　　　　　起返方主附　印

大田　島
高野　上条
　御才許中様
常願寺川御普請所
　附役中様

（中略）

写

新川郡常願寺川筋川除御普請先達而山抜出水ニ而御普請所大破至極ニ相成候ニ付、夫々取図り変地等ニ而稼方無之村々人足を以御普請申付候事詮義仕、夫々取懸り申候、然処追々水附家等仕抹方其上変地起返之義一時ニ相成候ニ付、他郡人足召連度旨御扶持人願小紙ニ改作奉行中奥継を以御達申ニ付、為御詮義御渡承知仕候、元来先達而以来御普請方申付候節、泥付村々稼方も無之ニ付、地方人足召仕方改作所等示合夫々御達申儀も御座候ニ付、夫々人歩割を以御普請ニ取懸り申候処、是迄土居石川除等手馴不申人足共ゆへ中々大石過分ニ有之、手ニおよひ不申躰ニ而、急速御普請も出来兼申義、其上手馴不申事故後々引足銀も過分ニ可相懸り体ニ付、改作所与も示合候処、此節変地起返ニ而稼方も指支不申旨、左候得者他郡等人足是迄川除ニ手馴候者新川郡・礪波・射水等村々遂詮義、大石等多有之地方人足之手ニおよひ兼候ヶ所者請負勤ニ申付候ハヽ、引足薄クも可然与存候。尤急場ニ而無之可也土居懸渡方手軽之ヶ所々に者常願寺川泥付等村々稼方ニ申付候ハヽ、可然義与も存申候間、急場六ケ敷ヶ所々者請負勤之事ニ可遂詮義候間、此段御達申候、仍而御渡之別紙返上仕候事。

午

七月八日

定検地奉行

七月上旬には人足方も整い、川除勢子方附役等が人足監督に出向き、各月二〇～四〇貫の入用銀が中勘渡され、川除普請が順調に進むようになった。「新庄出張所」及び「起返方主附」については後述したい。

一方、洪水により自普請が無理な場所も発生しており、荒川筋二六ケ村では破損した土居を郡普請で修理してほしいと願い上げている。さらに、普請途中の八月十八日夜に再度出水して、左岸側にある荒川、赤江川、中川、半俵川の普請箇所が再び破損した。こうした常願寺川支流は、すべて自普請であったため、負担に耐えがたい場合には損害調理書と見図帳（工事見積）を提出し、藩からの手当てを受けている。

荒川筋では八月出水後、水附により田地復旧に支障をきたしたため、危険箇所の川除土居に対して優先的に御普請をするように願い上げ、さらに九月に両川縁の補修を御普請にて願い出ている（史料15）。

史料15

常願寺川懸り村々変地所諸用水并落水川通り江等相立ケ所ニ寄、水除土居召仕而者起返勢子仕兼候ニ付、御達申上候通、嶋組中川続等所々少々宛川目相立常水相通起返為致申、然所当十八日夜より雨強ク出水仕、右軽之高水ニ而も無之候得共、川除御普請致ケ所相損、其内［　　　］内々手へ常願寺川五六歩も切込、本江島村［　　］村川原無村大江干村・向新庄村等人家水附起返出来地元之内も水押□地ニ相成、右切口御堰留中故、未タ村々人家迄水附ニ相成居申候。且又大場前より下モ之儀大川之洩水も有之、大田組・島組之間村ニ寄人家水附起返地元之内水押ニ相成候分も有之、高野組・上条組之内も同様之ケ所も御座候。然所、村々之者共相泥一日之雨降ニもケ所雨水押ニ相成候而者、冬作ハ勿論来年出作方茂如何可相成哉与進兼候旨申聞候。尤私共見分之上も低地村々此侭ニ指置候而者一々水一面ニ懸り変地起返仕候而も其詮も無之哉与奉存候。依而荒川・赤江川・中川・半俵川其外村々落水抜通り致筋川目相立江丸土居等可仕分ハ先ツ夫々普請方不仕而者第一金も□不申、起返も出来兼申儀ニ御座候、右出来方相達候而者何廉支道も有之候間、指当り之所私共見分図り方仕御達可申上候。其内危急之ケ所御普請為取懸不申而者格別得失之儀も御座候。右普請可申渡分も可有御座候所々引締候而者過分之銀高ニも相成可申候へ共、右普請之儀御是非被仰付而者来年出作之手支ニ相成申候仍而図リ方之儀者精誠詮義仕、早速可奉願、先ツ此段小紙を

以御達申上候。尚委曲之儀ハ追々助立ニ付出府［　　］可申上候、以上。

午八月

廿一日上也

神保助三郎

岩城七郎兵衛

結城甚助

布施村与三兵衛

高柳村弥三郎

下砂子坂村太左衛門

御改作

御奉行所

新川郡荒川筋之儀先達而常願寺川非常之洪水ニ而、及大変候所川目泥石砂高ク少々之雨ニも水四方江押入毎度水附家も出来、且変地所起返可仕様も無御座度御達申上置候通ニ御座候。依而右荒川筋両縁リ川除御普請被仰付不被下而者何レ安堵仕起返之場江も至り不申、今度者非常之事故文化年中之通右御普請之儀定検地所御手合ニ而被仰付被下候様御願申上御座候。就夫御普請方相究候而者冬作ハ勿論来春出作方も相成間敷哉与惣躰起返も進兼申候、何分無比類変損之儀ニ御座候間、格別之御会儀を以急遽御普請被仰付被下候様定検地所江御所読取成下候様仕度奉願上候、以上。

午九月四日

天正寺村十次郎　東長江村彦左衛門

神保助三郎　岩城七郎兵衛　結城甚助

布施村与三兵衛　下砂子坂村太左衛門　高柳村弥三郎

御改作

御奉行所

この請願に対して改作奉行より見図帳の提出を命じられ、荒川・中川・半俵川の人足で延べ人足二万一七七六人を要している。

さらに、赤江川筋でも同様に御普請を願い出ている。九ケ村肝煎が、八月出水による堀川工事を終えた十月、川向の富山藩領の普請状況を理由に川除土居の補強を願い出ており、藩境での村々のかけひきの様子がうかがえ、興味深いものがある。

さて、常願寺川流域では、関係する町村が「水下村」と称する組合を設けて、利害を共有していた。毎年七月、「水下銀」一貫九二四目余を藩に上納することになっていたが、その用捨を願い出ている。

さらに、大場前五番、六番丁場では、水勢突附普請勢子役として砺波郡大滝村与右衛門せがれ猪之助、射水郡小杉新町軽之丞、郡方附役東岩瀬勘左衛門と大田組裁許金山十次郎で人足を勢子したが、防ぎきれず砺波郡大田村長兵衛ら人足四五人を雇い、一〇日間荒防しており、過分の銀が必要となった。そこで事後処理において人足賃一貫目の引足方を願い出ている。

こうして紆余曲折しながらも、安政五年十二月に常願寺川除普請での入用銀の本勘（最終勘定）調理書が改作奉行へ提出されている。ここから安政五年には二五一貫七三〇目六厘の費用がかかっていることがわかり、中勘渡の入用銀二二〇貫を差し引いた不足分の三一貫七三〇目六厘が勢子料銀で渡された。安政五年だけでもかなりの普請費用を要しており、急防とはいえ大規模な普請が行われている様相が抽出される（表5）。

表5　安政五年における川除普請入用銀

(1) 普請入用銀（中勘渡）

安政５年 ６月～11月

月	銀
	貫
６月	20
７月	30
８月	30
８月	40
９月	30
10月	40
11月	30
計	220

(2) 普請入用銀（本勘渡）

安政５年12月

組　名	銀
	目
大田組	86,084.18
上滝村	4,439.27
大場前	81,644.91
島組	104,522.92
中川口	23,123.98
大中島村	23,762.97
朝日村	28,900.09
日俣村	12,517.17
西芦原新村	1,021.34
貫田村	2,468.20
向新庄村	10,238.01
一本木村	1,376.82
中野新町	55.92
町袋町	1,058.42
高野組	60,214.45
西大森村	9,211.93
半屋村	9,162.42
日置村	7,902.95
利田村	22,924.39
西芦原村	2,937.20
高野開発村	1,672.88
常願寺村	1,178.92
入江町村	3,643.64
二杉村	587.29
二杉村用水出合	585.21
柴草村	281.46
肘崎村	126.16
上条組	612.94
百中村	210.12
伊勢屋村	80.35
柳寺村	233.78
水橋館村	88.69
広田組	295.57
計	251,730.06

杉木文書「常願寺川筋大泥洪水ニテ非常ノ変損ニ付願方等一件」(□□ル）より作成。

3　変地起返

変地起返とは、災害で破損した田畑を再び生産ができるように復旧することをいう。安政大洪水により石砂、泥が入り込んだ田畑を復旧する作業がどのように行われたのかを検討しよう。(48)

五月下旬、十村が先に調理した村々の変地高数をもとに、当初は変地三歩以下の村々と屋敷高を除いた変地高二万二八六〇石に対する起返料を見積った。そこでは石砂入分を川原開と同等にし、泥置分を山開と同等にして起返の方針を立てている。起返費用として五六〇貫目の当年渡し、作業道具として鶴之嘴二〇〇挺、石砂鍬二〇〇挺の仕入方を願い出ている。

変地高一〇〇石の村で開作人一五人三〇日として四五〇人とすれば、一〇〇歩一〇人懸りとして四五〇〇歩（一八・七石）の復旧が可能であるとしている。変地高約二万石を、一年間に八〇〇〇石を回復させ、三年間で完了させる見込みであったとみられる。

・変地起返　仕入見図り（初発段階）

古田変地高	二万二六六八石
新開変地高	二七三八石
〆	二万五四〇六石
内三歩以下指除高	一一九六石
屋敷高	一三四二石
〆	二万二八六〇石

・変地高段階区分（四段階）

石交石砂入変地高　三〇〇〇石
石砂入変地高　四〇〇〇石
厚難泥入変地高　七〇〇〇石
泥置変地高　八八六〇石
〆　二万二八六〇石
・人足見図り　九三万四三二〇人
日用銀　一六八〇貫目
（一人つき一匁八分として）
内　当年貸渡願　五六〇貫目
（一石七〇目として代米八〇〇〇石、代籾三万二〇〇〇俵、日用銀の三分の一に相当）

さらに六月六日、御扶持人十村神保助三郎が作成した「変地起返方仕法」を改作奉行へ提出し、作業準備を本格化させている。

仕法では、①鍬使いは幼老・男女区別なく行うこと。②起返賃料は出来歩数分で配当とし、一〇〇歩につき切渡すこと。③賃料をもらう者は救い方より指省くこと。④起返勢子料は三歩以上の変地村に渡し、半分を籾、半分を銀とし、まず三〇～四〇日の賃料として籾一〇〇〇俵（後に一五〇〇俵に変更）、銀五〇貫目を渡してほしいこと。⑤組裁許、新田裁許は町新庄村小三郎方を根宿とし、諸事取調理方を行い、家賃料と飯料を払うこと。⑥勢子方下役は一〇ケ村または一五ケ村から二人を立て、「一刀為帯」（脇差の刀を身に付ける）とし、役料は一日につき銀二目とすることが決められた。六月二十日から三歩以上の変地村を対象に起返を開始するため、四、五日前より勢子方下役が見廻りを指示された。

変地起返は、次の起返勢子方主附六名（十村）と勢子方下役一三名（肝煎）が改作奉行より任命され、町新庄村小三郎方に改作所の出張所（詰所）を置き、神保以外の十村で詰番割を決め、人足監督をしながら進めていった。

［起返勢子方主附］

神保助三郎、岩城七郎兵衛、結城甚助、布施村与三兵衛、下砂子坂村太左衛門、高柳村弥三郎、熊林村孫市（十二月追加）

［起返勢子方下役］

西番村庄右衛門、西番村伝次、大田本江村金右衛門、横内村弥右衛門、向新庄村善太郎、朝日村間兵衛、道正村又次郎、大島村兵助、利田村六郎右衛門、竹内村六三郎、沖村伝助（九月十九日病死）、佐野竹村宗次郎、西光寺村七郎兵衛

［起返料検査役[49]］

向新庄村孫三、町袋村市左衛門、朝日村間兵衛

起返の経費である「変地起返方勢子料」（以下、起返料と記す）は籾と銀で支給された（表6）。そのうちの籾は、ひとまず岩瀬御蔵の別除籾から出されることになった。安政四年の岩瀬御蔵の蔵米は一万二六四石二斗八升、返上米は一二五七石八斗一升七合、籾納は一五九五俵二斗五升、別除籾は二万一四四九俵三斗三升九合であった。この別除籾のなかで弘化二年（一八四五）から嘉永六年分（一八五三）の一万五〇〇〇俵を出すことが決められ、岩瀬御蔵において十日・二十日・晦日の三回に分けて徐々に支給されることになり、はじめに六月二十日に弘化二年・三年の別除籾一九二四俵が渡されている。入用銀は「新庄御出張所」において五日・十五日・二十五日の三回に分けて支給される

ことになり、はじめに六月二十五日に銀五〇貫目が渡されている。実際には起返料の籾はそのまま籾で渡される場合と、銀に直して渡される場合とがあった。起返の人足賃は「変地起返方人足賃取極之覚」によれば、人夫一人につき一匁八分であり、起返一〇〇歩出来につき賃料の受け渡しとなった。

［起返方人足賃取］
土日宜敷蒸打一〇〇歩　四人懸　七匁二分
泥入五寸より六寸迄一〇〇歩　七人懸　一二匁六分
泥入八寸より九寸迄揉返一〇〇歩　一一人懸　二一匁六分
泥入一尺より一尺二寸迄揉返一〇〇歩　一五人懸　二七匁

さて、六月二十一日より常願寺川流域では起返が実際に開始され、泥の深さ一尺ほどの所には屎土を入れ、泥が深い箇所は畝打している。同時に改作奉行から来春に鋤が入れられそうな箇所については種物を下され、大根、蕎麦、小麦を蒔いて対処するように示達された。

しかるに、復旧箇所が多い上に、復旧事業が一斉に開始されたため、変地起返においても川除普請同様、地元の人足が圧倒的に不足した。そこで勢子方主附が史料16に見えるように、「他所功者成者」を願い上げている。その呼びかけに応じて他所から多くの人足が稼ぎ方を求めてきたため、人足不足は解消され、復旧事業は七月には軌道に乗り、急速に進展したのである。ここに地域間の相互扶助ネットワー

表６　変地起返方勢子料
（安政５年６月～安政６年４月）

月	籾	銀	摘　　要
	俵	貫	
６月	1,924.03	50	弘化２年、３年籾
８月	2,000.000	50	弘化３年、４年籾
９月	1,400.000	50	弘化４年籾
11月	1,000.000	50	嘉永元年籾
12月	1,066.423	35	嘉永元年、２年籾
２月	1,000.000	50	嘉永２年籾
３月	4,867.362	100	嘉永２年～５年籾
４月	－	50	
計	13,258.315	435	

杉木文書「常願寺川筋大泥洪水ニテ非常ノ変損ニ付願方等一件留」（□□ル）より作成。

クが介在し、機能していたことを読み取ることができる。

史料16

覚

一、変地起返方廿一日より取始申候。
一、泥入之内、来春ニ致り押而も鋤を被入候程之ケ所ハ只今起返方指省置可申候、右様之地元之内此節大根為蒔下可申候。
一、変地高数先達而書上有之候得共、右ハ急難中ニ取調理申分ニ而変地高村高之三分以上より以下之多与変地起返御取扱方差別相立候ハ右差別之境尚更変地高数相違無之様仕可申義ニ付、只今入念仕居申候間、三分以上之変地ニ書上置候村数之内品ニより三歩以下之部より引下候村方も可有御座候哉ニ奉存候。
一、盆前より盆後迄之間ハ成限蕎麦為蒔下可申、尤種之義ハ私共ニ而相調渡遣申度奉存候ケ所ニより蕎麦刈取候跡江小麦為蒔附ケ所も可有御座候。
只今之処、右心得も含ミ起返為仕可申奉存候。右変地高起返取始候様子迄申上候、尚々追々御達可申上候事。

午六月　　　　新川郡

常願寺川筋変地起返方当廿一日より取始、先ツ泥深サ壱尺斗より内之ケ所々之上ハ、泥下タ江入屎土上ニ相成候為揉返、且泥深ニ而揉返候義及兼候ケ所之内泥土目可也ニ相見へ候ケ所者、泥置之侭�打ニ為仕居申候。

一、右之通り起返方取始候へ共、先達而已来山入淀水押出候由折々風評有之、人気相騒多分村方立退居家屋敷泥込其侭ニ打捨置候村々、此頃ニ至り山入淀水最早抜出候義無之段分明ニ相成、追々村方江立帰候処、家内泥込取出不申而ハ住居難仕ニ付、頃日漸々右取出方ニ相懸り且川除御普請方へ相勤候者も多ク御座候ニ付、変地起返方未タ十分ニハ取始り不申、何分揉合セ起返方十分ニ相成候様仕度取仕切示談仕居申候。

一、起返方取懸り候処、元来泥置ニ而江筋々も一面ニ相成居少々雨降ニも所々水淀出来起返方相成兼候ニ付、右様之処ハ先ツ江形出来水淀不申為仕申候。

一、変地村々領何れも薪木ニ可相成山木多ク流懸り居候処、先達而已来人気相騒拾取候義も仕兼候処、此節一同右取集方ニ相競是又人々必用之品之事故、為指止兼申候処、家仕抹方川除御普請方変地起返方等一時ニ相成、私共心積通り起返方等果敢取不申、何分大仕事ニ御座候事存候。変損村々之者共迄に而全ク仕上申度筋而已申罷在候而ハ御普請出来方普請起返方とも手後れ之義も出来可申、何れにも御普請方早速出来起返方果敢取候へハ、人々稼方も自然如元ニ有之候肝要之義ニ御座候存候。幾重ニも起返方早ク相願心候様仕申度奉存候間、川除御普請方急場之ケ所等地方人歩上ニ而出来方相後可申分ハ他所人歩も指加申度、起返方之義も村方人歩手足り兼候向者、他所功者成者も少々為指加申度、左候へハ見比へ励ミニも相成、可然奉存候間、此段御聞置被下候様仕度御窺奉申上候。尤川除方之義ハ別紙を以御窺申上候間、定検地所御示合御聞届被下候様仕度奉存候。

右常願寺川筋変地起返方当時之模様申上候傍、御窺申上候間、早速御下知被成下候様仕度御願申上候、以上。

午六月

神保助三郎
岩城七郎兵衛

表7　安政５年12月 起返方出来歩数並賃料勘定書上

組　名	起返歩数	石高直し	賃　　銀	銀　　渡	籾　　代	籾
	歩	石	目	目	目	俵
大田組	1,039,76	4,332.337	90,603.42	25,421.42	65,182.00	3,259.05
島　組	1,019,918.1	4,249.663	110,200.04	44,393.67	65,846.00	3,292.15
高野組	186,198.4	775.826	25,524.6	17,723.40	7,801.20	390.03
上条組	19,455.5	81.065	2,372.40	2,372.40	−	−
計	2,265,332	9,438.891	228,700.46	89,910.89	138,829.20	6,941.23

籾代１俵につき20目とする。
杉木文書「常願寺川筋大泥洪水ニテ非常ノ変損ニ付願方等一件」(□□ル）より作成。

表8　安政６年２月 常願寺川筋三歩以上変地村々起返地元作付屎仕入銀拝借願書上申帳

組　　名	起返出来高	当年植付迄出来可仕高中勘	総　石　高	屎　代　銀
	石	石	石	目
大　田　組	4,332.330	1,667.670	6,000.000	78,000
島　　　組	4,249.660	1,750.34	6,000.000	66,000
高　野　組	775.820	324.180	1,100.000	12,100
上　条　組	81.600	68.940	150.000	1,350
計	＊9,439.410	＊3,811.130	13,250.000	157,450

大田組は１石につき13目、島組・高野組は１石につき11目、上条組は１石につき９目とする。
杉木文書「常願寺川筋大泥洪水ニテ非常ノ変損ニ付願方等一件」(□□ル）より作成。＊の算出は筆者による。

結城甚助
布施村与三兵衛
下砂子坂村太左衛門
高柳村弥三郎

御改作
御奉行所

こうして起返が順調に進展するなかで九月六日、十村がその途中状況を書き上げ、藩に報告している。それによれば、大田組で三三万一八〇六歩、島組で三二万七〇四三歩、高野組で五万八〇〇〇歩余であり、その他を加えて八六万八五七歩余となり、石高に直すと三五八七石ほどが復旧している。

十二月には、改作奉行へ当年分の起返歩数を報告しており、表7に示したように、起返歩数二二六万五三三二歩であり、石高に直すと九四三九石ほどが復旧している。当初は、一年間で八〇〇〇石程度の起返を見込んだことから、予定以上に順調に進んだようであり、ここまで人足賃二二八貫七〇〇目を要している。

さらに、二月には、三歩以上の変地村々で春の作付屎仕入銀を改作奉行へ願い上げているが、植付可能として一万三二五〇石が見込まれている（表8）。この進展状況を見る限り、洪水後の復旧事業は、これまで経験したことのない規模であったが、かえって他郡からの人足補助を招き、速やかに行われたとみてよいであろう。

変地高三歩以下の村々に対する起返勢子料は、当初は指除となっていたが、ようやく二月にこれを不服として十村によって請願されている。変地高三歩以下の該当二九ケ村に対して、人足賃を三歩以上と同様に一人一匁八分宛とし、銀九貫七八二目五分七厘をもって起返を進めたいとして、受届となったようである。[50]

しかしながら、翌安政六年五月十九日に再び洪水被害が発生し、大田組、島組、広田組、高野組、上条組で計七九三八石四斗一升九合の変地が生じ、順調に進んでいた起返箇所の大部分が損毛したため、それまでの起返事業は振り出しに戻る。[51]さらには安政六年以降、常願寺川は梅雨時に洪水が頻繁に発生し、度重なる水害で苦しめられ、用水普請や川除補修に追われるようになる。流域下の人びとの洪水との本格的な闘いが始まるのである。

以上、加賀藩新川郡の常願寺川流域において安政五年の復旧事業がどのように行われたのかについて、用水普請、川除普請、変地起返に分けて見てきた。

加賀藩新川郡では、被災者の救済と同様に十村が、江肝煎や村肝煎からの情報を元に方針を立て、改作奉行、定検地奉行へ上申・請願しながら実務的処理を進めていったとの理解が適当とみられる。十村が果たした役割は頗る大であるといえよう。自然災害に遭遇した近世社会の村々では、基本的に村民による人海戦術により普請を行うことが前提となっており、そこでは自治意識を再認識することになる。こうして引き起された意識が基層となり、村々を統括した十村が藩の物的援助を得ながら救済と復旧事業を自主的、計画的に推進していったとみるべきであろう。

常願寺川流域における安政大洪水の復旧事業は、地震後の対応と異なり、緊急措置も含めてきわめて速やかに進められており、常日頃から洪水への対応を地域社会が備えていたことを示している。そのことは「明らかに主体的に洪水を受容しようとする積極的な考え方が存在していたこと[52]」の表れであり、水防技術の限界性を受容した社会のありかたであろう。さらに、安政大洪水の復旧事業はこれまでの経験知を凌駕するものであり、工事請負人のみならず他郡からの人足補助を必要としたが、却って速やかに事業が行われている。こうした地域間の相互扶助ネットワークは災害復旧事業を推進するための重要な機能であったと思われる。

近世社会において、災害後の復旧事業として展開される稼ぎ方は、一つは被災者の救済策である。そこには最終的に災害を克服しようとする姿勢は見受けられず、むしろ日常生活を維持することに精力が向けられている。いま一つは稼ぎ方によって、需要増加に伴う物と人の集中がもたらされ、地域経済が一時的に活性化（バブル化）するという側面も見出すことができる。

第四節　経理書類にみる長期の救済と復旧事業

一　応急の救済の停止と起返の開始

加賀藩は安政五年（一八五八）に発生した二度の洪水において応急の救済を早く切り上げ、稼ぎ方を含めた復旧事業を開始することでさらなる負担軽減を目指した。安政大洪水の復旧事業の根幹をなすものは起返であり、その準備を早々に着手している。ここではまずは藩の起返方針の概要を見ていこう。なお、起返開始までの経緯は、倉田守氏が詳細に検討しているので参照されたい(53)。

起返の願書に対する改作所の承諾は六月上旬に出された。これより「変地起返方仕法」が作成され、起返の準備が本格化していく。

起返の仕法は九項目からなり、鍬使いは幼老・男女区別なく行う、起返賃料をもらう者は救い方より省く、起返料は変地高三歩（三パーセント）以上の村に半分を籾、半分を銀で渡す、先に三〇～四〇日分の賃料として籾一〇〇〇俵（後に一五〇〇俵に変更）・銀五〇貫目を渡す、組裁許・新田裁許は町新庄村小三郎方で事務処理を行い、家賃料と飯料を支給する、「勢子方下役」は一〇～一五ケ村から二人を立て「一刀為帯」とし、役料は一日につき銀二目とすること等が決められた。

これらの内容は起返を迅速かつ積極的に進めるものであるが、先に倉田守氏が「御救方という負担を軽減する政策と表裏一体をなすものであった」と指摘したことは正鵠を得ている。それは改作所の「依而変地起返方被仰付候而、急難御救ハ一先ツきつちり与止候事」という文面が示す通りである。加賀藩は六月上旬、変地高三歩以上の村では稼ぎ方が可能な者に対する救米を停止し、変地高三歩以下の村では全て停止することをあらかじめ通達した。そして六月二十日で応急の救済を停止したのである。

起返は翌二十一日より変地高三歩以上の村のみを対象に開始された。改作奉行が起返勢子方主附（十村六名）と勢子方下役（肝煎一三名）を任命し、人足を監督させた。起返の実務的処理のため「新庄御出張所」が置かれ、神保助三郎以外の起返勢子方主附で詰番割を決めた。

さて、安政大洪水における復旧経費の増大は、復旧途中の安政六年に算用場奉行が詮議を要する重大な案件に挙げていることから、幕末期加賀藩の財政難に拍車をかけたことは間違いない。「宝田正楽伝」に「安政五年ニ起リ文久三年ニ焉ル、六年間ノ大業ナリ」と記されるように、起返を中心とする復旧事業はひとまず六年間を要している。次項では起返料の経理書類の支払項目に着目して、安政五年～万延元年（一八六〇）と文久元年（一八六一）～文久三年とに分けて、より長期の救済と復旧事業がどのように行われたのかを見ていきたい。

二　経理書類にみる安政五年～万延元年の実相

表9は安政五年～万延元年までの三年間の起返料の支払項目を示したものである。安政五年（午年）では籾七三六八俵余、入用銀二〇四貫目余が支出されている。その内訳は「大田組等変地村々起返料」等として主に起返の賃料に振り向けられていることがわかる。

当初、起返はその面積が膨大であり、それに加えて川除普請も同時期に開始されたため、村方人夫だけでは起返人足が圧倒的に不足した。そこで起返勢子方主附は、「他所功者成者」として他郡からの人夫の補助を改作所へ願い上げた。かかる新川郡の要請に対して他郡から多くの人夫が稼ぎ方を求めてきて、早くも七月には「一同相競、起返方ニ取懸申候」という有様になり、急速に起返が進展した。

起返開始の二ケ月後、起返勢子方主附が途中状況を書き上げており三五八七石ほどが復旧している。さらに半年後には九四三九石ほどが復旧している。これは当初見込んだ起返高の三六・六パーセントにも及び、安政五年段階では順調に起返が展開したことがわかる。注意すべきは、このような復旧事業の遅滞が懸念された場合において地域間の相互扶助のネットワークが機能し、復旧事業がスムーズに展開している点であろう。

さて表9の起返料の支払項目には、「冬稼藁代」、「中分以上之者江拝借銀」等が挙げられており、より長期の救済も併せて実施されている。十一月、十村は難渋人に対して冬稼ぎの手当を講じている。当該期の難渋人は、島組一〇一七人、大田組八一三人、高野組二八八人であり、十村は「冬稼仕入藁代銀」一〇貫目余を藩に願い出た。その代銀が起返料から支出されているが、前田一郎氏は他史料の記述から十二月下旬に願高より約三四パーセント程度を減額して貸し渡されたことを指摘している(58)。また十一月、十村は被災村のうちで「中分以上之高持之難渋指迫居候者共、為御取扱銀拝借奉願上候」として銀二五貫目を願い上げた。その理由として農具代と飯米の不足、それまでは小前之者に救方を優先したことを挙げている。この「中分以上之者」とは倉田守氏の見解によれば全体の三〇パーセントにも満たない中農層である(59)。経理書類を見ると、安政五年には「中分以上之者江拝借銀」として、さらに安政六年には「中分以上之者江農道具代御貸附」として料銀が貸し渡されている。このように難渋人等へのより長期の救済が、本来は復旧事業の経費であるはずの起返料のなかで賄われており、藩の負担軽減策がここにも示されているといえよう。

次に、表9の安政六年（未年）分の経理を見てみよう。安政六年では籾六六六三俵余、入用銀四〇五貫目余が支出されている。とくに前年と比較して起返の賃料だけでなく支払項目が多岐に及んでいることがわかる。

安政六年一月、新川郡では「常願寺川筋変地所勢子方当春之處心得方」（一七項目）が出され、起返のさらなる督促が行われた。起返料銀の「精農者江被下銭」は他史料によれば九七目九分四厘を要しているが(60)、これも起返を奨励す

御入用銀請取分（単位：目）

請取期間	御入用銀請取
安政５年６月～12月迄	235,000.00
安政６年２月～12月迄	429,155.06
万延元年３月～８月迄	360,000.00
計	1,024,155.06

御入用銀支払分（単位：目）

年	支払項目	御入用銀支払
安政５年（午年）	大田組、島組、高野組、上条組変地起返料	94,265.29
	四組変地村々大豆等種物代、農道具代、冬稼藁代等	12,752.65
	荒川、中川、半俵川、簗川等急場取防方利田前御普請銀并村々通江堀立賃等	63,503.21
	広田、針原用水口堅鍬役米取立兼候分御取扱、中分以上之者江拝借銀等	22,300.00
	新庄御出張所借上料并飛脚賃小遣給銀、料紙等種々買物代、起返歩打立方竿取人賃料等	3,877.67
	起返方主附并下役人々江且被下金飯代等	7,570.07
	計	204,268.89
安政６年（未年）	大田組、島組、高野組、上条組変地起返料渡并三分以下変地勢子料	89,463.06
	精農者江被下銭、家財流失、老幼者へ御取扱銀	4,665.27
	荒川、中川、簗川等川除御普請銀、大場前急場取防御取扱并村々通江堀立賃	65,741.49
	大田組・島組・高野組中分以上之者江農道具代御貸附、嶋組日俣村等六ケ村難渋者江御貸附、御郡用水手操方へ拝借、大場前等水下銀、藤籠代引足等拝借	53,248.60
	大田組、島組、高野組、上条組変地村々植付高江屎代御貸附	127,435.71
	高原野御詰所借上料、飛脚賃、料紙等買上物、分間人賃并右入用等	685.00
	高原野新用水堀立賃等	1,524.30
	高原野江引越人渡御取扱銀并米代銀	16,200.00
	舟倉野用水御普請銀	34,488.90
	新庄御出張所借上料并飛脚賃、小遣給銀、料紙等買物代、竿取人賃料等	3,465.63
	起返方主附并下役人々江且被下金飯代等	8,926.35
	計	405,844.31
万延元年（申年）８月迄	大田組、島組、広田組、高野組、上条組変地村々起返料并砂土かま土入等賃料	35,902.41
	荒川・八幡川・白岩川々除御普請溝等川堀立水冠村人家囲、利田前午年急場取防村々用水堀立料等	163,487.37
	常願寺川筋等御郡用水銀手操方拝借	30,000.00
	大田組等変地村々植付高江屎代御貸附、高原野開発高共	22,564.29
	高原野開発料	39,017.53
	高原野新用水堀立料	13,408.92
	高原野江引越人渡り御取扱銀并米代	33,950.00
	高原野分間人飯代、竿取人給料、料紙、飛脚賃等七月迄之分	2,305.25
	町袋村等往還盛掛并前堅メ籠代	9,412.48
	新庄御出張所借上料并飛脚賃、小遣給銀、料紙代等渡七月迄之分	1,202.00
	主附人々飯代渡七月迄之分	1,456.08
	計	352,706.33
３ケ年間総計	支払銀	962,819.53
	当時在銀	61,335.53

杉木文書「万延元年九月常願寺川筋変地起返料高原野開発賃等去午年より当申八月迄三ケ年分品々御入用銀諸払仕出書上申帳」（□ケ－９）より作成。

表9　安政5年、安政6年、万延元年（8月迄）における変地起返勢子料の請取と支払

御籾請取分（単位：俵）

請取期間	種　別	御籾請取	御蔵名
安政５年６月～12月迄	別除籾等	7,403.261	岩瀬
安政６年１月～12月迄	別除籾等	6,759.282	岩瀬
万延元年３月～７月迄	別除籾等	5,400.071	岩瀬、水橋
３ケ年間総計		19,563.114	

御籾支払分

年	支 払 項 目	御籾支払（単位：俵）	銀直分（単位：目）	備　　考
安政５年（午年）	大田組等変地村々起返料	7,100.230	142,009.20	１俵につき20目宛銀直
	村々通り江堀立料	121.000	2,420.00	１俵につき20目宛銀直
	雨漏等欠籾	147.131		
	計	7,368.361	144,429.20	
安政６年（未年）	大田組等変地村々起返料	883.000	18,543.00	１俵につき21目宛銀直
	変地村々夫喰	3,939.106		
	家財流失、老幼者御取扱米之代籾	928.256		
	変地村々之内極難渋者江急難御救米之代籾	891.420		
	雨漏等欠籾	21.200		
	計	6,663.482	18,543.00	
万延元年（申年）８月迄	大田組等変地村々起返料	1,506.400	32,067.2	1,082俵斗　１俵につき21目宛銀直 424俵斗　１俵につき22目宛銀直
	高原野開発料	703.205	14,900.02	473俵斗　１俵につき22目宛銀直 230俵　１俵につき19目５分宛銀直
	大田組等変地村々夫喰、高原野夫喰	2,963.114		
	雨漏等欠籾	43.402		
	計	5,217.121	46,967.22	
３ケ年間総計	支払籾	19,249.464	209,939.42	
	欠籾	212.233		
	水橋御蔵当時在籾	270.000		
	岩瀬御蔵当時在籾	43.150		

杉木文書「万延元年九月常願寺川筋変地起返料、高原野開発賃等去午年より当申八月迄三ケ年分御籾請払仕出書上申帳」（□ケ－８）より作成。

るための藩政策の一環であろう。

続く二月、十村は六月まで一万三二五〇石の起返高（当初見込んだ起返高の約五〇パーセント）を見込んでいる。そのため変地高三歩以上の村に対する「作付屎代銀」一五〇貫目を願い上げ、三月に十村が深泥入所へ一一目三分宛、中泥入所へ一〇目三分宛、浅泥入所へ九目三分宛として各組の起返出来方に応じた割合で支給された代銀を配当した。また、変地高三歩以下の村は、藩の方針により起返の対象外であったが、十村は変地高三歩以下の二九ケ村に対する九貫目余の起返の賃料を二月に願い出ている。これらは他史料により起返料銀「三分以下変地勢子料」として七貫七三五目に査定されて貸し渡されており、この時点でようやく変地高三歩以下の村で起返が開始されている。

三月には、先の冬稼ぎ方の藁代銀に追加する形で救済が行われている。難渋人で冬稼ぎができない老幼者へ二三二石の代籾として「家財流失・老幼者御取扱米之代籾」九二八俵が起返料から渡されている。また老幼者への取扱銀が四貫目ほど渡されており、稼ぎ方の可否にかかわらず難渋人に対する手厚い救済がなされている。

しかるに、かような救済と復旧事業が順調に続けられているなかで、安政六年五月十九日に再び洪水が発生したのである。各組十村は変地高三歩以上の村々を六月に改作奉行佐久間久佐へ報告した。六月中旬に家屋が流失した者へ仮小屋設置の申渡しがあり、仮小屋が出来た者に対して銀が下された。[61] 起返は「私共見込図通、起返出来不申」という有様となり、六月末までには結局のところ一万七六三石（当初見込んだ起返高の四一・七パーセント）しか完了しなかった。

九月に入り、ようやく「水難之者」に対して一日三合宛で二五日分の「急難御救米」が下された。[62] これらは安政五年洪水における応急の救済と同様の手順である。ただし起返料に計上されていないことから、おそらく返済不要の被下銀と被下米であったものとみられる。

十月には、改作所が安政六年の再洪水で左岸域の一部の被災村を復旧不可能と判断し、右岸域の高原野へ移住するように勧奨している。[63] 高原野は南から字横江野・末三ヶ野・高原野からなる南北約一〇キロメートルにわたる土地である。馬背状に未開墾地が残されていたが、安政五年の二度の洪水で右岸側の仁右衛門用水から泥土が入り、流水客土されたため、藩がこの土地の開拓に着目した。[64] 引越人に対して引越前の持高を保証して開墾させ、うち二〇パーセントを「返歩」として元の持主の郷方に与える特別措置をとった。そのため安政六年から被災村一四ケ所、二五〇軒余が高原野へ移住を開始した。字高原野に「高原野詰所」が設けられ、新用水の江掘が開始され「高原野新用水堀立賃料」が起返料で支払われている。また「高原野江引越人渡御取扱銀并米代銀」として引越人には一軒につき銀二〇〇目と籾三石が起返料から貸し渡されている。[65]

十二月末には、島組・大田組・高野組・上条組四組の極難渋人に対して「変地村々之内極難渋者江急難御救米之代籾」八九一俵四斗二升が貸し渡された。ただし極難渋人に対して配当されたのは翌万延元年の一月中旬に至ってからであった。[66] このように経理書類を見ると、より長期の救済に加え高原野開拓の諸費用も、本来起返の賃料のための起返料から支出されていることがわかる。

続いて、安政七年二月、一三代藩主前田斉泰による被災地巡見が御郡所から御扶持人十村へ先触されている。その巡見は江戸からの帰国の際、「常願寺川筋水損ケ所等」の視察が目的であった。藩主が被災地を実見することは事態の重大さを窺わせるが、結局三月に中止の旨が通達されている。[67] 安政七年三月十八日に万延と改元された。

次に万延元年（申年）三月以降の経理書類を見ていく。表9は同年八月までの中間決算、表10は同年十二月の最終決算を示したものである。[68]

請取籾は、当初予定されていた岩瀬御蔵の嘉永六年籾を使い切り、岩瀬御蔵の安政二年籾、水橋御蔵の嘉永元年・二年籾までを拠出していることがわかる。起返料は籾二五一六俵、入用銀四〇九貫目余が支出されている。

御入用銀請取分

種　　　別	入用銀請取
	目
去未年決算書上帳之表払銭当年江越銀	54,041.86
御渡銀	370,000.00
計	424,041.86

御入用銀支払分

支　払　項　目	入用銀支払
	目
大田組　万延元年起返賃料并安政六年再変地砂入之地元ばん土入賃等	16,519.66
島組　　同上	13,832.45
高野組　同上	1,591.60
上条組　同上	6,977.87
広田組　同上	1,760.47
当年御渡籾東岩瀬・水橋両御蔵書配出賃并乱俵等取直賃等	435.67
大田組等五組変地村々通り江堀立方加銀	6,416.88
御郡用水方普請銀過分につき拝借銀	50,000.00
高野組横江村・千垣村新用水岩繰堀立方等御加銀	4,900.00
大田組等変地村々并高原野江屎物銀残り分	22,564.29
荒川等川除御普請并急切取防入川筋村々御田地囲方御加銀	162,917.32
起返方主附五人江被下銀飯代并四組下役日懸り役料等	8,610.51
御出張所御借上賃并紙筆墨代飛脚賃等	2,258.11
高原野仁右衛門用水一口水門并江筋堀立方等	13,408.92
高原野植附高水当雑用銀并江代等	2,829.71
高原野開発賃料	48,575.56
高原野江引越人百弐拾八軒江引越料　壱軒江弐百目与三石宛　中勘之外	42,296.00
高原野御詰所御借上賃飛脚料紙油蝋燭代等	880.16
高原野惣歩調理方返歩打立方并絵図出来四間物代分等	2,393.45
計	409,168.63
残銀	14,873.23
残銀のうち来酉年分中勘渡り	3,616.15
当時有銀高	11,257.08

杉木文書「万延元年十二月常願寺川筋変地村々起返勢子料御渡銀籾請払決算方書上帳」(□ケ－5) より作成。

表10　万延元年12月における変地起返勢子料の請取と支払

御籾請取のうち銀直分

種　　別	御籾請取	御蔵名
	俵	
去未年請籾払銭当年江越籾	130.200	
嘉永６年　別除籾	836.457	岩　瀬
安政元年　別除籾	500.000	岩　瀬
安政２年　別除籾	300.000	岩　瀬
嘉永元年　別除籾	300.000	水　橋
嘉永元年　別除籾	491.152	水　橋
嘉永２年　別除籾	8.348	水　橋
計	2,567.157	

御籾支払のうち銀直分

支払項目	御籾支払	銀直分
	俵	目
大田組起返賃料	223.000	4,718.00
大田組再変地之地元砂場賃并ばん地土入賃料	400.200	8,462.40
島組起返賃料	632.000	13,434.00
島組再変地之地元砂場賃	124.000	2,728.00
高野組起返賃料	66.000	1,411.00
高野組再変地之地元砂場賃	24.000	528.00
上条組起返賃料	37.000	777.00
高原野開発賃料	1,010.105	21,649.62
計	2,516.305	53,708.02
両御蔵雨漏等欠籾	50.352	

万延元年閏三月に至り、ようやく安政六年洪水の流失家・泥込家に対して「家作御取扱銀」が貸し渡されている[69]。島組一二貫八〇五目、大田組一貫三〇〇目、高野組一貫六三五目、上条組一五〇目であり、洪水被害の程度に応じて渡されており、とくに島組への配当が多くなっている。この貸銀は起返料に計上されておらず、別途で貸し渡されたものである可能性が高い。

四月には「夫食貸米」が起返料から支払われている。これは安政六年から起返料に計上され、二年間で六九〇二俵が「変地村々夫喰」として貸し渡されている[70]。

さらに『立山町史』では「万延元年からは引越人による高原野開拓が本格化した[71]」とあり、起返料を見ると高原野関係の支出が万延元年から増大していることがその傍証となろう。他方で川除普請関係である「荒川・八幡川・白岩川々除御普請溝等川堀立水冠村人家囲、利田前午年急場取防村々用水堀立料等」の支出が入用銀全体の四六パーセントを占めていることから、万延元年の入用銀は本来の起返よりも川除普請と高原野開拓に振り向けられているものと理解される。

以上、経理書類から安政五年〜万延元年までの実相を見てきた。起返料の三年間の請取総額を計算すると、籾二二一三〇俵余、入用銀一四四八貫目余となる。これらの経理を見る限り、年度毎の処理ではなく万延元年に三年間の経理が一括で処理されていることは注意を要する。

加賀藩では十村が事業に必要な経費を見積り、上部機関である御郡所や改作所へその都度請願することが仕法で義務化されている。算用場の審議を経た上で事業に取りかかり、完了後に藩の検分を受けてようやく諸経費が支払われるのが通例である。しかるに、かような特殊な経理方法を採用したのは、安政六年の再洪水の甚大な被害をうけて逼迫した財政状況のなかで、さらなる年貢米収納の減少を懸念した藩上層部が、現地での事務手続を簡略化することで復旧事業の迅速化を図ったものとみてよい。そして安政六年五月からは、起返勢子方主附（十村）が起返料の籾・銀の使途を本来の起返のみではなく、主附裁量でその都度使途を変更し、柔軟かつ主体的に復旧事業を進めていったことを示していると理解されるのである。

三　経理書類にみる文久元年〜文久三年の実相

次に、文久元年（一八六一）からの三年間の実相を、経理書類を中心に見ていきたい。ただし、文久元年以降は籾渡分の経理書類が今のところ見当たらない。このことは検討を要するが、本項ではひとまず銀渡分の経理書類で見ていこう。

次の史料から文久元年に変地高三歩以上の村を起返進捗の程度により三区分したことがわかる。

史料17(72)

安政五午年、常願寺川非常之泥洪水ニ而御田地莫大変地ニ相成、村々産業取失候ニ付、起返方仕法等種々御取扱被仰付候。且文久元年、右変地村々起返出来之次第三等振分、起返出来村、起返料銀喰切村、是迄通起返御取扱村与仕御達申上、起返方猶更勢子仕候所、追々出来仕、残村ニも豫ニ相成候ニ付、已後御取扱方之義、今一篇簡易ニ相成候様私共詮義之趣可申上、且又、新庄御出張所指止可申旨被仰渡候ニ付、今度私共示談之趣左ニ奉伺上候。（後略）

表11　文久元年12月における変地起返勢子料銀、高原野引越高開発賃料銀

変地起返勢子料銀（単位：目）

支払項目	大田組	島組	高野組	上条組
起返高是迄之通御取扱起返歩料之内　御渡籾代銀引去御銀渡	1,971.02	6,086.16	1,873.73	88.62
起返方喰切定銀村々　当春三等振分前起返歩打立料之内　御渡籾代銀引去御渡銀	2,658.35	3,535.40	851.28	112.03
喰切定銀之内　当年起返歩見斗御渡銀	6,967.00	10,847.80	3,673.80	460.00
起返方出来村々　当春三等振分以前起返歩打立料之内　御渡籾代銀引去御渡銀	1,589.55	1,490.79	235.05	－
三分以下変地村起返料銀別段御聞届之分	－	－	952.99	－
計	13,185.92	21,960.15	7,586.85	660.65

杉木文書「文久元年十二月常願寺川筋大田組等変地起返方料銀并荒川筋等諸御普請御加銀暨御出張所御借上料飛脚賃下役日懸役料竿持人雇賃等御入用書上申帳」（□ケ－4）より作成。

高原野引越関係入用銀（単位：目）

支払項目	入用銀
高原野中道御普請	1,767.51
仁右衛門用水、高原野新用水取入口人足賃等	6,127.48
高原野開発賃料	16,660.48
高原野詰所御借上料等	359.94
縄張人末三ケ野等分間方人足賃料等	1,098.04
高原野新用水、三千俵用水古田畑開発賃料等	319.61
計	26,333.06

杉木文書「文久元年十二月高原野引越高開発賃料等当年御入用口々渡銀本勘相仕立書上申帳」（□ケ－3）より作成。

「起返出来村」とは、起返が完了したため本年内にすべての料銀を渡す村、「起返料銀喰切村」とは、深砂や高石により急な起返が不可能なため、今後の起返高に応じて料銀を追加で渡す村（五二ケ村）、「是迄通起返御取扱村」とは、いまだ水没地もあり起返がきわめて困難な村（三九ケ村）のことである。こうした区分も藩の負担軽減策の一環とみてよく、夫食米の返上等を免除される「起返御取扱村」を絞り込むためのものであろう。この時点まで起返未完了の村は九一ケ村あり、全体の六五パーセントにも相当している。

　したがって、文久元年からの経理は表11で示したようにこれら三区分された村を対象とする。[73] 起返には島組二一

貫目余、大田組一三貫目余などの計四三貫目余の賃料、高原野開拓でも二六貫目余の賃料が支払われており、いずれも入用銀が減少している。他方で支払項目の「荒川筋川除并御田地囲御普請御加銀」を見ると一九〇貫目余を要しており、起返ではなく川除普請に入用銀の多くが振り向けられていることがわかる。かような支出方針は、おそらく文久三年まで継続されたものと思われる。

そして文久三年二月、藩は起返と高原野開拓が進捗したものと一方的に判断し、復旧事業のために臨時におかれていた「新庄御出張所」と「高原野詰所」を廃止することを新川郡へ通達している。

しかるに、先述した通り実際の起返は進展しておらず、かような一方的な通達を受けて、十村は今後の対応を協議した。そして先の「起返出来村」、「起返料銀喰切村」、「起返御取扱村」を再区分し、「起返料銀喰切村」五二ケ村のうち四四ケ村を「起返出来村」とし、残り八ケ村を「銀喰切村」にとどめて料銀を出来分につき渡すこと、「起返御取扱村」三九ケ村のうち二三ケ村を「起返出来村」とし、残り一六ケ村を「起返御取扱村」とし夫銀・返上米等を支給することを願い出たのである。さらに新川郡十村の伺書では次のようにある。

史料18(74)

（前略）

一、是迄通起返村等之内、向新庄村・一本木村・中野新村・宮成新村等之義、去七月大水ニ而常願寺川高畠前等ゟ入川之節起返地元流失仕又候、再変地ニ相成候ニ付、深石砂入之ヶ所ハ蒸打ニハ可仕、薄泥入操返等ニ為仕可申ニ付、料銀方精誠取図り御達可申上奉存候。

一、変地所之義、前段之通追々起返出来村へ御達申上候得共、多分深変地之事故、地味容易ニ立直り不申義ニ御座候間、御納所方当分之所是迄通一作免ニ被仰付置可被下候。尤地味立直り方夫々勢子仕、追々御免相為相進可申、料銀喰切村是迄通起返村御免相之義も前段同様奉願上候。（中略）

一、起返料銀并川筋御普請銀等御渡方之義、是迄之所時々相渡来候得共、此後ハ取調理置盆暮両度ニ相渡可申、其内品ニより指支候分ハ別段御渡方願上可申奉存候。

一、前段変地村々并高原野江引越之義、夫食米曁屎代銀精誠取図り御願可申上候間、当年之所先ツ是迄通御貸附被下候様仕度奉願上候。

一、起返方之義、前段之通被仰付候得者、主附人々勤向簡易ニ相成候故、新庄御出張所御指止ニ相成候而も可然奉存候。乍然前段残地元起返等勢子方不仕候而ハ自然与相馳可申、尤起返高ニ随ヒ料銀方も有之、主附人々時々見廻方曁寄合示合方も可有之、且又常願寺川々除御普請勢子方も御座候故、其時々向寄を以寄合示談仕可申、左候得ハ是迄之御出張所与ハ違ヒ雑費も相懸不申義ニ御座候間、猶更得与示談仕追而御達可申上候。

一、前段之通、御出張所御指止ニ相成候上ハ、下役人御指止ニ相成可然奉存候。尤是迄之下役勤向之方江者其組付之手代乍仕可申、其内ニも入用之節ハ臨時相雇可申候。給料之義ハ一日二三匁宛御渡可被下候。

附り、右下役人々、午年以来長々出精相勤一刀相帯来候ニ付、只御指止ニ相成候義如何敷御座候間、身分之義御郡所御示談被下宿分役人列与歟ニ被仰付、一刀相帯候様奉願上候。其内向新庄村善太郎義陰聞役、利田村六郎右衛門義宿役人列ニ相成居候間、此分ハ拝領銀ニ而も被仰付被下候ハ、可然奉存候。先年拾弐貫野御開所之義、下役人々江揚歩高等拝領仕候得共、今度者右様御取扱之義出来不申候ニ付、前段存付之趣奉伺上候義ニ御座候間、尚更宜敷御詮義被成下候様奉願上候。

（後略）

表12　文久３年11月における変地起返方御入用中勘銀

（単位：目）

支　払　項　目	御入用銀	備　　考
中川原村等四ケ村起返料本勘	217.76	去暮中勘渡残にて支払
赤江川筋双代村等八ケ村御普請本勘	2,591.64	去暮中勘渡残にて支払
大場村、上川原村通江出来御加銀等	550.00	
文久３年３月迄新庄御出張所御借上料、小遣雇料并去暮諸入用書上後より飛脚、料紙等品々入用	700.00	
主附人飯料、下役竿取人日懸等品々	1,200.00	主附人飯代は高原野分共
高原野等分間ニ付縄張人、竿取人、書算人日懸并飯代、飛脚、料紙、詰所借上料等所々入用	5,400.00	
仁右衛門用水等取入造用并右用水筋砂揚等品々入用	1,700.00	仁右衛門用水は７月渡分の外
不時物中勘	565.81	
芝草村へ	1,027.19	本勘分
二杉村へ	274.12	本勘分
起返下役11人へ下銀	1,333.00	
計	16,493.71	
内　文久３年春有銀を振替渡分	908.83	
文久３年不足分	15,584.88	

杉木文書「文久三年十一月常願寺川筋変地方御入用銀当暮渡中勘取調理書上申帳」（□ケ－13）より作成。

十村は「新庄御出張所」と「高原野詰所」の廃止を了解しつつも、起返の完了していない二四ケ村の対処を含め、今後の対応策を願い出ている。また諸経費の請取を盆暮の年二回のみとし、不足分があれば年末に報告する方法に切り替えている。さらに出張所の下役については長年の出精があり身分を宿分役人列にして帯刀とし、すでに役人列の者に対しては拝領銀の支給を強く求めている。

文久三年九月、変地高三歩以上の村に対して三年間の引免が受届となり、島組四三ケ村・大田組二九ケ村・高野組二四ケ村・上条組四ケ村・広田組二ケ村が引免された。そのうち一八ケ村が「増引免」、三ケ村が「永引免」されている[75]。

続いて表12は、文久三年十一月の暮渡銀の経理を示したものである[76]。起返料二一七目余、普請料二貫五九一目余、高原野の測量費五貫四〇〇目等の諸経費を見込んでいるが、不足分が発生しており、一五貫五八四目余を請求している。

かくして六年間に及ぶ復旧事業としての起返および高原野開拓は、文久年間に藩の負担軽減策が加速して文久三年にひとまず区切りがつけられたのである。

文久三年以降の諸経費の請取については、新たな出来分に対して入用銀等が支払われたものと思われるが、おそらく不足分は発生していたはずである。それらを十村が粘り強く請願していくものの、おそらく自普請も余儀なくされながら復旧事業を継続していったものと考えられる。史料的制約により復旧事業の完了時期はいまだ判然としないが、藩の経済的援助は最終的には復旧事業を完了させていないものと推察されるのである。

おわりに——復旧事業から「復興」へ——

幕末期加賀藩の財政状況はきわめて逼迫していた。そうした状況下、安政大洪水が発生し、常願寺川流域では甚大な被害に見舞われ、救済と復旧事業が展開されたのである。

これまで見てきたように、加賀藩は安政五年（一八五八）から万延元年（一八六〇）の三年間では負担軽減を図りつつも難渋人に対するより長期の救済を継続しており、領内の均衡性を維持することにも配慮している側面が看取される。したがって安政大洪水におけるはじめの三年間では、加賀藩が負担軽減策をとりながらも困窮者の度合いに応じてそれなりの対応を講じたものと評価されよう。安政期に米価高騰から領内で打ちこわし・騒擾が続発するなかで、新川郡ではそれらが比較的に穏やかであったこともその証左ではなかろうか。このことは安政期加賀藩の横山隆章政権が「人和第一之儀」[77]の方針を掲げていたことと無縁ではないように思われる。

さりながら、続く文久年間には、藩の負担軽減策が一気に加速し、復旧事業の早急な収束が図られる。このことは文久初期において黒羽織党が政権に復帰し、財政難にもかかわらず海防政策を中心とした軍事費増強を指向していくことと軌を一にしており[78]、おそらく復旧事業の進捗度を考慮した対応というよりは、政権交代による方針転換が背景にあるものとみてよい。そして復旧事業の急速な収束で洪水の恒常化と相俟って被災村の人びとは累積する借金返済にひたすら追われていくようになる。その負担増と人びととの鬱積は、藩政期には顕在化しなかったものの潜在的には徐々に拡大していたものと考えられる[79]。

こうした加賀藩の災害対応の傾向は、一貫した負担軽減策を講じて被災村の人びとが最低限の生活を維持するための物的救済（籾・銀）に留まっている。したがって復旧事業もあくまで稼ぎ方の一環でしかなく、被災村の「復興」という視点はあまり見受けられない。本章では、かような傾向を近世の公権力による災害対応の特質であると理解しておきたい。

とすれば、藩の物的救済を得て復旧事業を実質的に推進したのは十村をはじめとする中農層以上の存在ではなかろうか[80]。十村は藩上層部に対して救済と復旧事業の経費折衝を繰り返しており、そこには被災した地域社会を日常生活へ回帰させるための責任感と執念が垣間見えるのである。

もっとも十村が地域社会の再生に奔走した背景に、加賀藩の褒賞制度が存在していたことを否定することはできない。藩の郡方支配の方針として用水開削等の困難な事業が一段落すると、該当の村役人へ何らかの恩賞を与えることが通例であったようである[81]。安政大洪水の事例でも十村が災害復旧の功により拝領高などの恩賞や身分保障を求めているが、かかる藩の保護強化策が中農層以上を地域社会の中核として維持させていたのである。

ところで、藩の物的援助が一方的に打ち切られるなかで地域社会はどのようにして次の段階である「復興」への道のりを遂げていったのであろうか。物的援助による復旧事業の進展は、最終的には「復興」へ繋がるものである。しかるに復旧事業はやがてその限界性を露呈していくことになる。ここではひとつの推論を提示して本章の結語にかえたい。

安政大洪水の事例のような大規模な自然災害にあって、復旧事業の実質的な推進役は十村のような地域社会で知識と財を蓄えた中農層以上の階層であるとみられるが、彼らを支えたのは被災村に加えて周辺や他郡の村々から復旧事業に参集した下農層の存在であったことも見逃すことはできないであろう。とくに洪水後の起返では、地域間の相互扶助のネットワークが存在し機能していたことは重要であると考える。それは地域同士が互いに不可欠な存在として強く結び合うことによって、公権力の恩恵を享受しながらも、最終的にはそれに依存しない「地域社会の結束力」であると換言することができよう。

ただし、近世段階に自然災害からの「復興」という概念が存在していたか否かについては、研究者間で議論が分かれるところである。筆者は幕末期、地域同士の強固な結束力が、自然災害からの「復興」段階にも十分に機能し、その推進力ともなり得たのではないか、とひとまず想定しておくことにしたい。そして幕末期の地域社会は自然災害からいかなるプロセスを経て最終的に「復興」していくのか。その解明は現代社会の私達にとって重要な教訓を秘めているものと思われる。具体的論証は今後の課題としてひとまず擱筆するものである。

註

（1）宇佐美龍夫『大地震　古記録に学ぶ』（そしえて、一九七八年。吉川弘文館、二〇一四年で再刊）、『日本被害地震総覧599－2012』（東京大学出版会、二〇一三年）等。

（2）本書第二章、近藤浩二「安政大地震（飛越地震）における液状化被害の再検討―『魚津御用言上留』を中心に―」（『災害・復興と資料』第一号、新潟大学災害・復興科学研究所危機管理・災害復興分野、二〇一二年）。

（3）こうした被害数字は「安政五年常願寺川非常洪水山里変地之模様見取図（里方図）」（滑川市立博物館蔵「岩城文書」所収）、「大地震非常変損之図」（羽咋市歴史民俗資料館蔵「加藤家文書」所収）等の災害絵図にも記載されている。

（4）古地震研究の蓄積としては、産業技術総合研究所地質調査総合センター発行『活断層・古地震研究調査概要報告書』、『活断層・古地震研究報告』等を参照されたい。

（5）ここでは研究成果として北原糸子編『日本災害史』（吉川弘文館、二〇〇六年）、北村優季『平安京の災害史―都市の危機と再生』（吉川弘文館、二〇一二年）、安田政彦『災害復興の日本史』（吉川弘文館、二〇一三年）、水本邦彦編『環境の日本史4　人々の営みと近世の自然』（吉川弘文館、二〇一三年）を挙げておく。

（6）大山町史編纂委員会編『大山町史』（一九六四年）。

（7）沢田一雄「第Ⅰ編第二章第三節　安政の洪水」（立山町編『立山町史』下巻、一九八四年）。

（8）中村太一路「近世編第三章第四節二　安政大洪水」（富山市史編さん委員会編『富山市史』通史〈上巻〉、一九八七年）。

（9）宮本幸江「第三章第五節　郷土の災害・安政の大地震と洪水」（『大山の歴史』、大山町、一九九〇年）。

（10）倉田守「安政期の災害と加賀藩の政策」（『北陸史学』第三四号、北陸史学会、一九八五年）。

（11）新田二郎、第十章第四節二「幕末期の打毀し」「幕末の小作騒動」（富山県編『富山県史』通史編Ⅳ近世下、一九八三年）。

（12）嶋本隆一・高野靖彦・前田一郎「安政大災害（1858）における加賀藩の災害情報と被災対応」（『立山カルデラ砂防博物館研究紀要』第九号、立山カルデラ砂防博物館、二〇〇八年）。

（13）前田一郎「安政の大災害関係史料（一）」（『立山カルデラ砂防博物館研究紀要』第七号、立山カルデラ砂防博物館、二〇〇六年）、同「安政の大災害関係史料（二）」（『立山カルデラ砂防博物館研究紀要』第八号、二〇〇七年）、同「安政の大災害関係史料（三）」（『立山カルデラ砂防博物館研究紀要』第一〇号、二〇〇九年）、同「安政の大災害関係史料（四）」

（『立山カルデラ砂防博物館研究紀要』第一二号、二〇一一年）、同「安政の大災害関係史料（五）」（『立山カルデラ砂防博物館研究紀要』第一三号、二〇一四年）。
(14)「安政五年午越中立山変事録」（富山県立図書館蔵「前田文書」所収）。
(15) 森田柿園編「北国大地震記」（金沢市立玉川図書館近世史料館蔵「加越能文庫」所収）。流失した九坊は六角坊・蔵生坊・覚乗坊・永泉坊・般若院・圓林坊・実教坊・玉蔵坊・財智坊である。
(16)「安政五年戊午二月廿五日暁子刻大地震三月十日午刻山突波四月廿六日午刻泥洪水一件」（富山県立図書館蔵「杉木文書」、『杉木文書目録』△△ホ－5）。以下、杉木文書は目録番号で表記する。
(17)「火災地震記録四種」（金沢市立玉川図書館近世史料館蔵「加越能文庫」所収）。
(18) 註（16）に同じ。
(19)「安政五年二月越中国大地震アリ同三月十日四月廿六日常願寺川大洪水御用留帳」（杉木文書□□ミ）。なお第三節「安政五年の加賀藩の対応」に掲げた史料1～11は同史料による。
(20)「安政六年五月十九日白岩川常願寺川等大洪水ニテ両川へ切込流失家水附家等有之御注進方一巻」（杉木文書赤▲ホ）。
(21) 前田一郎「安政の大災害関係史料（三）」（『立山カルデラ砂防博物館研究紀要』第一〇号、二〇〇九年）。
(22)「諸郡御用留」（前田育徳会編『加賀藩史料』藩末篇上巻、一九五八年）。
(23) 註（20）に同じ。
(24) 註（10）に同じ。
(25)「御償米願高書上」（杉木文書□ケ－16）。
(26) 近藤浩二「変地所分間絵図に見る常願寺川大洪水―安政飛越地震における二次災害被害の実相解明へ向けて―」（『災害・復興と資料』第四号、新潟大学災害・復興科学研究所危機管理・災害復興分野、二〇一四年）。なお今のところ「神保家文書」（国文学研究資料館蔵）の変地所分間絵図は安政五年八月の手代・縄張人らの測量を反映したものと考えられており、「地震就騒動村事遺於書」（個人蔵）においても「午年泥押諸相調理ニ付、村々領絵図をひかれ当村も八月七日より同十五日ニ焉ル、領中飛地ニ至迄、不残絵図面ニ敷、役所江御取上ニ分見者下砂子坂村源作、栃山村次助、各竿取召連、止宿源左衛門宅ニ而九ケ日相懸ル也」とある。同史料は野積正吉氏の御教示による。

(27) 註（16）に同じ。
(28) 菊池勇夫『飢饉』（集英社、二〇〇〇年）。
(29) 松本開は文化十一年（一八一四）、新堀村朽木兵左衛門義通により開拓され、天保八年（一八三七）、町立てが藩に許可された。
(30) 田川捷一編『加越能近世史研究必携』（北國新聞社、一九九五年）。
(31) 「天保七年新川郡常願寺川筋御普請所見取絵図」（富山県立図書館蔵「内山文書」所収）。本絵図は、天保七年（一八三六）の常願寺川における川除普請状況を描いた貴重な絵図である。
(32) 新川郡各組からの注進書を書きとめたものに、森田柿園編「北国大地震記」、「火災地震記録四種」（金沢市立玉川図書館近世史料館蔵「加越能文庫」所収）などがあり、後者については『富山県史』史料編Ⅳ近世中に一部翻刻されている。
(33) 註（19）に同じ。
(34) 石原与作・沢田一雄「第Ⅰ編第二章第四節　開拓」（『立山町史』下巻、一九八四年）。
(35) 北原糸子編『日本災害史』（吉川弘文館、二〇〇六年）。
(36) 「常願寺川筋大泥洪水ニテ非常之変損ニ付願方等一件」（杉木文書□□ル）。
(37) 前田一郎「安政の大災害関係史料（二）」（『立山カルデラ砂防博物館研究紀要』第八号、二〇〇七年）。なお立山岩峅寺衆徒及び門前者が地震等を理由に難渋を訴え、一人につき三合宛の貸米等を願い出ているが、査定され却下されている（木倉豊信編『越中立山古文書』三〇三頁、国書刊行会、一九八二年）。
(38) 「宝田正楽伝」（「宝田家文書」所収、複写史料は滑川市立博物館蔵）。同史料の翻刻文は浦田正吉氏が作成しており、同氏より内容の御教示を得た。書誌は「『宝田正楽伝』について」（『郷土の文化』第三三輯、富山県郷土史会、二〇〇八年）を参照。
(39) 註（16）に同じ。
(40) 小西家文書「常願寺川全川十三各用水関係村旧高等記」。
(41) 「安政五年常願寺川非常洪水山里変地之模様見取図」（滑川市立博物館蔵「岩城文書」所収）、「大地震非常変損之図」（羽咋市歴史民俗資料館蔵「加藤家文書」所収）などに島用水の取水口が見える。

(42)「安政地震山崩一件」(金沢市立玉川図書館近世史料館蔵「加越能文庫」所収)。
(43)中村太一路「近世編第三章第二節　用水と新開」(『富山市史』通史〈上巻〉、一九八七年)。
(44)「常願寺川筋大泥洪水ニテ非常之変損ニ付願方等一件」(杉木文書□□ル)。なお史料15・16も同史料による。
(45)長州竹の移入については、『富山県史』通史編Ⅲ近世上、一三七七頁を参照。なお、杉木文書には安政五年の蛇籠用竹値段書上があり、三才竹(三〇本詰)、四才竹(二〇本詰)一束六三〇文、五才竹(一〇本詰)、六才竹(六本詰)一束九三〇文、七才竹(四本詰)、八才竹(三本詰)、九才竹(二本詰)一束一貫三七〇文、小唐竹(五〇本詰)一束六三〇文、長州より東岩瀬までの船運賃一束につき一匁宛、長州からの買い入れのため一束につき二、三分斗雑用懸りとなっている。
(46)「新川郡常願川筋所々分間野帳」、「安政五年六月新川郡常願寺川筋へ出役日記」(高樹文庫蔵)。
(47)註(19)に同じ。
(48)変地起返の記述は、特に断らない限り「常願寺川泥洪水後変地起返方仕法窺等留」(杉木文書□□リ)、「常願寺川筋大泥洪水ニテ非常之変損ニ付願方等一件」(杉木文書□□ル)に依拠している。
(49)石瀬家文書「旧続由緒簿」(『広田郷土史』二二三～二二四頁所収)を参照。
(50)宝田家文書「宝田正楽伝」でも三歩以下の村々で起返料が支給されたとの記述がある。
(51)「五月十九日白岩川常願寺川等大洪水ニテ両川へ切込流失家水附家等有之御注進一巻」(杉木文書赤▲ホ)及び「其他変地高等書上帳」(杉木文書□ケ－16)。
(52)知野泰明「河川災害と地域社会」(北原糸子編『日本災害史』吉川弘文館、二〇〇六年)。
(53)註(10)に同じ。
(54)「御用方手留」(前田育徳会編『加賀藩史料』藩末篇上巻、一九五八年)。
(55)註(38)に同じ。
(56)「万延元年常願寺川筋変地起返料高原野開発賃等去午年より当申八月迄三ケ年分御籾請払仕出書上申帳」(杉木文書□ケ－8)、「万延元年常願寺川筋変地起返料高原野開発賃等去午年より当申八月迄三ケ年分品々御入用銀諸払仕出書上申帳」(杉木文書□ケ－9)。
(57)「常願寺川筋大泥洪水ニテ非常之変損ニ付願方等一件」(杉木文書□□ル)。

(58) 前田一郎「安政の大災害関係史料（三）」（『立山カルデラ砂防博物館研究紀要』第一〇号、二〇〇九年）。
(59) 註（10）に同じ。なお倉田氏は安政五年の上条組持高帳の区分から「中分以上之者」を持高一〇石一合以上の者と推定している。
(60)「万延元年去午年より当八月迄変地起返料等諸入用類寄仕書上候ニ付右口々根元仕出帳」（杉木文書□ケ‐11）。
(61)「安政六年六月洪水流失家等之者共江仮小屋等出来料之方へ被下銀割符帳」（杉木文書▲モ‐1のうち）。
(62)「安政六年九月洪水水難之者江急難為御救米御渡米割符帳」（杉木文書▲モ‐1のうち）。
(63) 註（34）に同じ。
(64) 石原与作「高原野開拓（上）」（『富山史壇』第七四号、越中史壇会、一九八〇年）、「高原野開拓（下）」（『富山史壇』第七五号、越中史壇会、一九八一年）。
(65) 高原野への移住に際して、「魚津御用言上留」（金沢市立玉川図書館近世史料館蔵「加越能文庫」）でも貸米として籾三石、家作御取扱銀として二〇〇目を渡したとある。
(66) 前田一郎「安政の大災害関係史料（四）」（『立山カルデラ砂防博物館研究紀要』第一一号、二〇一〇年）。
(67) 芦峅寺文書「安政七庚申二月加賀中納言様、常願寺川水損ケ所等御巡見之義ニ付御郡所等より到来紙面写扣」（廣瀬誠・高瀬保編『越中立山古記録Ⅰ・Ⅱ』越中資料集成別巻2、二六二～二六七頁、桂書房、一九九〇年）。
(68)「万延元年常願寺川筋変地村々起返勢子料御渡銀籾請払決算方書上帳」（杉木文書□ケ‐5）。
(69) 註（34）に同じ。
(70) 本来、加賀藩新川郡では夫食貸米を十二月に藩へ請願し、翌二月に貸し渡される。安政大洪水の事例では、こうした夫食貸米を救い方の一環として起返料で渡されており、特例であると思われるが、これも藩の負担軽減策の一貫であろう。
(71) 註（34）に同じ。このうち西芦原村は、家屋流失のため全戸が安政六年九月から移住したとあり、改作所による本格的な引越勧奨が行われる十月以前に開始している。今のところ高原野への移住初例とみられる。
(72)「変地起返ニ聞スル一件」（杉木文書□ケ‐1）。
(73)「文久元年十二月常願寺川筋大田組等変地起返方料銀并荒川筋等諸御普請御加銀暨御出張所御借上料飛脚賃下役日懸役料竿持人雇賃等御入用書上申帳」（杉木文書□ケ‐4）。

(74) 註(72)に同じ。
(75) 「文久三年九月常願寺川筋三歩以上之変地村々当亥年より三ケ年季引免奉願帳」(杉木文書□ケ－7)。
(76) 「文久三年常願寺川筋変地方御入用銀当暮渡中勘取調理書上申帳」(杉木文書□ケ－13)。
(77) 水島茂「安政期の藩政―加賀藩―」(『越中史壇』第二八号、越中史壇会、一九六四年)。
(78) 倉田守「文久元年における加賀藩の海防政策―英国測量船来航への対策―」(『北陸史学』第四六号、北陸史学会、一九九七年)。
(79) 鎌田久明「明治二年越中ばんどり騒動」(『日本近代産業の成立』、ミネルヴァ書房、一九六三年)。また新田二郎「ばんどり騒動新論―越中の世なおし状況―」(楠瀬勝編『日本の前近代と北陸社会』、思文閣出版、一九八九年)では、社会的状況を踏まえて安政大一揆と「ばんどり騒動」を比較検討しながらその史的位置付けを模索している。本章では「ばんどり騒動」と広義の安政大洪水との関連性を問う視点を改めて提示したい。すなわち安政大洪水では藩の応急かつ長期の救済が実施され、初期の流域住民の鬱積は比較的穏やかであったと思われる。しかるに文久年間以降の復旧事業の一方的な打ち切りが、その後の自普請の貸銀・貸米を徐々に累積させ、最終的には人びとの生活をきわめて圧迫したものと想定している。なお別視点として浦田正吉「ばんどり騒動への一視角―「任侠の人」塚越村忠次郎―」(『近代地方下層社会の研究』、桂書房、一九九四年)では、忠次郎の人物像を考察し「ばんどり騒動」の有する闇社会的性格を提示している。「ばんどり騒動」の究明には、こうした表面には現れにくい問題を多角的に掘り起こしていく必要があると思われる。
(80) 北原糸子「安政の津波と地震」(『歴史と地理』第六六〇号、山川出版社、二〇一二年)では、民間レベルで知識と財を蓄えた階層が災害復旧に果たした役割を再評価しており、本章の推論と合致している。
(81) 史料18に「先年拾弐貫野御開所之義、下役人々江揚歩高等拝領仕候得共」とあるように、新川郡十二貫野台地の開拓において下役人へ揚歩高が与えられていることからも藩の褒賞制度の存在が窺える。ただしそうした褒賞の基準は未詳であり、今後の検討課題である。困窮人救済の功に対する藩からの褒賞の事例として「城戸屋書留」(金沢市立玉川図書館近世史料館蔵)が挙げられる。

終章　安政飛越地震にみる教訓
――東日本大震災の「復興」とのかかわりにおいて――

二〇一一年（平成二十三）三月十一日に発生した、東北地方太平洋沖地震とそれにともなう津波による災害（東日本大震災）は、現代に生きる我々日本人に大きな衝撃を与えた。その後の政府による災害復旧・復興計画はインフラ整備が優先され、大企業投資による雇用拡大での一時的好況（震災バブル）がつくりだされたが、復興の停滞状況は七年後の今日もなお被災地に暗い影をおとしている。震災後の復興予算は五年間で二五兆円という膨大な金額が示されたが、三年後の状況では、自治体や建設業者の人手不足、物資資材の不足と高騰、住宅移転用地獲得の困難などが重なり、むしろ復旧・復興計画の未消化分が累積していく傾向にあるという問題が発生したのである(1)。

さらに、原子力発電所の損傷がもたらした放射能拡散による汚染問題を含め、巨大津波による「想定外」という被害規模は、それまでの行政サイドの防災・減災対策に大きな見直しを迫らざるを得なくなった。地震や津波、噴火などの自然災害による被害を「想定外」という言葉では片付けられるものではないという立場から被害想定数字の大幅な改定がなされた。そこでは歴史災害の研究成果を基準としない、被害想定数字のいわばバブル化がもたらされたのである。したがって歴史災害の研究者もこれまでのように過去の人的・物的被害数字をできる限り明らかにし、そこから導かれる想定被害数字を提示するばかりでは、災害史研究の意義そのものが問われかねない厳しい状況が生みだされている。

歴史学の研究内容は、研究者間で共有されるが、一般には難解であるとの印象は否めず、同じように災害史研究においても、そのような傾向に陥りがちである。東日本大震災では、研究者間で知られていた貞観三陸地震（八六九年）での津波の災害履歴をわかりやすく提示し、広く住民に周知していれば、人的被害（死者・行方不明者は二万一千人以上）をかなり軽減できたであろうと指摘されている。災害史研究者の反省と無力感は、近年の災害史研究の姿勢にも大きな変化を及ぼしている。

ただし、東日本大震災後、日本の各地域において過去の災害履歴を再度見直そうとする研究が盛んとなり、災害史資料の保全の重要性が説かれるようになった。災害によって損傷した資料の保全・保存と修復、あるいは資料が保全の危機にさらされている事態に対する早急な対応は目を見張るものがある。大学や研究機関の研究者、地域の博物館・資料館の学芸員、文化財行政の担当者などによる地道な努力によって「災害レスキュー」体制が構築されており、東日本大震災でもその体制が機能したのである。

さて、わが国の地震史料を収集し、歴史地震研究の基本文献である『資料日本被害地震総覧』を世に送り出した、宇佐美龍夫氏（東京大学名誉教授）は、過去の地震を調査することで将来の地震に備えることの重要性を説いている。平成二十五年に秋田市で開催された歴史地震研究会（第三〇回大会）で宇佐美氏は「災害史研究は、そこから導き出される教訓を、いかに平易な言葉をもって地域住民に伝えることができるかが重要である」と問題提起し、災害史研究の本質を忘れてはならないとした。宇佐美氏が指摘するように、災害史研究は、自然災害の被害を軽減するための役に立つ情報を正しく広く発信するという方向でまずは進められていくべきであろう。

本書の目的のひとつである安政飛越地震にみる教訓を、歴史学の立場で簡潔にまとめておきたい。もっとも歴史学の立場で語るべき教訓には、歴史地震の発生メカニズムや予測の可能性、土砂災害対策などの教訓は含まれていない。そうした教訓については『１８５８飛越地震報告書』一八七～一九五頁を参照されたい。また、近年では想定被害数字はあくまで「想定内」でなければならないという問題が提起されているため、それは除外している。むしろ本章では、これまで追究してきた、巨大地震後の救済・復旧事業の在り方を念頭に置きながら教訓を導こうと思う。

地震被害

富山県では山間部の土砂災害に加えて平野部での被害が想定される。常願寺川両岸の平野部、射水平野はもとより、沖積平野全域における本震の被害、液状化現象による土地の沈降・上昇などの被害を想定すべきである。つまり建物の倒壊とそれによる圧死が想定され、住居と避難場所の耐震化をより進める必要がある。河川付近では堤防の高低に関係なく側方流動で堤防の破損・決壊が起こることも想定すべきである。旧河道の地域、旧入江や旧沼地の地域は地震動が大きくなる。そのため土地の成り立ちを知り、「災害環境」に即した減災対策をあらかじめ考えておく必要があろう。

安政飛越地震では、火災による家屋の延焼や死者などは発生していない。これは常日頃から家レベルでの火の始末が適切に行われていたためであろう。加賀藩の村掟では「第一火の用心」とあり、当番を決めて日夜見廻りを行うなど消火活動が徹底されていた。個々の消火に対する意識が高いことは、地震後の二次災害を最小限に食い止めることにつながる。

本震後、強い余震が発生する。安政飛越地震の場合は、二週間近く有感地震が続いている。富山湾岸では小規模とはいえ人命を奪うレベルの津波が発生する可能性が高い。また、地震動によって火山活動が活発化し、観光地立山では地獄谷の水蒸気爆発などが誘発されることも想定しておかなければならない。事前に危険箇所を洗い出し、避難誘導の実践的備えが重要である。

洪水被害

富山県の河川上流部では土砂崩壊によって河道が閉塞され、それが決壊して溜水が下流部へ押し寄せ、土石流被害をもたらすことが想定される。また、地震では側方流動によって堤防の決壊が発生する。そのためハード・ソフト両面の防災技術の向上が欠かせず、治山・砂防・治水事業を一貫した体系のもとで継続していく必要がある。

災害情報

富山県は周囲が高低の山地に囲まれており、山間部での被害調査の困難度が高い。しかし、二次災害の予測や救援・救護活動の徹底のためにも当面の危険度は考慮しつつ、山間部における現地での被害調査が必要不可欠である。都市部やその周辺域といった一部地域での被害のみで応急対策を講じることは危険である。

また、速やかな避難行動のために、公的機関からの災害情報を日頃から獲得できるようにしておくことが大切である。さりとてその情報に依存する、指示待ちになるのは間違いである。災害の危険度の外部情報を収集するのに加えて、自ら判断・予測された場合は、避難行動を自主的な判断ですぐに開始すべきである（自助による避難）。住民に危険が及ぶと判断されたならば、加賀藩の村役人が上部機関の指示を待たずに緊急措置として「村送り告状」を発信して危険を回避したように、住民同士が相互に呼びかけあって協力しながら避難すべきである（共助による避難）。

被災者の救済

加賀藩が被災者や困窮者への長期の救済策を継続したように、公的機関は応急の救済で終えるのではなく、長期的な救済を継続させるための体制をあらかじめ構築しておくことが重要である。仮住居の確保、食糧の支給、住居再建のための支援、すなわち日常生活を維持するための援助を政府や自治体が率先して行うことが求められる。

それに加えて、社会全体で協力・援助（ボランティア）を行い、一人残らず被災者の救済を行うこと（社会的包摂）が必要である。長期にわたる被災者の救済策の維持は、立場を超えて官民一体で取りくまなければならない。

災害復旧事業

近世の災害復旧事業は、被災者の雇用を創出するもので災害後の日常生活を維持するための救済策の一環でもあった。今日のような復旧事業におけるインフラ整備にあっても、まずは被災者の日常生活の回復を図ることが優先されなければならない。災害によって収入手段を断たれた場合、被災者の雇用を公的機関や企業が臨時的に確保し、被災後の生活の安定を図るべきである。

復旧事業には多大な財力が必要であり、幕末期加賀藩では財政難のため事業が途中で打ちきりとなり、民間への依存を深める。他方で幕府直轄領では御役所の沙汰で高山町や郡方から物資や復旧費用が集められ、それに加えて幕府が手当金を貸出し、被災地へ渡された。後者では、官民一体による災害復旧事業が推進され、被災地へ復旧事業のための財源が直接送られたことで迅速な復旧事業が遂行された。資金を迅速に集め、なるべく早く被災地へ還元するための体制が構築されるとともに、巨大災害における復旧事業は最終的に国家による資金援助が必要不可欠である。

こうした安政飛越地震にみる教訓は、ひとり富山県に留まる教訓ではないと思われる。高知県出身の物理学者寺田寅彦は、総じて人間というものは健忘症で、それは人間界の自然の法則であり、同じ失敗を繰り返すとする。巨大津波被害に遭った地域でも時間が経つとその災厄を忘れてしまい、過去と同じ被害が繰り返されてしまうことを警告している。そうであるならば、過去の災害から得られた教訓は単なる言葉で終わらせてはならず、くり返し学ぶ機会を目的意識的にもつことが重要であろう。

さて、本書で究明できなかった、幕末期における災害「復興」過程の問題にいま少しふれておこう。

幕末期における災害対応の特性は、地域社会の中間層以上の人びとが公権力による物的救済を基盤にしながら、地域間の相互扶助ネットワークを活用して復旧事業を推進していったと理解された。要するに、幕末期の公権力は、最終的に地域社会の結束力に依存したのである。公権力には災害からの「復興」という視点は見受けられず、災害に対する意識にはかなりの「温度差」があり、財政的、政治的事情も絡み合いながら災害の救済や復旧事業において格差を生じさせる、幕末期はそのような社会であった。(2)

近世初期、大量の資金と人力が必要な災害復旧事業にあっては、「公儀」である幕府が、大名から臨時的資金を調達する「大名手伝普請」という方式で対応をした。自然災害が頻発する一八世紀以降も、「家」や町・村に災害を乗り切る体力は十分でなく、徳川将軍や幕府の「公儀」に救済機能を依存していた。基本的には「公儀」の指揮下で藩や民間の力を動員する体制が構築された。多発する河川災害も「大名手伝普請」で行われたが、大名が過重な経済的負担に耐えかねる状況が生じると、川除修復のために流域の領国が分担して費用を負担する「国役普請」の方式も採用された。しかるに、一九世紀の「天保の飢饉」と「天保の改革」の失敗は、「公儀」の権力と権威を急速に後退させた。領主支配の後退は、さらなる地域の民間力への依存を深める。すなわち災害復旧事業は、次第に地域の富裕層の財力と活動に期待する度合いが強まっていく。そして巨大自然災害が起こると莫大な財力が必要となり、社会に内包されている様々な矛盾が顕在化する。幕末の安政・文久期には、たび重なる地震や津波の巨大災害、コレラや麻疹の流行により生命の維持すら危ぶまれるなかで、復旧事業の最終的な道筋も見えず、人びとは厳しい試練をむかえていた。(3)安政飛越地震の救済と復旧事業は、まさにそのような状況下で進められたのである。

そのため、現段階では幕末期における災害からの「復興」がどのようであったか、その道筋を藩の公的記録あるいは地方の記録から得ることが難しい。いまのところ筆者は、少なくとも幕末期においては個の努力だけでなく、地域社会における中間層以上の人びとがリーダーシップを発揮し、地域間ネットワークを駆使して経済的支援を得ながら、少しずつ「復興」が推進されていったのではないかとひとまず想定している。さりながら、日本災害史を通覧した北原糸子氏は、近世という時代は、祖型への回帰を基本軸とした時代であり、「復興」を明解に打ち出したのは一九二三年（大正十二）関東大震災後の政策を担当した後藤新平であるとし、かかる段階では「復興」という用語はなかったのではないかと推考する。(4) 確かに、近世段階には「復興」という用語は見当たらないにしても、類似的な思考方法が無かったかどうかは今後の検証が必要であるように思われる。近代国家の行政が、近世段階で形成された地域間ネットワークを軸に機能していたとすれば、幕末期、巨大な自然災害に見舞われた地域に対して周囲の地域がどのように支援したのか、それを史料的に検証する余地は残されている。

ただし、先述の通り、近世における災害「復興」に関する問題は、史料的検証がきわめて困難であることは否めない。それゆえ「復興」という概念が明確に打ち出された関東大震災の事例は、将来のための教訓を含んでおり、それを分析する作業は重要である。現代における災害「復興」では、東日本大震災がそうであるように、はじめに都市インフラ整備に力点が注がれる傾向がある。現代文明の拡大によって、そうした「復興」の在り方は不可避的な側面もある。

しかし、関東大震災では、まず政府によって将来を見据えた復興ビジョンと計画が提示された。強力なリーダーシップのもとでそのプログラムが実行され、その実行にあたっては市民レベルまで掘り下げた丁寧な合意形成も図られた。さらに、政府主導で財政金融面の支援が行われ、被災地の生活基盤や経済基盤の積極的な回復も進められた。そのためインフラ整備に先行し、被災者の暮らしが安定することで社会も安定した。そのことが帝都「復興」の大きな推進力となり得たことは見逃してはならない教訓である。(5)

もとより多くの災害史研究者が指摘するように、現実に起きている事象、すなわち東日本大震災こそ震災後の社会がいかに変化し、復旧・復興がどのようになされていくのかを知ることができ、将来のための重要な教訓を導いてくれる。現実と過去は切り離されて分析されるべきではなく、現実の災害から得られる教訓と過去の災害から得られる教訓の共通点を見いだす作業は、現在および将来の困難を乗り切り、生きるための道筋を知り得るための必要不可欠な作業であると思う。

東日本大震災後、災害対策の基本方針を定めるいわゆる「国土強靱化基本法」(二〇一一年)がつくられ、災害という社会現象に対して柔軟で強い国土をつくりあげていくためのインフラ中心の「公共事業」を推進する法的根拠となっている。しかしながら、東日本大震災の復興過程で生じている停滞の問題は、今日の災害対策、すなわち災害後の被害を最小限に食い止めるという「減災」という目標のみでは、実のところ巨大自然災害に対しては限界があることを如実に示しているといえるのではなかろうか。

今日取り組まれる「減災」という目標は、事前の災害対策の重要性を掲げ、ハザード(外力)からの人的・物的被害を軽減するため、ハードとソフト両面において事前の対策を積極的に講じることである。関数形としては「ハザード(外力)」・「脆弱性」・「対策」という三つの関数からなる。しかしながら、東日本大震災後、それに加えて「回復時間」と「政府から家庭までの共同体での人間活動」を先の関数形に入れることで、巨大自然災害後の回復力を格段に向上させようとする「縮災」という新たな目標が提唱されている。(6)

その議論で重要なことは、国を構成する政府、自治体、企業、学校、地域、家庭、個人を単位とする人びと、そうした大小の共同体(コミュニティ)の活動が大きな位置を占めることである。地域防災力の向上はもとより、その前提としての地域の安定(まちづくり)と連携協働のシステムを構築し、あらかじめ災害「復興」をすすめるための各共同体の連帯と信頼を生みだしておかなければならない。また、東日本大震災のような「巨大広域複合災害」にあっては、自治体が破壊され機能を失うことで被災者の緊急対応や捜索活動が立ち後れるという問題が発生する。また他の自治体へ個別であるいは集団で避難する人びとが多数出ることで、地域のコミュニティが分離・喪失してしまうため、その後の行政によるサポートの重要性などが指摘されている[7]。

いずれにせよ、巨大自然災害に対しては、速やかに復興計画を提示し、長期的な財政支援を行うなど、重要な役割を政府が担っているとともに、人と人との協働によって生み出される総合的な人間力が、確かな災害「復興」の鍵となることを知っておく必要がある。

現在、歴史学における災害史研究は、過去の自然災害がもたらした被害の実像に迫るための議論から、災害後の社会と人びとがいかにして生存のシステムを構築し、困難を乗り越えてきたのか、その筋道を議論する方向へと推移している。そうした議論の流れは、防災から減災へ、さらには東日本大震災後に加速した、災害後の速やかな生活の回復と大小の共同体による人間活動による救済と復旧・復興を視野に入れた「縮災」に向けての対策を模索する方向と重なりあうものである。

これからの災害史研究は、自然災害の被害を軽減するための正しい情報を分かりやすい言葉で広く発信するという研究の本質を見失うことなく、加えて歴史学の立場では、社会史の視点で史実を解明することで、災害後の社会において大小の共同体が被災者の救済あるいは被災地の復旧・復興に向かっていかに取り組まなければならないか、その筋道を積極的に問い直す方向で進められていくべきであろう。

註

（1）北原糸子『津波災害と近代日本』（吉川弘文館、二〇一四年）。
（2）本書第二章第二節、第四章第五節及び第五章第三節・第四節。
（3）倉地克直『江戸の災害史—徳川日本の経験に学ぶ—』（中央公論新社、二〇一六年）、北原糸子『日本震災史—復旧から復興への歩み』（筑摩書房、二〇一六年）。

（4）註（3）北原前掲書に同じ。
（5）『関東大震災―一九二三年、東京は被災地だった』（東京防災救急協会、二〇一五年）。
（6）河田惠昭「コミュニティの力で縮災を目指す」（『自然保護』五五〇号、二〇一六年）。
（7）室崎益輝「救援・復興の現場を歩きながら―防災研究者からの提言―」（室崎益輝・野口邦和・立石雅昭・吉井英勝・都司嘉宣『震災復興の論点』、新日本出版社、二〇一一年）。

おわりに

本書各章の初出一覧は次のとおりである。

なお、第三章と第五章は次に示したように異なる時期に書いた論考を組み合わせて成稿した。全ての論考において誤認や見解の変更のある部分については修正し、表現を補うべき部分については加筆している。

第一章　「古文書・古記録に残る記録」（内閣府中央防災会議災害教訓の継承に関する専門委員会『1858飛越地震報告書』第二章第三節第一項、二〇〇九年三月）

第二章　「安政飛越地震の災害像―地震被害データベース作成の試み―」（『富山史壇』第一六九・一七〇合併号、越中史壇会、二〇一三年三月）

第三章　「近世後期における災害情報の様相―安政飛越地震の災害絵図をめぐって―」（『富山史壇』第一七二号、越中史壇会、二〇一三年十二月）、「古文書・古記録に残る記録」（内閣府中央防災会議災害教訓の継承に関する専門委員会『1858飛越地震報告書』第二章第三節第二項、二〇〇九年三月）

第四章　「富山藩の震災被害と対応―安政期―」（『立山カルデラ砂防博物館研究紀要』第九号、立山カルデラ砂防博物館、二〇〇八年三月）

第五章　「安政大洪水における加賀藩の救済と復旧事業」（『富山史壇』第一七七号、越中史壇会、二〇一五年七月）、嶋本隆一・高野靖彦・前田一郎「安政大災害（1858）における加賀藩の災害情報と被災対応」（『立山カルデラ砂防博物館研究紀要』第九号、立山カルデラ砂防博物館、二〇〇八年三月）

終章　本書のための書き下ろし

そもそも筆者が安政飛越地震に興味関心を抱いたのは、県立学校で勤務をしていた平成十七年、図らずも立山カルデラ砂防博物館（県土木部管轄）学芸課に三年間出向することとなり、そこで本地震関係資料の収集や整理・保存といった慣れない仕事に携わってからのことである。学芸課内の歴史担当者は筆者一人だけであったので大変苦労したが、初代博物館運営委員の廣瀬誠先生（故人）や二代運営委員の前田英雄先生（故人）をはじめとする高名な郷土史家の方々から多くのご指導をいただき、なんとか本地震の史資料の内容や所在などについて知ることができた。廣瀬先生のご著書『地震の記憶』（桂書房、二〇〇〇年）を何度も読み返し、また晩年には筆談で立山に関する古絵図の記載内容を詳しくご教示いただいたことが懐かしく思い出される。

当時は『日本地震史料』に翻刻されていない民政関係の未解読史料も多く、なかでも越中加賀藩領の被害状況を詳細に記録した「魚津御用言上留」全冊の解読・分析をすすめることが急務であった。当然ながら、くずし字で書かれた近世文書の解読は大学教職課程出身の筆者にはかなり重荷であったが、前任者の嶋本隆一氏や裏野哲行氏が前田一郎氏との共同研究（史料翻刻）をある程度進めていたので、前田氏の翻刻文と原史料とを付き合わせ、入門書や辞典を読みながら、近世文書の解読を独学で少しずつ習得するよう努めた。

そのような中で、富山中部高校の恩師である浦田正吉先生から越中史壇会への加入を勧められ、よく判らないまま会員の末席に加わることになった。越中史壇会は、これまで富山県史編纂事業や市町村史編纂事業において大きな役割を果たし、富山県の地域史・郷土史研究をリードしてきた研究団体である。歴史研究の門外漢であった筆者が、人生で初めて研究論文なるものを投稿し、掲載していただいたのは越中史壇会の雑誌『富山史壇』であった。「立山新道における開通社の歴史的評価」（『富山史壇』第一五一号、二〇〇七年）が、筆者のいわゆる論文デビューである。当時、越中史壇会副会長の米原寛先生から「はじめから高尚な文章を書こうと思わず、まず書いてみたら」とご助言をいただき、肩の荷が下りた状態でなんとか脱稿できたことが思い出される。

さて、本地震に関する論文を書き始めることになった直接的な理由は、平成十九年に立山カルデラ砂防博物館名誉館長の伊藤和明先生（防災情報機構会長）を座長に、内閣府中央防災会議災害教訓の継承に関する専門委員会の下に小委員会（飛越地震委員会）が設けられ、図らずも委員として前田英雄先生（故人）と共に人文系分野の執筆を担当することになったためである。その際、伊藤座長から本地震研究の課題としてあげられたのが、地震・洪水後の社会史についての研究であった。とくに災害救済と復旧がどのようであったのか、限られた時間のなかで解明することになった。前田先生は新たな地方文書の発掘作業を重視され、さらには古老からの聞き取り調査を提言された。そこで立山町高原野（旧引越村地域）の個人宅へ一緒に出向き、聞き取り内容を記録したのである。

当時は「学際研究」という言葉が流行し、災害史研究の分野のひとつである歴史地震系の分野では、歴史学の立場で研究を進める文系と理科学的研究を進める理系とが共同で研究を進めるという「文理融合」でのアプローチが盛んであった。小委員会も「文理融合」でより確かな歴史地震像が得ることが可能とされ、各立場の研究者が災害教訓を導き出すことで将来の地震防災に有効に活かすことが期待された。その成果は平成二十一年に『１８５８飛越地震報告書』としてまとめられた。報告書作成にあたっては、現地でのフィールドワークの機会も設けられ、災害史研究の第一人者である伊藤座長や北原糸子先生らとともに巡検し、近世災害史の研究の現状や課題について雑談を交えながらご教示いただいた。そうしたご縁で、歴史地震研究会の末席にも加わることになった。

安政飛越地震の災害記録は今日において膨大に残されている。貞観地震や天正地震など、越中に襲いかかった歴史地震はいくつかあるにもかかわらず、本地震の被害状況や被災体験の記録数が突出している。なぜ、本地震だけが数多くの記録を残しているのであろうか。それは記録の担い手が増加した幕末期という時代性だけでは十分説明できないものがある。筆者が歴史学の立場で本地震を深く調べてみたいと思ったもうひとつの動機は、その突出した記録数にあったといえる。現存する史資料から当時の人びとが未経験の巨大地震をどのように捉え、どのように対応したかを明確に知ることができる。さらには、自然災害に対する公権力の救済策や復旧事業のプロセスも見えてくる。筆者は、こうした先人が残した生の記録からうかがえる自然災害への向き合い方とその後の対応のあり方が、時代を超えて、現代に生きる我々にとって重要な教訓を秘めていると今は確信している。

平成二十五年からは富山県［立山博物館］（県生活環境文化部管轄）学芸課での勤務となり、立山信仰をはじめとする山岳文化に関する展示解説や特別企画展主務などの日常業務のかたわら、先の報告書で究明できなかった安政六年以降の加賀藩の災害対応についてさらなる調査研究を進めた。あわせて富山大学人文学部人文科学研究科（修士課程）に入り、日本史研究の基礎と応用を学ぶ機会を得た。当時の高木三郎館長をはじめ、学芸課や職員の方々にはご理解をいただき、多々ご迷惑をおかけしたと思う。鈴木景二、熊谷隆之、次山淳、高橋浩二、入江幸二各先生からは多大な学恩をいただき、二年間で無事修了することができた。修士論文「近世地方霊山における「観光地」的様相―立山信仰登山集落と地域社会―」を成すにあたって、滋賀大学経済学部の青柳周一先生には近世立山山麓の地域全体の動向に目を向けることの重要性をご教示いただいた。その内容の一部は、平成二十八年度越中史壇会研究発表大会で発表する機会を得た。

筆者は教職を志し、金沢大学では教育学の専門知識を学んできたが、歴史分野の調査研究に全く関わってこなかったわけではない。考古学研究会というサークルに属し、石川県埋蔵文化財センターの職員の方々と表採や発掘などの調査に携わり、三年次には同会の会長も務めさせていただいた。しかし、大学卒業後は郷里・富山県に戻り、高校教員として社会人をスタートさせ、その世界からはまったく遠ざかっていた。新たな（当初は未知なる）職場環境に出会い、研究への意欲が再び駆り立てられてきたのであった。教員生活にとどまっていたならば、おそらく本地震の研究に深く入ることもなかったであろうし、人生の縁の不思議さをあらためて思うものである。

このような浅学の筆者が、本書の刊行に踏み切ったのは、先の報告書において紙幅の関係で触れることができなかった研究成果、その後の調査研究で得られた新たな知見を含めての論文集をひとつの区切りとして出したいとの思いがあったからである。そして、東北地方太平洋沖地震（東日本大震災）、熊本地震や鳥取地震などの近年に頻発する地震は、日本列島が地震活動期に突入していることを如実に示しており、越中の先人が後世に残したメッセージの意味を考え、防災・減災さらには縮災のための心構えとその実践に取り組む重要性をあらためて感じたためである。

本書に収めた論文には、多くの方々のご指導やご助言、共同調査の成果が生かされている。ご芳名を記して深く感謝申し上げたい（五十音順、敬称略）。

飯田　肇　伊藤和明　井上公夫　今井清隆　上杉和央　浦田正吉　裏野哲行　太田久夫　岡本正男　鹿島昌也
菊川　茂　北原糸子　木本秀樹　久保尚文　是松慧美　近藤浩二　坂森幹浩　白井芳樹　城岡朋洋　嶋本隆一
清水幸一（故人）　須山盛彰　高岡　徹　高森邦男　竹内　章　竹島慎二　田添好男　丹保俊哉　土井　修

中川敦子　野積正吉　萩原大輔　廣瀬　誠（故人）　藤井昭二（故人）　古川知明　文山純子　干場　悟
前田一郎　前田英雄（故人）　峰岸純夫　宮下和幸　本原洋美　八幡政志　米原　寛
金沢市立玉川図書館近世史料館　岐阜県歴史資料館　京都大学総合博物館　立山町郷土資料館　富山県公文書館
富山県立山カルデラ砂防博物館　富山県［立山博物館］　富山県立図書館　富山市郷土博物館　滑川市立博物館
羽咋市歴史民俗資料館　飛驒高山まちの博物館

本書の刊行に際して、桂書房代表の勝山敏一氏には快く出版を引き受けてくださり、ようやく出版にこぎつけることができたことは感謝の念に堪えない。藤野良子氏には、依拠史料の再確認を含め、細部にわたって記述内容を検証し、見直していただいた。また、本書のカバーデザインは富山北部高校時代の教え子である、福田誠氏に依頼したところ多忙にもかかわらず引き受けていただき、教師冥利に尽きるものである。

最後に、本書を母の墓前に捧げるとともに、いつも蔭で支えてくれる妻にも感謝を述べたい。

平成三十年二月

高　野　靖　彦

高野靖彦（たかの やすひこ）
1967年、富山市生まれ。金沢大学教育学部卒業。富山大学人文学部人文科学研究科（修士）修了。富山県立高等学校、富山県立山カルデラ砂防博物館、富山県［立山博物館］に勤務し、現在は富山県立富山南高等学校教諭。
歴史地震研究会員、越中史壇会編集委員、富山県立山カルデラ砂防博物館運営委員など。
〔主な論文〕
「立山新道における開通社の歴史的評価」（『富山史壇』第151号、2007年）、「天正期能登国における芦峅寺等覚坊の檀那場形成—新出史料『自坊旧記』をめぐって—」（『富山県[立山博物館]研究紀要』第22号、2015年）、「立山信仰登山集落における旅行者受入体制」（『富山県[立山博物館]研究紀要』第23号、2016年）など。

安政飛越地震の史的研究
—自然災害にみる越中幕末史

2018年3月16日　初版発行

定価　本体 2,500円＋税

著　者　高野靖彦
発行者　勝山敏一
発行所　桂書房
〒930-0103 富山市北代3683-11
Tel 076-434-4600
Fax 076-434-4617
印 刷／株式会社 すがの印刷
製 本／株式会社 渋谷文泉閣

地方・小出版流通センター扱い　ISBN978-4-86627-044-9